大学生创新创业基础与竞赛进阶教程

主　编　黄玉珊　周　松　欧阳亮

副主编　顾宝林　曾小荟　易荣喜　彭素琴

参　编　李耀锋　王茜娟　曾　红　王　霞

　　　　高红英　曹人平　王新长

科学出版社

北　京

内 容 简 介

本书以大学生创新创业的意识激发与核心能力提升为目标，结合大学生创新创业类竞赛项目与时代特点，通过层层递进的逻辑表述和案例，记录创新创业过程，培养大学生的创新精神、创业意识和实践能力。本书分为创新创业意识培养、能力训练、实践模拟和创新创业类竞赛四个模块，模块一主要讲述创新创业相关基本理论，并通过部分案例详解激发学生双创意识；模块二通过介绍创新和创业思维训练相关工具与方法，帮助学生掌握双创基本技能；模块三教导学生将创意转变成现实需要的相关概念、原理和步骤；模块四介绍创新创业类竞赛项目，并用案例说明竞赛思路与方法。

本书适合高校本科生创新创业类公选课教材，也可为创新创业竞赛组织、指导及管理的师生提供参考借鉴。

图书在版编目（CIP）数据

大学生创新创业基础与竞赛进阶教程/黄玉珊，周松，欧阳亮主编. —北京：科学出版社，2019.9

ISBN 978-7-03-062308-9

Ⅰ. ①大… Ⅱ. ①黄… ②周… ③欧… Ⅲ. ①大学生-创业-高等学校-教材 Ⅳ. ①G647.38

中国版本图书馆 CIP 数据核字（2019）第 198177 号

责任编辑：滕亚帆 曹 伟 / 责任校对：王晓茜
责任印制：霍 兵 / 封面设计：华路天然工作室

科学出版社 出版
北京东黄城根北街 16 号
邮政编码：100717
http://www.sciencep.com

天津市文林印务有限公司 印刷
科学出版社发行 各地新华书店经销

*

2019 年 9 月第 一 版　开本：787×1092　1/16
2021 年 8 月第五次印刷　印张：14 3/4
字数：350 000
定价：42.00 元
（如有印装质量问题，我社负责调换）

前　言

2015 年《国务院办公厅关于深化高等学校创新创业教育改革的实施意见》中指出："深化高等学校创新创业教育改革，是国家实施创新驱动发展战略、促进经济提质增效升级的迫切需要，是推进高等教育综合改革、促进高校毕业生更高质量创业就业的重要举措。"大学生已成为创新创业时代的主力军，高校肩负着实施双创教育的责任，"以赛促教、以赛促学、以赛促创"是高校创新创业教育新模式。随着我国对一线实用型人才的大量需求，国家近年出台了一系列指导意见和政策文件以推动部分地方普通高校向应用型大学转型，"学、训、研、赛"应用型人才培养模式已得到很多学者的肯定。

当前国内创新创业教育类教材多以创新创业基础理论为主，以大学生创新创业类竞赛为抓手的教材很少。本书将引导学生将自我认知与创新创业类竞赛项目有机结合起来，以大学生创新与创业意识激发与核心能力提升为目标。本书分为创新创业意识培养、能力训练、实践模拟和创新创业类竞赛四个模块，内容围绕学生参加创新创业竞赛相关的理论知识、技能训练、模拟及实践等进行组织，提供丰富生动的案例资源和学科竞赛所需的各类材料，并通过层层递进的逻辑表述，完整记录创新创业竞赛从选题到参赛的整个过程，以期通过活学活用，方便学生巩固所学的创新创业内容，实现"以赛促学"。

本书编写团队由来自一线的具有丰富创新创业竞赛指导经验的井冈山大学教师组成，学生创新创业竞赛成果突出，且均有多年的教学和教材编写经验，具备良好的教材编写能力和水平。本书是集体智慧的产物。

在本书编写过程中，参考和使用了有关资料，在此谨向这些资料的作者致以诚挚的谢意。由于编者水平有限，书中难免存在不足之处，恳请学术同仁和广大读者给予批评指正。

编　者

2019 年 6 月 3 日

目 录

前言

模块一 创新创业意识培养模块

- 第一章 绪论 ·· 3
- 第二章 创新基础理论 ··· 9
  - 第一节 创新的内涵 ··· 9
  - 第二节 创新的类型 ··14
  - 第三节 创新能力 ···16
- 第三章 创业基础理论 ··23
  - 第一节 创业概述 ···23
  - 第二节 创业者与创业精神 ··28
  - 第三节 创新与创业的关系 ··29
  - 第四节 大学生自主创业 ···31
- 第四章 新时代的创新创业 ···35
  - 第一节 "互联网+"时代的创新与变革 ··35
  - 第二节 大数据时代的思维变革 ···41

模块二 创新创业能力训练模块

- 第五章 创新思维和能力训练 ··47
  - 第一节 创新思维能力训练 ··47
  - 第二节 创新方法训练 ··56
  - 第三节 思维引导工具训练 ··65
- 第六章 创业思维和能力训练 ··74
  - 第一节 创业机会识别与把握 ··74
  - 第二节 创业环境 ···87
  - 第三节 创业资源 ···88
  - 第四节 商业模式设计 ··96
  - 第五节 创业团队建设 ··· 103
  - 第六节 创业风险及防范 ··· 108

模块三 创新创业实践模拟模块

第七章 创新类项目设计和实施 ··· 117
    第一节 创新项目选题确定基本步骤 ································· 117
    第二节 研究方案的确定 ··· 118
    第三节 研究方案的实施 ··· 121

第八章 创业企业筹备 ··· 122
    第一节 市场调查 ··· 122
    第二节 完善创业构思 ··· 125
    第三节 企业的组织形式 ··· 127
    第四节 创业企业融资 ··· 132
    第五节 企业的设立与管理 ··· 137

模块四 创新创业类竞赛模块

第九章 大学生科技创新类竞赛 ··· 153
    第一节 大学生科技创新类竞赛概述 ································· 153
    第二节 创新类竞赛项目设计与实施 ································· 154
    第三节 创新类竞赛项目参赛作品撰写 ······························· 165
    第四节 创新类竞赛项目实战案例 ··································· 172

第十章 大学生创业类竞赛项目指导 ····································· 198
    第一节 大学生创业类竞赛概述 ····································· 198
    第二节 创业类竞赛项目参赛作品撰写与注意事项 ····················· 200
    第三节 创业路演及其相关活动的技术 ······························· 210
    第四节 创业类项目竞赛实战案例 ··································· 214

参考文献 ··· 229

模块一

创新创业意识培养模块

第一章 绪 论

学生是社会上最具活力、最具创造性的群体，大学生应该走在创新创业的前列。在高校大力推进创新创业教育，是建设创新型国家、实施创新驱动战略的必然要求。创新教育与创业教育是一个辩证统一体，两者相互关联、相互作用。在高校开展创新创业教育，必须从我国的实际出发，借鉴国外的先进经验，构建具有中国特色的创新创业教育体系，加快创新创业人才的培养，为中国经济社会的可持续发展提供有力的人才支撑。

一、创新创业的重要性

21世纪是一个充满创造、创新与创业的时代，知识经济占主导地位，国家经济的发展与社会的进步越来越依赖于科技创新与创新创业人才。改革开放以来的一段时期里，"引进和模仿"是中国取得重大成就的主要手段，通过不断地引进和模仿以美国为代表的发达国家的技术和经验，使家电、汽车、石化、电子、能源、装备等产业从无到有，从小到大，但还称不上"从弱到强"，因为目前有些行业的进一步发展在某些方面仍有赖于技术引进，发达国家在技术创新领域仍然处于主导地位。

2010年，中国经济总量首次超过日本跃居世界第二位，并进入了中等偏上收入国家行列。持续快速的发展，已经使中国在不知不觉中站在了世界经济舞台的前端。但1979～2012年中国全要素生产率对经济增长的贡献为31.1%，而美国在1947～1973年全要素生产率对其经济增长的贡献已达34%。2008年国际金融危机爆发后，我国实施了"一揽子计划"，通过扩大投资拉动经济增长，使资本积累对经济增长的贡献度大幅度上升，全要素生产率提高对经济增长的贡献出现下滑，近5年平均仅约18%。

未来继续"引进和模仿"的空间将越来越小，在涉及国家安全的高端科技领域和企业最核心的技术领域，国外的大门都不可能对我们敞开。且随着农村劳动力人口转移数量的逐渐减少、老龄化人口的增多和资本投入边际回报率的递减，中国经济高速增长的态势很难持续，除非技术进步在未来的增长中做出更大贡献。所以，技术创新和技术进步是驱动未来中国经济增长和保持可持续增长的必要条件。

21世纪，中国的道路在哪里？是等待国外创新出新的技术后，把淘汰的技术高价买来，还是自己去探索和创新？任何理性的人都会选择后者！自主创新是中国赢得21世纪的唯一选择和必要手段。然而选择起来容易，实施起来却困难重重，自主创新比"买技术"的风险和难度要高得多。

创新是一个民族进步的灵魂，是一个国家兴旺发达的不竭动力，当今世界的竞争，虽然归根结底是综合国力的竞争，但实质上是知识总量、人才素质和科技实力的竞争。另外，在我们的创业中，创新同样有着举足轻重的地位，许多公司把创新能力作为考查员工能力的一个重要方面。在创业的道路上，创新可以为我们的发展做更好的铺垫，使我们前进的道路更加顺畅。

二、创新创业教育的内涵

创新创业教育的本质，是以更具实践性、多样性和创造性的形式，实现创新创业型人才培养。

（一）创新教育的内涵

创新教育就是使整个教育过程被赋予人类创新活动的特征，并以此为教育基础，以培养创新人才和实现人的全面发展为目的的教育。所谓创新人才，应该具有创新精神和创新能力。其中，创新精神主要由创新意识、创新品质构成。创新能力则包括人的创新感知能力、创新思维能力、创新想象能力。从两者的关系看，创新精神是影响创新能力生成和发展的重要内在因素和主观条件，而创新能力提高则是丰富创新精神的最有利的理性支持。

高校的创新教育是为了实现大学生探索未知、敢于追求真理的价值观，维护学生的好奇心、自尊心，强化学生在教学中的主体地位，以师生互动启发式、讨论式、研究式方法提高学生的学习兴趣，塑造学生的创新思维，鼓励师生积极实现创新发明成果，并对各环节加以规范和制度化。

（二）创业教育的内涵

创业教育是培养受教育者具有创业意识、创业精神、创业能力和创业品质等各种创业的综合素质，并最终使受教育者具有一定的创业能力的教育。

创业一直是美国经济发展的主要内驱动力之一，它直接催生了创业教育的诞生，世界上最早的创业教育源于哈佛大学商学院。美国的创业教育课程由认识机遇、整合资源与创造操作型商业组织三个部分组成，侧重于引导受教育者形成评估市场机会、促使资产保值以及维持企业发展三个观念，帮助其形成创业必须具有的品质。

大多数发达国家的创新创业教育体系主要是围绕一个企业的生命周期来构建，依照商业计划的确定、企业的建立、市场的开拓、企业的发展（包括融资、投资过程）来展开的。同时发达国家的创新创业教育非常注重培养大学生的企业家精神。创新创业教育已成为全球大国高等教育的一个重要课题和共识。

创业教育不仅要培养高校创业人才，更要培养高校创业大学生的创新创业精神。创业教育与创新教育相辅相成，创新是创业的核心和基础，创业是创新的体现，二者相互促进又相互制约，是密不可分的辩证统一体。

（三）创业教育与就业教育

创业教育和就业教育是高等院校在探寻满足社会发展不同需要的途径与方法过程中的产物。它们既是两种不同的人才培养模式，也是两种不同的教育理念。创业教育是以创造性就业和创造新的就业岗位为目的，而就业教育是以填补现有的就业岗位为价值取向。创业教育本身是为了解决就业难问题，以创造更多的工作岗位提供给社会和个人，所以，创业教育包含了就业教育。在这里对"创业"和"就业"的概念澄清是区分二者的关键。创业就是利用创新的思维和方法，创造出某种对人类、对社会或者对个人有益的具体成果。而就业则是"劳动者同生产资料相结合，从事一定的社会劳动并取得劳动报酬的活动"。

就业制度改革以前，中国高等院校的毕业生主要是以从业方式实现就业。如果是开工厂办企业，那就是在自己获得职业岗位的同时，还给社会提供工作岗位。自主创业的就业观是我们应提倡的一种比自主择业依附性更小、主体意识更强的就业观。如果站在就业的角度，把以解决受教育者的就业问题作为直接目的的教育称为就业教育，那么创业教育无疑是从属于就业教育的。创业教育理念在高校的形成和确立，将大大地拓宽就业教育的发展空间。所以，创业教育与就业教育之间存在辩证统一的关系。就业教育的概念先于创业教育，就业教育在计划经济体制、社会生产力不发达的情况下，可以满足毕业生在有限工作岗位的分配。但是，在市场经济体制下，面临巨大的就业压力，创业便是解决毕业生就业压力的途径之一。

三、大学生创新创业教育的现实意义

在校大学生开展创新创业活动不仅可以促进知识成果向生产力转化，推动社会财富的增加，而且有利于大学生的长远发展，缓解就业压力，壮大私营企业队伍，改善私营企业从业人员的素质结构，有利于经济的可持续发展。具体来说，大学生创新创业具有以下现实意义。

（一）有利于缓解大学生的就业压力

2017年高校毕业生727万人，再创历史新高，加上2016年尚未就业的大学生，堪称史上最难就业年。为了解决大学生就业难题，近年来从中共中央到地方出台了一系列应对措施，其中鼓励大学生创业被摆在了突出位置，因为创业不仅能够解决自身就业，而且在扩大就业方面具有倍增效应，一人创业可以带动多人就业。调查表明，平均每名创业者可带动3.8人就业。鉴于此，提升大学生的创业能力具有十分重要的意义，一个具有较强创业能力的大学毕业生不但不会对社会造成就业压力，相反还能通过自主创业活动来增加就业岗位，缓解社会的就业压力。所以，近年来，各级党政部门纷纷出台一系列激励措施，鼓励大学生通过自主创业、自谋职业等多种形式，千方百计扩大就业，灵活就业，以创业带动就业，使大学生不仅成为求职者，更能成为职业岗位的创造者。

（二）有利于大学生自我价值的实现

大学生有较高的专业文化素养，学习能力强，视野开阔，有年轻人的创新精神和年龄优势，思维定式的局限较小，敢于挑战传统观念。然而中国目前的教育在一定程度上倾向于应试教育，偏知识学习轻能力锻炼，偏科技素养轻人文素养，偏智育轻实践，存在大学生创新转化能力的发展受到极大阻碍的现象，部分大学生进入社会后适应能力较差，不能很快地将知识转化为生产力。而大学毕业生通过自主创业，可以把自己的兴趣与职业紧密结合，做自己最感兴趣、最愿意做和自己认为最值得做的事情，在五彩缤纷的社会舞台中大显身手，最大限度地发挥自己的才能，并获得合理的报酬。当前社会鼓励大学生创业，从大学生自身来说，其创业的原动力在于实现人生价值，这符合当代大学生的成才观，有利于大学生全面成才。

（三）有利于大学生自身素质的提高

创新是民族的灵魂，是一个国家兴旺发达的不竭动力。青年大学生作为中国最具活力的群体，如果失去创造的冲动和欲望，那么中华民族最终将会失去发展的不竭动力。美国前总统里根曾说，一个国家最珍贵的精神遗产就是创新，这是国家强大与繁荣的根源。创新是引领中国发展的第一动力，大学生是未来创新团队的最重要的生力军。

我国高校扩招以后，伴随着就业压力，大学生素质与我国高等教育的水平一直备受质疑。在提高大学教育管理水平与大学生素质的各类探索实践中，大学生创业无疑是最经济、最有效的办法之一。美国作为世界最发达的国家，其大学生的创业比率一直在20%以上。通过创业教育与创业实践，大学生可以充分调动自己的主观能动性，改变就业心态，自主学习，独立思考，并学会自我调节与控制。只有这样，大学生创业才能成功。对于一个能自我学习，懂得如何管理自己的时间与财务，善于拓展人脉关系，能够主动调适工作心态，积极适应社会的大学生，其就业将不存在大问题。大学生的创业活动，有利于培养大学生勇于开拓创新的精神，把就业压力转化为创业动力，培养出越来越多的各行各业的创业者。

四、深化高校创新创业教育改革的路径

（一）引导大学生树立正确的创业观

数据显示，2017届大学毕业生创业的比例大约为2.9%，落后于发达国家约3%的平均水平。伴随中国经济步入"新常态"，产业升级换代快，第三产业消费需求逐步成为主体，电商、网络经济等呈现蓬勃发展之势，这些都为拥有前沿知识的大学生创业创造了前所未有的时代机遇。但需要承认，当前我国大学生的创业环境还有待于进一步完善。教育部的一项报告显示，大学生创办的公司，5年内仅有三成能够生存下去。对于大学生创业企业来说，一是缺乏知识和经验，二是缺乏资金，抗风险能力差，因此存活率低成为必然。所以，创业虽然看起来很美，但未必适合所有人。高校和社会应积极做好对大学生创业的引导工作。

（二）实现创新创业教育对象的全覆盖

近几年，教育部等部委出台的一系列政策文件要求我们在实践中扩大教育对象范围，探索面向全体学生的具体教育方式。彻底改变"精英教育"的运行模式，既不能只针对商学院的学生，也不能只针对想要创办企业或是参与创业计划竞赛的少数学生，而

是要面向全体学生。要做到这一点,当前最为关键的是要破除广泛开展创新创业教育的观念性障碍,对于"创办企业论""培养老板论"等窄化内涵、扭曲本质的错误观念进行价值澄清,探究"创业型大学建设"在体制机制和队伍建设等方面的具体做法,探索构建与"大众创业、万众创新"相匹配、面向全体学生广泛开展创业教育的"本土化"教育体系。高校创业教育在于广泛地"种下创新创业的种子",为高校毕业生设定"创业遗传代码"。

(三)健全创新创业教育课程体系

创新创业教育不是面向工程、艺术、科技等少数专业的"小众教育",而是普遍培养和提高所有专业大学生创新意识和创新能力的"广谱式"教育。以这一思想为指导,要求高校教师在实践中全面更新知识体系,确定"结合专业教育"的主要途径,创业教育必须与专业教育相结合,调整专业课程设置,挖掘和充实各类专业课程的创新创业教育资源,在传授专业知识过程中加强创新创业教育。面向全体学生开发开设研究方法、学科前沿、创业基础、就业创业指导等方面的必修课和选修课,并将其纳入学分管理,建设依次递进、有机衔接、科学合理的创新创业教育专门课程群。加快创新创业教育优质课程信息化建设,推出一批资源共享的慕课、视频公开课等在线开放课程。建立在线开放课程学习认证和学分认定制度。组织学科带头人、行业企业优秀人才,联合编写具有科学性、先进性、适用性的创新创业教育重点教材。

(四)改革创新创业教育方法

创新创业教育要想获得深层次的发展,必须走出"表层教育"的初级阶段,全面推动高校教育教学改革,形成根本性的创新创业教育体制机制,使高校培养出能够应对全球化和信息化时代要求的创新创业型人才。以这一思想为指导,要求我们在实践中彻底改革方法论体系,丰富"融入人才培养全过程"的科学载体。创新创业教育不再是针对毕业生开展的教育,更不是学生就业之前的"临门一脚",而是要在纵向上贯穿学生在校学习的全部过程,在横向上打通学校教育、家庭教育和社会教育的各个环节;不仅立足于高校自身,更立足于经济发展方式转变的现实需求;不仅基于创新创业教育本身,更要从"大创业教育观"出发,实现"课内课外相衔接、教育实践一体化",着力促进全体学生创业素质的训练和提升。在此过程中要本着多样化原则,推动高校与政府、企业的沟通和联系,探索建立校校、校企、校地、校所及国际合作的协同育人新机制,建立健全知识资本化、创新商业化的科学路径,积极促进和努力形成高校在新经济中的中心地位,形成高校—企业—政府"三螺旋"关系,积极吸引社会资源和国外优质教育资源投入创新创业人才培养中,全面推动高校创新创业教育的深入改革。

(五)加强教师创新创业教育教学能力建设

高校教师是创新创业教育的责任主体。要配齐、配强创新创业教育与创业就业指导专职教师队伍,并建立定期考核与淘汰制度。聘请知名科学家、创业成功者、企业家、风险投资人等各行各业优秀人才,担任专业课、创新创业课授课或指导教师,并制定兼职教师管理规范，形成优秀创新创业导师人才库。要将提高高校教师创新创业教育的意识和能力作为岗前培训、课程轮训、骨干研修的重要内容，建立相关专业教师、创新创业教育专职教师到行业企业挂职锻炼制度。加快完善高校科技成果处置和收益分配机制，支持教师以对外转让、合作转化、作价入股、自主创业等形式将科技成果产业化，并鼓励其带领学生创新创业。

（六）营造创新创业教育的良好社会环境

近年来，有不少地方出台了鼓励政策，如允许创业大学生享受税收减免、房租水电费补贴及小额担保贷款等优惠，这些都有助于减轻大学生创业的负担。但光凭各级政府相对有限的投入，远远不能满足广大学生创业的需求，还需要政府、高校、科研院所、企业、行业团体乃至社会各界都积极参与进来。比如，企业和行业团体可以建立专门的大学生创业孵化中心，向创业者提供优惠乃至免费的场地、设备、开发平台等硬件设施，以及资金补贴、个别指导、融资协调等软服务。再如，银行、担保公司、小额贷款公司等金融机构应当积极研究如何向大学生提供资金扶持。

第二章　创新基础理论

第一节　创新的内涵

毫不夸张地说，人类发展的历史就是一部创新史，创新是人类文明进步的动力，是社会经济发展的源泉，创新的数量、质量和速度直接影响着人类发展进步的幅度和速度，创新是一个企业、民族，乃至国家的希望所在。

"创新"已经成为当今时代的主旋律。千亿次高速计算机的诞生、人类基因图谱测序的完成、探测器成功着陆火星、国际空间站升空对接、克隆牛羊的茁壮成长、信息高速公路的开通等，给我们的工作和生活带来了前所未有的变化。人类社会正从一个大规模生产时代进入一个大规模创新时代，上至国家、下至百姓，无不与创新息息相关。在此时代背景下，创新素质成为选拔人才的标准，是否具有创新能力和创造力，是衡量人才价值和能否成为一流人才的标尺。

正确认识创新是迈进创新大门的第一步。提起创新，我们往往想到的是专家的杰作或者是天才的灵光闪现。实际上，创新并不像人们想象的那样神秘，也绝不是部分人的"特权"，每个人都需要创新，每个人都能够创新。

人们为吃饭发明了筷子，为走路造出了鞋子，为喝水生产出了杯子，生活中其实有很多看似微不足道的小事往往蕴含着创新的契机。纵观人类生生不息的创新实践，环顾我们生活中的创新、学习中的创新、工作中的创新，这些比比皆是的创新实例告诉我们，创新就在身边，创新并不神秘，创新并不是某个罕见的天才或百里挑一的人士的领地，所有创新都可以被分解和分析，创新是一种能力，人人都有创新的潜能。任何人都可以，也应该学习如何创新，只要你热爱生活，善于发现，将满足生活中某种需求的工具视为商品，将想法开发为可以出售的产品，创新就可能成为财富的密码，进而改变命运，创造美好生活。

一、创新的定义

学术界对"创新"至今尚未有统一的定义，广义上的"创新"是人类创造活动的一种，其本质就是创造。创造在不同的领域有不同的习惯叫法，如科学领域的创造称为"发明"或"发现"，体育竞赛中的创造称为"破纪录"，文学艺术领域的创造称为"创作"，技术领域中的创造称为"革新"。

创造与创新的内涵差别难以有严格的界定，两者都具有首创性特征，但两者首创性特征的含义并不完全相同。创造的首创性是指"无中生有"；创新的首创性则是指对现有的东西进行变革，使其更新，成为新的东西，可称为"推陈出新"和"有中生新"。苏联科学家阿奇舒勒提出的"发明问题解决理论"，强调通过发明来解决实际问题，以实现发明的实用化，这符合创新的基本定义。因此，阿奇舒勒所说的"发明"基本上与创新是同义的。

创新是指人们为了一定的目的，遵循事物发展的规律，对已有创造成果进行先于他人的改进、完善和应用，创造出有价值的或前所未有的物质或精神产品的活动，使人类社会的文明与进步获得新发展、新突破。按上述定义，创新是一个涵盖十分广泛的概念，提出新理论、发明新技术、采用新方法、建立新制度、制定新政策、组建新组织、构成新机制、提供新产品、获得新原料、开辟新市场、组成新文化、创造新艺术等都属于创新的范畴。

古代人发明和使用车轮是创新，现代人研究和制造出飞机、计算机也是创新；前人发现几何学的"勾股定理"是创新，后人第一次设计并制造出指甲刀也是一种创新。创新是建立在已有创造成果基础上的再创造，那种绝对地以"创造出新事物"来理解创新，其实是不完整的。创新不是发明，创新可能涉及发明，但是创新所涉及的范围更为广泛，发明仅是创新的第一步，要使发明得到应用则需创新。创新应该超越技术或产品本身，创新的事物可以是有形的，也可以是无形的，可以是复杂的劳动工具或简单的生活用品，也可以是开展业务和赚钱的新方法、提供产品和服务的新体系，甚至是你所在的组织与客户之间互动的新模式。

创新的实质就是不断改进事物，使其更有用、更方便、更经济、更安全、更环保、更高效……，最终满足人类自身的需要。创新的主体是人类，客体是包括人类自身在内的客观世界，核心是创新思维，关键是改变，结果包括物质和非物质两种。通俗地讲，创新就是不按常理出牌而达到目的，创新就是无限想象加上最佳选择，创新就是开创新路通向目的地，创新就是抛弃旧规改用新规，创新就是提高质量和效率，创新就是创造新生事物，创新就是创造新生活，创新就是满足需求。

狭义上的"创新"属于经济学概念，是一种与经济相关联的技术活动。不管是发明、创造还是革新，最终都应该转化成生产力，产生经济效益，才能称得上是创新。创新是指组织在技术、产品、流程和服务等方面的变化或改进，这些变化或改进能给顾客和组织中的其他利益相关者带来更多或更好的价值。创新并非全"新"，大多数的创新都是基于以往的经验而出现的，创新无须对世界是新的，只需对于一个市场或者行业而言是新的就可以了。

创新者可以指企业，也可以指个人。企业创新者是指在同行业中率先采用新技术、新商业模式、新管理模式开发新产品，并取得商业化成功的企业，如华为等公司。个人层面的创新者是指率先将创意、技术及发明等开发成成功的新产品、取得商业化成功的人。

二、创新的特点

1. 目的性

任何创新活动都有一定的目的，它贯穿于创新过程的始终。创新强调效益的产生，不仅仅要知道"是什么""为什么"，还要知道"有什么用""怎样才能产生效益"。所以，创新是一个创造财富、产生效益的过程。

2. 变革性

创新是对已有事物的改变和革新,是一种深刻的变革。

3. 新颖性

创新不是模仿、再造,它是对现有的不合理事物的扬弃,革除过时的内容,确立新事物。因此,新颖性是创新的首要特征。

4. 超前性

创新以求新为灵魂,具有超前性。这种超前是从实际出发、实事求是的超前。

5. 价值性

创新有明显、具体的价值,对经济社会具有一定的效益。创新可以重新组合生产要素,从而改变资源产出,提高组织价值。对于企业来说,创新利润是最重要、最基础的部分,只有创新利润才能反映出企业的个性。

6. 风险性

创新可能成功,也可能失败,这种不确定性构成了创新的风险。因此,在创新过程中,只准成功、不许失败的要求,实际上是不切实际的。只有通过科学的设计与严格的实施,来尽量降低创新的风险。

7. 动态性

创新是一个动态的过程。在知识经济条件下,唯一的不变就是一切都在变,而且变化得越来越快。因此,任何创新都不可能是一劳永逸的,只有不断地变革和创新,才能适应时代的要求。

三、创新的基本原则

创新原则就是开展创新活动所依据的法则和判断创新构思所凭借的标准。具体来说,创新需要遵循以下六个方面的基本原则。

(一)科学原理原则

创新必须遵循科学原理,不能违背科学发展规律。因为任何违背科学原理的创新都是不能获得成功的。为了使创新活动取得成功,在进行创新构思时,必须做到:①对创新设想进行科学原理相容性检验;②对创新设想进行技术方法可行性检验;③对创新设想进行功能方案合理性检验。

永动机的想法起源于印度,公元 1200 年前后,这种想法从印度逐渐传到了西方。在欧洲,早期最著名的一个永动机设计方案是 13 世纪时一个叫亨内考的法国人提出来的。后来,文艺复兴时期意大利的达·芬奇也曾制造实验装置,进行科学实验。达·芬奇得出结论:永动机是不可能实现的。事实上,近百年来,许多才思敏捷的人耗费心思,力图发明一种既不消耗任何能量又可源源不断对外做功的"永动机"。但无论他们的构思如何巧妙，结果都逃不出失败的命运。其原因在于他们的创新违背了"能量守恒"的科学定律。

（二）市场评价原则

创新设想要获得成功，必须经受走向市场的严峻考验。创新需要产生回报，简单地说，如果某天你希望获得再次创新的特权，那么你需要确保所做的创新对你或你的企业有所回报。通常我们定义创新的可行性，需要达到两项标准：创新必须能够自我维持，并能够取得资本回报。

创新设想要经受市场考验，实现商品化和市场化，就要按市场评价的原则来分析。市场评价通常从市场寿命、市场定位、市场特色、市场质量、市场价格和市场风险等方面入手，考察创新对象的商品化和市场化发展前景。然而，在实践中，要估计一种新产品的生产成本和销售价格不难，而要估计一种新发明的使用价值和潜在意义则较难。这需要在市场评价时，把握住评价事物使用性能最基本的五个方面：①解决问题的迫切程度；②功能结构的优化程度；③使用操作的可靠程度；④维修保养的方便程度；⑤美化生活的美学程度。

（三）相对较优原则

创新产物不可能十全十美。利用创造原理和方法，获得的许多创新设想常常各有千秋。这时，就需要人们按照相对较优的原则，对设想进行比较选择，具体包括：①从创新技术先进性上进行比较选择；②从创新经济合理性上进行比较选择；③从创新整体效果性上进行比较选择。

（四）机理简单原则

在现有科学水平和技术条件下，需要对创新方式和创新手段的复杂性进行科学合理的评估。特别是在科技竞争日趋激烈的今天，结构复杂、功能冗余、使用烦琐已成为技术不成熟的标志。因此，在创新过程中需要坚持机理简单原则。为使创新的设想或成果更符合机理简单原则，应检查：①新事物所依据的原理是否重叠，超出应有范围；②新事物所拥有的结构是否复杂，超出应有程度；③新事物所具备的功能是否冗余，超出应有数量。

（五）构思独特原则

创新贵在独特。创新的独特性可从三个方面加以考察：①创新构思的新颖性；②创新构思的开创性；③创新构思的特色性等。

（六）不轻易否定、不简单比较原则

科学技术的发展使人们认识到有很多知识是建构在错误的基础上的，所以在分析评判各种创新方案时，应坚持不轻易否定原则，注意避免轻易否定的倾向。不简单比较原则是指，不同的创新，包括非常相近的创新，原则上也不能以简单的方式比较其优劣，

这有利于促进相关技术在市场上的优势互补，形成共存共荣的局面。例如，市场上常见的钢笔、铅笔就互不排斥，即使都是铅笔，也有普通木质的铅笔和金属或塑料杆的自动铅笔之分，它们之间也不存在排斥。

四、创新过程

创新基本活动过程包括创新准备期、创新酝酿期、创新明朗期和创新验证期四个阶段。

（一）创新准备期

在准备期，需要解决的创新问题存在着许多未知数，主要任务是搜集信息、整理资料，通过搜集前人的知识、经验，对问题形成新的认识。也就是说，要了解问题的具体情况，产生创新的需求，激发创新动机，在发现问题的基础上，通过深入分析使问题更加明确，从而为创新活动的下一阶段做好准备。

在准备期，知道在何处创新与知道如何创新同样重要。无论是开采锂矿还是钻探石油，成功与否，取决于你是否知道应该在何处挖掘，而不是怎样挖掘。在项目开始之前，你需要辨识合适的创新机会，明晰你想要创新的本质。

（二）创新酝酿期

明确问题后，就需要找出问题的关键点，以便考虑解决这一问题的各种策略。一方面，应通过搜集整理有关知识信息，弥补知识缺陷；另一方面，要消化原始材料、构思假说和寻找解决方案。有些问题可能一时难以找到答案，可能会被暂时搁置，但是这些问题仍然会一直萦绕在脑海之中，成为一种潜意识。

在酝酿期要优先解决最困难的问题。不要去寻找唾手可得的答案，而应该着眼于远大目标，去处理那些不能轻而易举就得到解决的难题。这无关选择哪个问题对你来说更容易处理，重要的是你应该如何帮助客户解决深层次的问题。当你准备开始着手于创新工作时，你需要专注于概念中最难的部分，容易的部分可以留待以后解决。

（三）创新明朗期

明朗期即顿悟期或突破期，即寻找到了解决办法。明朗期很短促，很突然，呈猛烈爆发状态。人们通常所说的"脱颖而出""豁然开朗""众里寻他千百度，蓦然回首，那人却在，灯火阑珊处"等，都是描述这种状态的。如果说"踏破铁鞋无觅处"描绘的是酝酿期的话，"得来全不费工夫"则是明朗期的形象刻画。在明朗期，灵感思维往往起决定作用。

在明朗期要杜绝一知半解。在接受巨大挑战之后，你需要耐心地制定全面解决方案。寻找解决实际问题的方案，而不是为了权衡或取舍而默认一个方案，这就要求你能够适应各种不确定性并等待最终答案的出现。

（四）创新验证期

验证期又称实施期，主要是对创新思维产生的新成果中的方法和策略进行检验，对其不足之处进行完善，使其更加合理，最后以适当的形式表达出来，能够有效地指导实践。验证一是进行理论验证，二是进行实践检验。验证期需耐心、周密、慎重，不能急于求成或急功近利。验证期要记住未投入市场的创新是不算数的。如果未能将创新成果投入市场，尚未获得收益，那么就没有完成创新的过程。

第二节　创新的类型

一、根据创新的表现形式分类

根据创新的表现形式，可将其分为知识创新、技术创新、服务创新、制度创新、管理创新和社会创新等。

（一）知识创新

知识创新是指通过科学研究，包括基础研究和应用研究，获得新的基础科学和技术科学知识的过程。知识创新的目的是追求新发现、探索新规律、创立新学说、创造新方法、积累新知识。知识创新是技术创新的基础，是新技术和新发明的源泉，是促进科技进步和经济增长的革命性力量。知识创新为人类认识世界、改造世界提供新理论和新方法，为人类文明进步和社会发展提供不竭动力。

（二）技术创新

技术创新（科技创新）是指在某一行业以新技术代替旧技术，或者在原有技术上做重大改进，从而带来产品的重大改进或升级，以达到保证质量、降低成本、保护环境或使生产过程更加安全和省力的目的。技术创新又可分为产品创新、服务创新、业务流程创新、业务模式创新、文化创新等。技术创新是一种产生效益的创造性活动，没有创造就没有创新。创新的同时也是一个"毁灭"的过程，是一种创造性的"毁灭"，是对旧的生产体系的破坏。创新本身就是一个不断发现问题、改进问题的过程。

（三）服务创新

服务创新就是使潜在用户感受到不同于以前的崭新内容，是指新的设想、新的技术手段转变成新的或者改进的服务方式。

从经济角度看，服务创新是指通过非物质制造手段进行的增加有形或无形"产品"之附加价值的经济活动，这种活动在信息产业表现得尤为突出。信息技术飞速发展，使得产品技术和功能的同质化水平越来越高，通过提高产品质量、降低产品生产成本来竞争的空间越来越狭窄，因而服务成为企业进行市场竞争的重要武器。

从技术角度看，服务创新是以满足人类需求为目的的软技术的创新活动。这种活动可分为围绕物质生产部门的管理、组织、设计等软技术创新活动，围绕文化产业、社会产业推动社会和生态进步、丰富精神生活的软技术创新活动以及围绕传统服务业和狭义智力服务业的软技术创新。

从社会角度看，服务创新是创造和开发人类自身价值，提高和完善生存质量，改善社会生态环境的活动。因此，服务创新通过满足物质、精神和心理需求，并提供解决问题的能力，保障人们精神和心理上的健康，使人们得到满足感和成就感。

（四）制度创新

制度创新是指一种更有效的约束本企业职员行为的一系列规则的产生过程，为企业技术创新的组织实施和过程管理提供支撑和保障。它通过激发企业职员的积极性和创造性，促进企业资源的合理配置利用，从而推动企业进步。企业制度主要包括产权制度、经营制度和管理制度三方面的内容。一般来说，一定的产权制度决定了相应的经营制度。但是，在产权制度不变的情况下，企业具体的经营方式可以不断进行调整。同样，在经营制度不变时，具体的管理规则和方法也可以不断改进。而当管理制度的改进发展到一定程度时，则会要求经营制度做相应的调整。经营制度的不断调整，必然会引起产权制度的革命。因此，管理制度的变化会反作用于经营制度，经营制度的变化会反作用于产权制度。

制度创新的方向是不断调整和优化企业所有者、经营者、劳动者三者之间的关系，使各个方面的权力和利益得到充分体现，使组织中各类成员的作用得到充分发挥。

（五）管理创新

管理创新是指在特定的时空条件下，通过计划、组织、指挥、协调、控制、反馈等手段，对系统所拥有的资本、信息、能量等资源要素进行再优化配置，并实现人们新诉求的资本流、信息流、能量流目标的活动。

管理创新，最重要的是在组织高管层面有完善的计划与实施步骤，以及对可能出现的障碍与阻力有清醒认识。帮助企业主塑造此方面的领导能力，使创新与变革成为可能。

（六）社会创新

在新时代背景下，各类挑战日益严峻。一方面，粮食、饮用水、住房、医疗卫生等传统社会问题在世界很多地方仍没有得到有效解决，甚至变得更加严重；另一方面，人口老龄化、气候变化、环境污染、能源危机等新问题正在日渐加剧。与此同时，从重视物质上的福利到重视精神上的福利，从增加就业到体面工作，从吃饱穿暖到良知消费，新的社会需求也在要求用更加创新的方式去满足。

Phills、Deiglmeier 和 Miller 2008 年发表在《斯坦福社会创新评论》上的《社会创新新发现》一文中将社会创新界定为："一个全新的社会问题解决方案，与原有方案相比，该方案具有效果好、效率高、可持续的特点，该方案以提升整个社会的价值为目标，而不是针对个人。具体的社会创新成果可以是一个产品、生产过程或是技术，还可以是一项原则、一个思想、一则法规、一个社会活动、一次介入，或是它们的组合。"[①]

---

① Phills J A, Deiglmeier K, Miller D T. Rediscovering social Innovation[J]. Stanford Social Innovation Review, 2008, 6(4): 34-43.

英国国家科学、技术及艺术基金会以相似的方式定义了社会创新，但更加强调社会创新的资源和目的。有学者认为，社会创新是一种为了明确的社会和公共利益而进行的创新，是一种为了满足社会需求的创新，这种社会需求在市场经济中经常被忽视，且政府部门提供的服务通常也无法解决。社会创新既可以发生在公共部门之内，也可以发生在公共部门之外。公共部门、私营部门和其他部门都可以开发社会创新，用户和社区也可以进行社会创新。

社会创新简而言之，就是为社会问题找到创新性的解决方案。是不是创新，有多少创新，并不是看这个解决方案是不是够"新"够"奇"，而是看它与过去的方案相比是不是可以用更少的投入去获得更大的社会效益。

二、根据创新方式分类

依据创新方式可以分为原始创新、集成创新和引进、消化吸收再创新。

（一）原始创新

原始创新是指前所未有的重大科学发现、技术发明、原理性主导技术等创新成果。原始创新意味着在研究开发方面，特别是在基础研究和高技术研究领域取得独有的发现或发明。原始创新是最根本的创新，是人类智慧的体现，是一个民族对人类文明进步做出贡献的重要体现。

（二）集成创新

集成创新是利用各种信息技术、管理技术与工具等，对各个创新要素和创新内容进行选择、集成和优化，形成优势互补的有机整体的动态创新过程。集成创新强调灵活性，重视质量和产品多样化。它与原始创新的区别是，集成创新运用到的所有单项技术都不是原创的，而是已经存在的，其创新之处在于对这些已经存在的单项技术按照自己的需要进行了系统集成并创造出全新的产品或工艺。

（三）引进、消化吸收再创新

引进、消化吸收再创新是最常见、最基本的创新形式。其核心是利用各种引进的技术资源，在消化吸收基础上完成重大创新。它与集成创新一样，都是以已经存在的单项技术为基础；不同之处在于，集成创新的结果是一个全新产品，而引进、消化吸收再创新的结果是产品价值链上某个或者某些重要环节的重大创新。引进、消化吸收再创新是各国尤其是发展中国家普遍采取的方式。

第三节 创新能力

创新是一种能力，是可重复的流程，人们可对此加以研究、学习和实践，它可以使公司保持可持续的盈利增长。

创新能力是指个人为了达到某一目标，综合运用所掌握的知识，通过分析解决问题，完成创新过程，获得新颖的、独创的，具有社会价值的精神和物质财富的综合能力。简而言之，是指具有开拓新思路、设计新产品、建立新理论、创造新方法或发明新技术的能力。创新能力的表现形式就是发明和发现，是人类创造性的外化。创新能力包含着创造性思维能力和创造性实践能力，主要具有四个方面的内容：创新意识、创新思维、创新方法、创新人格。

一、创新意识

一般来说，创新意识可以简单地理解成创造的欲望，其代表着一定社会主体奋斗的目标和价值指向性，是人们进行创造活动的出发点和内在动力，是唤醒、激励和发挥人们创造潜力的重要精神力量，是创新思维和创造力的前提。

创新意识包括创新动机、创新兴趣、创新情感、创新信念和意志等。其中，创新动机是创新活动的动力因素，是推动和激励人们发动和维持创新的精神力量；创新兴趣是促使人们积极探求新奇事物的一种积极的心理倾向，有利于促进创新活动的顺利展开；创新情感是引起、推进以至完成创新活动的心理情感因素，只有积极、正向的创造情感才能促进创新活动取得成功；创新信念和意志是指创造中克服困难、冲破阻碍的心理因素。创新信念和意志具有目的性、顽强性和自制性等特征。

创新意识的表现形式有问题意识、需求意识、市场意识、求新意识、求变意识、求好意识、产品意识、技术推广意识、工程意识、获得信息意识、服务意识、创业意识、自我培养意识、模仿学习意识、协作意识、竞争意识、学习运用创新方法意识等。

创新意识能够使人自觉、自主地关注问题，从而发现并解决问题，具有较强的能动性。纵观一个人的创造性成就，可以看出是创新意识引导着创新行为，其比创新方法更为重要，是创新型人才必须具备的首要条件。

二、创新思维

（一）创新思维的定义

"思"就是想或思考，"维"意味着序或方向，"思维"的基本含义就是按一定顺序的想，或沿着一定方向的思考。创新思维是一种不受常规思维束缚，寻求全新独特的解决问题的方法的思维过程，是指人们为解决某一问题，自觉、能动地综合运用各种思维方式进行思考。

创新思维是创新实践和创造能力发挥的前提。通过创新思维常常能突破常规思维的界限，以超常规甚至反常规的方法、视角去思考问题，提出与众不同的解决方案，从而产生新奇的、独特的、有社会进步意义的思维成果，是思维活动中最有价值和最积极的形式，是人类揭示事物本质规律，获取新知识、新技术的有效手段。

创新思维是相对于传统思维的新思维，就是我们常说的创造性思维，是每个人天生就拥有的，但却不是人人都能够娴熟地使用它。因为传统思维和常规性思维主导了大部分人，创新思维被埋没了。有一个跳蚤变"爬蚤"的故事。跳蚤是跳高能手，如果把跳蚤放在桌子上，用手一拍，它所跳的高度能达到自己身高的百倍以上。曾经有科学家对跳蚤进行了一系列试验，这些跳高能手居然再也不会跳跃了。原来，实验者先用玻璃罩罩住跳蚤，然后迫使跳蚤跳跃。只要跳蚤跳跃就会碰到玻璃罩上，反复多次后，跳蚤逐渐改变了跳起的高度，每次跳起的高度总保持在罩顶以下。实验者开始逐渐降低玻璃罩的高度，跳蚤经过数次碰壁之后也主动改变跳跃的高度。最后，玻璃罩接近桌面，跳蚤无法再跳跃了，就开始在桌子上爬行。经过一段时间，实验者拿走玻璃罩，再拍桌子时，跳蚤再也不跳了，跳蚤变成了"爬蚤"。跳蚤变成"爬蚤"，并不是因为它已经失去跳跃的能力，而是由于遭受无数次挫折后习惯了、麻木了。玻璃罩不存在了，跳蚤却忘记了自身曾经拥有、其实现在仍潜藏着的"跳跃之王"的能力，因为"玻璃罩的限制"已深深地印在了它的潜意识里。

动物如此，人类也不例外。在成长过程中，一个人接受太多外界的评判或遭遇过多的挫折，往往会阻碍其思维的开放和流畅，扼杀其行动的欲望，致使其生活的热情、奋斗的欲望和创新的思维遭到压制和封杀。科学家将这种现象称为"自我束缚"。习惯性思维犹如无形的"枷锁"，阻碍了我们的创造性思维，制约着我们创新能力的发挥。创新，首先必须突破的是我们的习惯性思维，也就是说，首先要砸碎束缚着我们创新性思维的"枷锁"。创新思维是创新实践的前提，是参与竞争的制胜法宝，是高素质人才必备的重要能力。创新思维是可以培养的，只要拥有创新的意念，不断地改善思维方式和思维习惯，创新的念头和思路就会源源不断地涌现出来。

（二）创新思维的特征

1. 新

新是创新思维的第一特征，也是最根本的特征之一。"新"就是有新意，在思考的方式上、思路的方向上、思维的角度上具有创造性和开拓性。认识事物时不停留在原有的层面上，而是进行重新认识和分析，以独特的方法解决问题，用新奇的方式处理事情，产生新产品、新工艺、新方法、新方案等，从而形成和产生新的实用性或新的价值。

2. 差异性

差异性是创新思维最大的、最根本的特征之一。创新思维就是与众不同的思维，它能够用与众不同的语言、行为、方式表现出来。

3. 变化性

变化性也是创新思维的根本特点之一。无论新意还是差异都需要通过不断的改变来实现，旧的东西也需要通过改变来变成新的。

4. 现实性

虽然思维、创新等概念似乎都是看不见摸不着的虚无缥缈的东西，但创新思维依然具有现实性特征。从另一方面看，它其实是实实在在地存在于人们生活当中的，通过人们学习、工作、生活中的言行举止表现出来，并且几乎人人都有思维创新的经历。

5. 开放性

创新思维是开放的,要让思想冲破牢笼,没有顾忌地飞翔。要创新就必须善于学习、勤于思考,实现与外界物质、能量和信息的交换。

6. 联动性

创新思维具有由此及彼的联动性,这是创新思维具有的重要特征。联动方向有三个:一是纵向,就是看到一种现象,就向纵深思考,探究其产生的原因;二是逆向,就是发现一种现象,则想到它的反面;三是横向,就是能联想到与其相似或相关的事物。创新思维的联动性表现为由浅入深、由小及大、触类旁通、举一反三,从而获得新的认识和新的发现。

(三)创新思维的类型

创新思维是创新能力的核心,其实质就是要打破常规和定势,打破旧框框的限制,提供新思路、新思想、新概念及新办法。下面介绍几种常用的创新思维方式,帮助学生掌握科学的思维方法,逐步改变思维的惯性定式,培养良好的思维习惯,以提高思维品质,并在日常生活、工作中进行创造性的运用。

1. 发散思维

发散思维又称辐射思维、放射思维、扩散思维或求异思维,是指大脑在思维时呈现的一种扩散状态的思维模式。它表现为思维视野开阔,思维呈现出多维发散状,即可以通过从不同方面思考同一问题,如"一题多解""一事多写""一物多用"。发散思维是多向的、立体的和开放型的。

发散思维的特点是突破头脑中固有的认知方式或思考习惯,从给定的信息中产生众多的信息输出,由一种想到多种,促使思路转移、跳跃或前进,得到众多具有新意的答案。独特性是发散思维的最高目标,指人们在思维过程中做出不同寻常的新奇反应的能力,独特性用以表现发散思维的新奇成分,也是创新思维的标志。缺少独特性的思维活动不是创新思维。例如,一块冰被看作能发热的物体,如果将这块冰制成凸透镜的形状,便有了聚集日光起到发热的作用。这就是人们在利用发散思维考虑冰的用途时所表现出来的与众不同的特性。

2. 侧向思维

侧向思维又称"旁通思维",最早是由英国人德博诺提出来的,是发散思维的一种形式。这种思维的思路、方向不同于正向思维或逆向思维,它是沿着正向思维开拓出新思路的一种创造性思维。通俗地讲,侧向思维就是利用其他领域里的知识和资讯,从侧向迂回地解决问题的一种思维形式。

侧向思维要求我们彻底打破"自我本位"的思考方式,经常问一问自己以下问题:别人正在干的我能不能不干?别人不干或没有想到干的我能不能干?其他专业、企业和行业的做法、思路、产品特点、发明创造能否为我所用?已有思路、方法和产品能否改变原来设想的路径,转换方向用到更能发挥作用的其他地方?

3. 逆向思维

任何事物总是可以从正反两个方面来思考与分析的，但是人们长期养成的思维习惯，总是沿着从原因或条件到结果这样一种事物发展正方向的方式去思考问题并寻求解决办法，容易忽略其相反的另一面，从而导致思维的过程和结果越来越雷同，缺乏新意。其实，对于某些问题从结果往回来推测前提或条件，反过来思考或许会使问题简单化，从而轻而易举地解决问题。这就是逆向思维的魅力。

逆向思维也称反向思维，其特点是"反常识"思考或"反常规"思考，是指不采用人们通常思考问题的思路，而是转换思维视角，从相反的方向去思考问题的思维方法，这种"反其道而思之"的方式常常可以获得意想不到的效果。

例如，自动扶梯的发明就是利用人与梯子的动静互换，将"动"的人"静"下来，"静"的梯子"动"起来，实现了人们"路在走而人不走"的愿望。人们懂得"人生病时体温会升高"的道理，但不知如何准确测出体温，以帮助医生对病情进行诊断。伽利略在给学生上"热胀冷缩"的实验课时忽然想到水的温度发生变化使水的体积也随之变化，那反过来，从水的体积的变化也应该能测出水的温度变化。于是，诞生了世界上第一支体温计。

4. 联想思维

联想的特点是将不同的事物按某种方式相互联系起来，从而获得新的启示和新的认识。联想思维是在某种诱因作用下，人们将一种事物的形象和另一种事物的形象联系起来的思维方式。联想思维也是形象思维的一种基本形式和方法，其特点是可以在两个不相关的事物之间通过连续的联系快速地形成联想链，人们的许多新观念、新想法、新点子，往往始于联想。

不同事物之间乍一看可能是各不相同的，但在很多情况下我们都可以找到它们之间可能蕴含着这样或那样的关联。善于联想的人就是能从看似毫不相干的因素中发现隐含的相关性，从而联结、推演出新的思路。这就是联想的妙处所在。

三、创新方法

创新方法也称创新技法，是指根据创新思维的发展规律而总结出来的一些可供他人学习、启示、借鉴和应用的带有规律性的思维方法和技巧。目前最为常用的有组合创造法、移植发明法、形态改变法、设问检查法、列举法等多种方法。

人们在自己的创造或创新实践过程中可有的放矢地借鉴和使用这些技法，使创新有规律可循、有步骤可依、有技巧可用、有方法可行，不仅可以启发人的创新思维，直接产生创新成果，而且能降低尝试的错误率，提高解决问题的成功率，提升人们创造能力和创新成果的实现率。

（一）组合创造法

组合型发明，是指通过采用已有的技术并对这些技术重新加以组合而形成的发明创造。从人类的技术发展史来看，进入20世纪50年代以来，突破型发明在总发明数量中所占的比重在下降，而组合型发明的比重在增加。在组合中求发展，在组合中实现创新，已经成为现代技术创新活动的一种趋势。组合创造法是目前应用最为广泛的创造技法之一。

如果你细心观察和思考，就可以发现你周围的许多东西都是由两种或两种以上的物体组合而成的。例如，带橡皮的铅笔由橡皮和铅笔组合而成，电水壶由电热器与壶组合而成。又如，带日历的手表、带温度计的台历架、带有圆珠笔的钢笔等，也都是由不同的物体组合而成的。

（二）移植发明法

移植发明法，又称类比联想支配发明，是指将某一领域中的原理、技术、方法、结构、材料和用途等移植到另一个领域中去，从而发明创造出新的作品。移植发明法是一种简便有效的方法，也是最常用的几种创造技法之一。根据应用范围的不同，移植发明法可以分为成果推广型移植和解决问题型移植两类。

成果推广型移植就是把现有科技成果向其他领域铺展延伸的移植，其关键是在搞清现有成果的原理、功能及使用范围的基础上，利用发散思维方法寻找新载体。这种移植适用于一切技术推广的研究，包括一种产品的属性、功能等，只要认为它先进、新颖、有吸引力，就可以动脑筋想一想它还能用到哪些方面，能否产生新的效果。

解决问题型移植就是从研究的问题出发，通过发散思维，找到现有某项成果，通过该项成果的移植来解决问题。采用这种思路移植时，首先要分析问题的关键所在，明确创造目的与创造手段是否协调。然后，通过联想、类比等方式确定被移植的对象、移植的具体形式和内容，实现发明创造。

运用移植发明法的关键是要扩大知识面，了解一些新技术，经常分析一些物品或其某一结构的原理、功能，大脑里可供移植的信息多了，进行发明创造时就可为你所用。

（三）形态改变法

形态改变法是一种改变现有物品的形状、结构、制作工艺及顺序，从而产生新的物品的技法。这种改变并非是无意义的乱变，而是要能增加产品的功能、用途，为人提供方便或给人带来欢乐，是一种使其比原来物品更有益、更有利、更有价或更有趣的创造技法。

（四）设问检查法

设问检查法，简称设问法，是指围绕现有的事物或想要开发的新事物提出各种问题，通过提问，发现其存在的问题或者不能满足消费者要求的地方，从而找到需要革新的方面，开发出新的产品的一种创新技法。

（五）列举法

列举法本质上就是把整体分解为部分，把复杂的事物分解为简单要素，分别加以研究，以启发创造设想，找到发明创造主题的创新技法。这种思维方法有助于克服感觉、知觉不敏锐的障碍，把思维从僵化、麻木的状态中解放出来，促使人们全面感知事物，防止遗漏。因而，列举法带有一种强制性，必须分析罗列所有的因素，然后逐个分析，以促使人们全面地思考问题。列举法可分为属性列举法、希望点列举法、优点列举法和缺点列举法四种。

1. 属性列举法

人们在创造的过程中，先观察和分析事物或问题的属性特征，然后再针对每项特性提出相应的改良或改变的构想。

2. 希望点列举法

希望点列举法是在仔细观察和充分调查的基础上，从生活、学习及工作的实际需要出发，根据你或别人的某种希望，提出你"希望"东西的样子，再运用自己学过的知识和别人的经验，提出实现"希望"切实可行的办法。例如，教师上课时希望用的粉笔没有灰尘，学生练字时希望毛笔能自动出水、上学途中下雨时希望书包能当伞用，等等。这些希望现在都已转化为我们现实生活中可见的物品。

3. 优点列举法

这种方法指的是人们通过逐一列出事物的优点，从而寻求解决问题的方法，并提出改善对策。

4. 缺点列举法

世上万物不可能都是十全十美的，都或多或少地存在着这样或那样的缺陷。但是人们往往对于常见的事物"习惯成自然"，很少思考这些物品的缺点和不足。如果人们对经常使用而又十分熟悉的物品采取"吹毛求疵"的态度，开动脑筋，找出这些物品在使用过程中的缺点或不合理性，并对这些物品存在的缺点加以改进，可能会有一些成功的创新。

四、创新人格

创新能力与人格有着密切的关系。比如，探索欲望表现在大学生身上，就是在解决问题初期，会不满足于现有研究对问题的解释，希望能够对问题有新的发现；在解决问题的过程中，不满足于自己已经取得的成果，而是希望能够进一步深入研究，更好地解决问题，有更大的发现。与创新能力密切相关的还有意志力，意志力是指人在活动中克服各种困难以实现目标的一种心理品质。创新活动是与克服困难相联系的，活动中不仅要克服外在的困难，如任务具有挑战性及解决问题条件不充分等，更要克服内在的思维定式、知识经验不足及经受打击的困难。因此，创新的人格需要具有克服困难的良好意志力。良好的意志力使学生在活动中能够坚忍不拔、不半途而废，而这对于创新创业活动至关重要。许多领域创新活动的经验证明，灵感只偏爱执着的人，只有在"山重水复疑无路"时继续坚持，才会"柳暗花明又一村"。

创新人格是创造的精神因素，是创造过程中极其积极的心理状态，包括冒险精神、挑战精神、怀疑精神、献身精神、使命感、责任感等。创造精神可以说是创造的胆略，往往是成功的关键，具有主要意义。

第三章 创业基础理论

第一节 创业概述

一、创业的定义与内涵

从广义的角度来说，所谓创业，是指一个人运用自己掌握的知识、技能、资源和发现的信息、机会等，克服思维定式，以创新的思维和艰苦的努力，开辟新的工作途径，开创新的工作局面，争创新的工作业绩，促进事业取得突破性发展，从而实现自己某种追求或目标的过程。

创业能力是指："神智正常的人在各种创新活动中，凭借个性品质的支持，利用已有的知识和经验，新颖独特地解决问题，产生出有价值的新设想、新方法、新方案和新成果的本领。"[①]

广义的创业包括岗位创业和自主创业。岗位创业是指在现有工作岗位上顺应时代发展和岗位目标要求，全面提高自身能力和素质，创造性地发挥自己的聪明才智，通过勤奋努力的工作，在事业上取得开创性的发展，从而为岗位提供者创造尽可能多的价值。创业，实质上是一种劳动方式，是一种对自己、对企业、对社会、对国家创造价值与贡献的行为。因此，从这个角度来说，人生就是创业。

狭义的创业一般仅指自主创业。自主创业是指创业者个人或创业团队以资源所有者的身份，利用知识、能力和社会资本，通过自筹资金、技术入股、寻求合作等方式创立新的社会经济单元，并为社会上更多的人创造就业机会。自主创业的主体是投资者和资产所有者。自主创业需要创业者拥有关键资源或者具有整合资源的能力，因此，自主创业比岗位创业更为复杂艰难。

在理解狭义创业这一概念时必须把握以下四个要点。

1）创业是个复杂的创造过程，它创造出某种有价值的新事物，这种新事物必须是有价值的，不仅对创业者本身有价值，而且对社会有价值。价值属性是创业的重要社会性属性，也是创业活动的意义和价值。

2）创业必须要贡献必要的时间和大量的精力，付出极大的努力。要完成整个创业过程，要创造新的有价值的事物，就需要大量的时间，而要获得成功，没有极大的努力是不可能的，而且很多创业活动的创业初期都非常艰苦。

3）创业要承担必然的风险。创业的风险可能有各种不同的形式，主要取决于创业的领域和创业团队的资源。但常见的创业风险主要是人力资源风险、市场风险、财务风

[①] 常舒君. 大数据时代的思维变革[J].现代商贸工业, 2017, (26): 14-15.

险、技术风险、外部环境风险、合同风险、精神方面的风险等几个方面。创业者应具备超人的胆识,敢冒风险,勇于承担多数人望而却步的风险。

4)创业将给创业者带来回报。作为一个创业者,最重要的回报可能是其从中获得的独立自主,以及随之而来的个人物质财富的满足。对于追求利润的创业者,金钱的回报无疑是重要的,对其中的许多人来说,物质财富是衡量成功的一种尺度。通常,风险与回报呈正相关关系。创业带来的回报,既包括物质的回报也包括精神的回报,它是创业者进行创业的动机和动力。

二、创业的一般过程

创业过程是由创业者从产生创业想法到创建新企业或开创新事业并获取回报,涉及识别机会、组建团队、寻求融资等一系列活动组成的流程。通常分为以下六个步骤。

(一)产生创业动机

创业动机是创业机会识别的前提,是创业的原动力,它推动创业者去发现和识别市场机会。创业活动的主体是创业者,创业活动首先取决于个人是否想成为创业者。当然,不少人是因为看到了创业机会,受潜在收益的诱惑,才产生了创业动机,进而成为一名创业者或创业团队成员。一个人能否成为创业者,受三方面因素的影响:一是个人特质。每个人都可能具有创业意愿,但其创业意愿的强度不同,意愿的大小有遗传的成分,更受环境的影响。二是创业机会。创业机会的增多会形成巨大的利益驱动,促使更多的人尝试创业。社会经济转型、技术进步等多方面的因素在使创业机会增多的同时,也会降低创业门槛,进而引发更大的创业热潮。三是创业的机会成本。人们能从其他工作获得高收入、能满足需求,创业意愿就低。

大学生创业的动机受诸多因素的影响。个体层面的性格、能力、知识和家庭等因素,以及大学层面的学历、创业教育、创业支持项目、产业联系和研究导向等因素都会对大学生创业意愿产生显著影响(图3-1)。就个体层面而言,选择创业的年轻人通常具备以下性格特质:具有改变世界的信心,对目标长期坚持,愿意尝试新事物,具有领导倾向,并具备较强的学习能力、处理问题的能力、发展和维护非正式社会网络的能力。

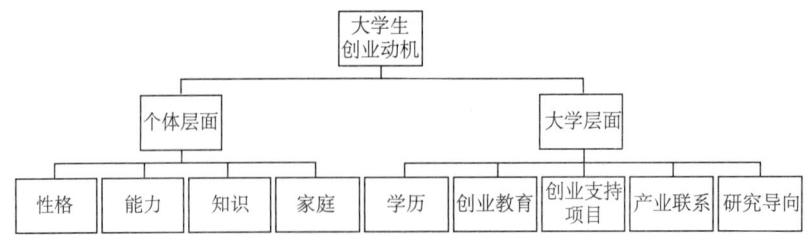

图3-1 大学生创业动机的影响因素

我国在校大学生创业的主要动机是为了追求"自由自主的工作和生活方式"(37.1%)和"实现个人理想"(20.1%),10%的大学生创业为了"服务社会,创业报国"。纯粹为了"赚钱"而进行创业的在校生相对较少,占总体的15.7%。这表明,我国在校大学生创业大都属于"机会型创业"(例如,"自由自主的工作和生活方式""实现个人理想""响应国家'双创'号召""服务社会,创业报国"等),而非生存压力所迫(图3-2)。可见,我国大学生创业主要出于自我价值实现动机。[①]

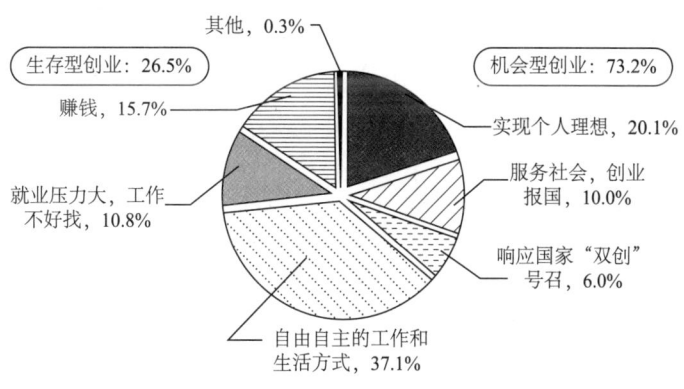

图3-2 在校大学生的创业动机

(二)识别创业机会

识别创业机会是创业过程的核心环节。识别创业机会包括发现机会来源和评价机会价值。一般应澄清四个基本问题:第一,机会何来?就是说创业者应该找到创业机会的来源在哪里。第二,受何影响?就是说创业者应该找到影响创业机会的相关因素。第三,有何价值?就是说创业者应该找到创业机会所具有的并能被评价的价值。第四,如何实现?就是说创业者应该明了能通过什么形式或途径使机会变成实际价值。围绕这些问题,创业者在识别创业机会阶段需要采取行动,多交流、多观察、多获取、多思考、多分析,最终抓住创业机会。

(三)整合有效资源

整合有效资源是创业者开发机会的重要手段,一般情况下,创业者可以直接控制的有效资源往往很少,创业几乎都会经历白手起家、从无到有的过程。对创业者来说,整合有效资源往往意味着需要借船出海,要善于尝试依靠盘活别人掌握的资源来帮助和实现自己的创业起步。人、财、物都是开展创业活动必需的基本生产要素。创业者需要整合的有效资源,首先是要能组建团队,凝聚志同道合的人;其次是要能进行有效的创业融资;最后是要有创业的基础设施,包括创业活动的场地和平台。创业是在创业者面对资源不足情况下开展的具有创造性的工作,一定会面临很大的不确定性,所以,创业者在创业初期乃至新企业成长的很长一段时间里,都要把主要精力放在资源的获取上,以解决公司的生存问题。此外,创业者还需要围绕创业机会设计出清晰的、有吸引力的商业模式,有时还需要制订详细的创业计划,以此向潜在的资源提供者陈述和展示,以获取更多的资源支持。

---

① 洪大用, 毛基业. 中国大学生创业报告 2016[M]. 北京: 中国人民大学出版社, 2017.

（四）创建创业企业

新企业的创建是创业者的创业行为最为直接的反映。创建新企业包括公司制度设计、企业注册、经营地址的选择，确定进入市场的途径，包括是选择完全新建企业还是采取加入或收购现有企业等。值得注意的是，许多创业者在创业初期迫于生存压力，以及对未来缺乏准确预期，往往容易忽视这部分工作，给以后的发展留下隐患。

（五）提供市场价值

创业者识别机会、整合资源、创建新企业等的目的是实现自己的创业目标。但真正能促成创业目标最终实现的是创业者能提供市场价值。这是创业过程中的重要环节，关系新企业的生存与成长。因此，创业者必须面对挑战，采取有效措施，使创业的市场价值得以实现，不断地让客户受益，从而获得企业的长期利润，逐步把企业做活、做好、做大、做强。

（六）获取创业回报

获取创业回报是创业活动的主要目的，对回报的获取有助于促进创业者的事业发展。回报可能是多种多样的，对回报的满意程度在很大程度上取决于创业者的创业动机。调查发现，创业者的创业动机不同，对获取创业回报的态度和想法也有所不同。对多数年轻创业者来说，获取回报最为理想的途径之一，是把自己创建的企业尽快发展成为一家快速成长的企业，并成功上市。

三、创业类型

1. 根据创业动机分类

根据创业动机可分为生存型创业和机会型创业。

1）生存型创业，指创业者没有其他选择，为了生存不得不进行的创业。这类创业是在现有的市场上寻找创业机会，并没有创造新需求，大多属于尾随型和模仿型，因而往往小富即安，极难做大、做强。

2）机会型创业，指创业的出发点并非谋生，而是为了抓住、利用市场机遇。它以市场机会为目标，能创造出新的需要，或满足潜在的需求。因而会带动新的产业发展，而不是加剧市场竞争。

高校的创业教育鼓励机会型创业，这是因为机会型创业能带来更多的就业、更好的创新、更广的市场和更大的成长潜力。

虽然创业动机与主观选择相关，但创业者所处的环境及其所具备的能力对于创业动机类型的选择有决定性作用。因此，通过教育和培训来提高创业能力，就可增加机会型创业的数量，不断增加新的市场，减少低水平竞争。

2. 根据创业者数量分类

根据创业者数量可分为独立创业与合伙创业。

1）独立创业，指创业者独立创办企业。其特点在于产权是创业者个人独有的，企业由创业者自由掌控，决策迅速。但它需要创业者独自承担风险，创业资源准备也比较困难，还受个人才能的限制。

2）合伙创业，指与他人共同创办企业。其优劣势与独立创业相反，优势在于资源准备相对容易，风险均摊，决策制衡，可以发挥集体智慧。但缺点在于权力多头，决策层级多，响应速度慢。

3. 根据创业项目性质分类

根据创业项目性质可分为传统技能型创业、高新技术型创业和知识服务型创业。

1）传统技能型创业，指使用传统技术、工艺的创业项目，它具有永恒的生命力。尤其是酿酒、中药、工艺美术品、服装与食品加工、修理等与人们日常生活紧密相关的行业中，独特的传统技能项目表现出了经久不衰的竞争力，许多现代技术都无法与之竞争。国内外均是如此。

2）高新技术型创业，指知识密集度高，带有前沿性、研究开发性质的新技术、新产品项目。

3）知识服务型创业，指为人们提供知识、信息的创业项目。当今社会，信息量越来越大，知识更新越来越快，各类知识性咨询服务机构将会不断细化和增加，如律师事务所、会计师事务所、管理咨询公司、广告公司、培训机构等。

4. 根据创业方向或风险分类

根据创业方向或风险可分为依附型创业、尾随型创业、独创型创业和对抗型创业。

1）依附型创业，可分为两种情况：一是依附于大企业或产业链而生存，为大企业提供配套服务，如专门为某个或某类企业生产零配件，或生产、印刷包装材料；二是特许经营权的使用，如利用麦当劳、肯德基等的品牌效应和成熟的经营管理模式，减少经营风险。

2）尾随型创业，即模仿他人创业，"学着别人做"。其特点：一是短期内只求能维持下去，随着学习的成熟，再逐步进入强者行列；二是在市场上拾遗补阙，不求独家承揽全部业务，只求在市场上分得一杯羹。

3）独创型创业，指提供的产品或服务能够填补市场空白。大到商品独创性，小到商品的某种技术的独创性。独创产品是指具有非同一般的生产工艺、配方、原料、核心技术，又有长期市场需求的产品。鉴于独创性原则，掌握它的企业将获得相当高的利润。比如家传秘方、生产难度较大的新产品等。但其也有一定的风险，因为消费者对新事物有一个接受过程。独创型创业也可以是旧内容新形式，比如，产品销售送货上门，经营的商品并无变化，但在服务方式上改变了，从而更具竞争力。

4）对抗型创业，指进入其他企业已形成垄断地位的某个市场，与之对抗较量。这类创业风险最高，必须在知己知彼、科学决策的前提下，抓住市场机遇，乘势而上，把自己的优势发挥到极致。比如，针对百度搜索，出现了搜狗搜索、360搜索等。

此外，依据创业主体可将创业分为大学生创业、失业者创业和兼职者创业；根据创业的融资形式可分为独资创业、合资创业、引进各类（风险）投资基金创业等；根据创业者与事业的关系，可分为个人创业、家族创业、合伙创业、参与创业等；根据创业机遇的选择可分为先学习后创业、先深造后创业、先就业后创业、边学习边创业、休学创业等；根据创业的行业领域又可以分为餐饮、娱乐、批发零售、广告艺术设计、装饰装潢、信息咨询、法律服务、电子信息技术、金融衍生服务等各行业领域的创业。

第二节 创业者与创业精神

创业者是创业活动的核心，创业者素质是创业成败的关键因素。而要探讨创业者的素质，就要分析创业者的特征、应具备的基本条件以及应遵循的基本原则。大学生创业很多都是从零开始，因此，研究低起点创业者的特点十分重要。

一、创业者

创业者是指开办或经营自己企业的人，他们既是员工，又是雇主，对经营企业的成功与失败负责。

自主创业是指不是通过传统的就业渠道谋取职业发展，而是依靠自己的学识、技能、智慧开办自己的企业。自主创业不仅有利于缓解国家的就业压力，在解决自身就业的同时还为社会创造了新的就业机会，还能在创业过程中寻找机会，发挥才干，发掘潜能，促进自我完善。

创业者必须具备创业意识、创业精神、创业能力和创业品质等方面的创业基本素质，才能为创业成功做好准备。

二、创业精神

创业，是从平凡走向卓越、从失败走向成功的一个艰辛历程。在这个过程中，需要有一种精神时刻鼓舞和激励自己，那就是勇于进取、拼搏创新、知难而上、百折不挠的创业精神。

创业精神是创业者在创业过程中的重要行为特征的高度凝练，创业精神就像是黑暗中的灯塔，为你点亮希望、指明方向，不论你是刚踏上创业的征途，还是正处在创业最艰苦的阶段，具备这种精神可以带来无穷的力量，成为战胜困难、努力前行的法宝。培养大学生的创业精神既是知识经济的需要，也是社会主义市场经济发展的需要，对创业实践具有重要意义。

结合大学生群体特点，对大学生创业精神进行延伸，概括出大学生创业精神的内涵（表 3-1）。

表 3-1 大学生创业精神内涵

序号	对大学生创业精神内涵的阐释
（1）	胆（胆略勇气，不怕危险、不怕困难、敢于奋起的气魄）、识（远见卓识，对社会需求、社会发展规律的敏锐感受和准确理解）、行（积极行动，艰苦奋斗）
（2）	通过兴办实业，在追求物质、精神财富增长的同时，提高推动社会进步的思想意识。大学生创业精神体现在整个创新过程中，包括艰苦奋斗、自强不息、抓住机遇、拼搏进取、团结协作、同心同德、诚实守信、以义取利、追求卓越、永不止步等

续表

序号	对大学生创业精神内涵的阐释
（3）	个人或者群体通过有组织的努力，以创新和独特的方式追求机会、创造价值和谋求增长，主要含义为创新。大学生创业精神的内涵可以概括为：艰苦奋斗、自强不息；善于学习、勤于实践；抓住机遇、拼搏进取；实事求是、敢于冒险；追求卓越、永不止步
（4）	创新主体把创新观念转化为创业形象蓝图，再把创业形象蓝图转化为创新实践蓝图的精神力量

大学生创业精神受传统就业观念、教育背景、传统文化观念、考试制度和评价体系、教师人格特质、社会舆论、实践环节等因素的影响。在大学生创业过程中要培养其独立自主性，学会独立学习、独立生存；树立社会责任意识，学会对自己负责、对社会负责；克服以自我为中心的思想，培养团队合作精神；弘扬中华美德，培养勤俭节约、艰苦奋斗的精神；加强心理素质锻炼，提高心理承受力。

三、创业能力

创业能力是一种能够实现创业目标的特殊能力，具有较强的综合性和实践性。创业能力包括专业技能能力、经营管理能力、社交能力。专业技能能力是创业者必备的基本能力，是从事职业活动所需要的技能和与其相应的知识。经营管理能力是一种较高层次的能力，它涉及创业实践的每一个环节。社交能力是一种开放的，在工作中能与同事、上下级协调合作，集体工作的能力。一个成功的创业者应该具备包括市场开拓能力、创新能力和经营管理能力、组织能力在内的综合创业能力。培养职业技术、形成创业能力的主要内容是专业能力和职业能力，所以必须加强大学生职业能力训练和职业道德教育，做到一专多能。

第三节 创新与创业的关系

创业实际上就是一种经济投资，主要表现为经济领域的活动，使没有的职业或行业开创出来，把已有的行业和职业做大做强。然而，无论什么样的创业都需要生命力和竞争力，生命力和竞争力必然体现在新项目、新产品或者新管理模式和理念上。因此，创业离不开创新，缺乏创新的创业是无源之水、无根之木。

一、创新是创业的基础，创业推动创新

虽然创业与创新是两个不同的概念，但是两个概念之间却存在着本质上的契合、内涵上的相互包容和实践过程中的互动发展。奥地利著名经济学家熊彼特认为，创新是生产要素和生产条件的一种从未有过的新组合，将这种新组合引入生产体系，可使原来的成本曲线不断更新，由此会产生超额利润或潜在的超额利润。现代管理大师彼得·德鲁克认为，创新是赋予资源以新的创造财富的能力的行为，是在市场薄弱的地方、在新知识萌芽的时期、在市场的需求和短缺中寻找新机会。创新活动的这些本质内涵，体现着它与创业活动性质上的一致性和关联性。

创新是创业的基础，创业反过来推动创新。从总体上说，科学技术、思想观念的创新，促进人们物质生产和生活方式的变革，引发新的生产、生活方式，进而为整个社会不断地提供新的消费需求，这是创业活动源源不断的根本动因。无论是何种性质、类型的创业活动，都是具有创业精神的个体与有价值的商业机会的结合，其本质在于把握机会，创造性地整合资源、创新和超前行动，是人们的一种创新性实践活动。创业可以推动新发明、新产品或是新服务的不断涌现，创造出新的市场需求，从而进一步推动和深化各方面的创新。创业者只有在创业的过程中具有持续不断的创新思维和创新意识，才可能产生新的、富有创意的想法和方案，才可能不断寻求新的模式、新的思路，最终在获得创业成功的同时提高企业或整个国家的创新能力，推动经济的增长。

创新的价值在于创业。从一定程度上讲，创新的价值就在于将创新的思想或成果用于产业或事业当中，使潜在的价值市场化，将创新成果转化为现实生产力，实现社会财富的增长，造福于人类社会。而实现这种转化的根本途径就是创业。创业者可能不是创新者或是发明家，但必须具有发现潜在商机的能力和敢于冒险的精神；创新者也并不一定是创业者或是企业家，但是创新的成果经由创业者推向市场，使潜在的价值市场化，创新成果才能转化为现实生产力。这也从侧面体现了创新与创业的相互关联。

综上所述，可以看出创新与创业两者内在相关、密不可分。由于创新与创业的密切关系，创业与创新教育应该相互渗透融合，创业的成败很大程度上依赖创新教育根基扎实与否；创新的成效，只有通过未来的创业实践来检验。把两者有机地结合在一起，便称为创新创业。创新创业既不同于单纯的创新，也不同于单纯的创业。创新创业是指基于技术创新、产品创新、品牌创新、服务创新、商业模式创新、管理创新、组织创新、市场创新、渠道创新等方面的某一点或几点创新而进行的创业活动。因此，创新创业与传统创业的根本区别在于创业活动中是否有创新因素。创新是创新创业的特质，创业是创新创业的目标。弘扬创新创业精神，健全创新创业机制，完善创新与创业环境，加强产学研结合，加强创新与创业的交叉渗透和集成融合，并且不断地在实践中结合，从而推动社会的可持续发展。

二、从创新到创业

不同类型的创新，无论从产品创新到流程创新，还是从商业模式创新到服务创新，都有一个共同点：它们最初都只是一个点子，最终成为市场现实。要想成功地把技术创新转化成被市场认可的商品，推动创新创业的实现，需拥有以下六个条件。

一是产生于基础科学和知识的创意点子，这是创业成功的根本。

二是点子应当能够解决社会问题。哪里有问题，哪里才会有市场。

三是把研究创新推向市场，需要获得资金和专业指导以弥补创业者对客户和产品了解的不足。

四是"内部生态体系"相互促进，降低创新风险，确保创新的收益。

五是有"外部生态体系"支持，培养并采纳创新的想法。

六是拥有冒险精神、洞察力和执行力的企业家。创业教育的使命就是吸引聪颖有抱负的大学生，在教育他们成为科学家和工程师的同时，让他们拥有打破学科界限的自信，将他们研究的成果转化成对学术、社会和商业的影响。

第四节 大学生自主创业

一、大学生自主创业的内涵

大学生自主创业，是指一些有理想、有胆识的大学生，利用自己的知识、技术和才能，以自筹资金、技术入股、寻求合作等方式，为自己在社会上求生存、谋发展开辟一条新的途径，创立新的社会经济单元。他们不是现有岗位的竞争者、填充者，而是为自己、为社会更多的人创造就业机会并直接为社会创造价值做出贡献的开拓者。大学生自主创业，不仅要求大学生能结合专业特长，根据市场前景和社会需求创造出有竞争力的新技术、新产品和新服务，而且要直接面向市场、面向社会，在为社会创造价值的同时，使自我价值不断得到充分体现。目前，虽然成功地走上自主创业道路的大学生还不多，但它代表了一个方向，引领了一个新的就业趋势。

二、大学生自主创业的特征

1. 大学生创业的主体特征

作为创业者的大学生具有其特殊性，他们年轻、有知识、思维活跃、敢于冒险、具有较强的开拓精神。他们在大学期间，凭借自身的知识和技术优势，创办企业使其成为市场活动的主体。

2. 理工科学生占比较高

大学生创业靠的是技术或服务，更主要的是要开发出具有市场潜力的产品或新的产品，这离不开工程技术方面的知识和技能。而理工科学生所学知识有相当一部分是有关新产品开发的，且理工科院校的实验设施为大学生开发新产品提供了良好的研究平台，因此创业者主要是理工科的学生。理工科院校教师科研课题部分是针对现实生产中存在的技术问题而展开的，教师对学生在创业项目的市场前景、科技含量及可靠性、性能指标等方面具有较好的指导能力，使得大学生创业设计的产品能更好地符合市场需求。

3. 产品具有新颖性

大学生创业的产品不仅要适时推向市场，而且必须有很强的竞争能力，这就要求产品具有创新性，在市场中寻找新的空间。所以，大学生创业中，相当一部分是知识型的企业，以高科技产品来满足市场需要，开创新的市场，引导消费，从而对产业结构的调整起到积极的推动作用。

4. 企业初创规模不大

大学生自身没有什么积蓄，并且从风险投资商手中获得风险投资也不是一件易事，创业启动资金一般靠亲友资助，所以，大学生创业的普遍特点是初期投入资金少，企业起步规模不大。

5. 创业成功率不高

大学生初出茅庐，虽然所学的书本知识涉及生产、管理、经营等各方面，但要想让理论有效运用、指导实际、灵活应变，必须经过长时间的刻苦磨炼。同时，大学生创业时依靠的新产品往往有相当一部分还不成熟，尚不能被消费者认可。另外，由于大学生对市场经济的规律认识不足，对创业的艰巨性、长期性认识不足，一味追求短期效益，忽视自身实践能力的锻炼。因此，大学生创业成功率不高，创业投入的风险较大。对此，每一个创业的大学生必须有清醒的认识，必须未雨绸缪、精心准备，不打无把握之仗。

三、大学生自主创业的模式选择

大学生创业模式是大学生在特定区域、特定环境中形成的，是在创业动机、创业方式、产业进入、资金筹集、组织形式、创新力度和政府支持等方面具有相似性、典型性的创业行为，是对各种创业因素的配置方式。我国大学生创业的历史比较短，目前比较成熟的创业模式有下面六种。

1. 产品代理加盟模式

这种创业模式是指大学生以加盟直销、区域代理或购买特许经营权的方式来销售某种商品或提供某种服务的创业活动。这种模式的行业分布主要集中于商业零售、餐饮业、化妆品、服装等品牌的代理和加盟营销。资金筹集一般是由个人独资或几个人合伙出资，经营管理上实行与总店或中心统一的管理模式。这种创业模式由于在经营管理上有现成的模式可以直接采用，并且能分享经营诀窍和资源支持，得到长期专业指导和配套服务，可以说是"站在巨人肩膀上"的创业，直接享受规模经营的利益。这种模式的优点包括：便于经营管理，利用品牌效应经营风险小、成功率较高。缺点包括：启动资金较大，一般大品牌的代理或加盟费不菲；安于已有的模式也会阻碍创新，不利于更好地施展创业者自身的才华。

2. 网络创业模式

这种创业模式是近年来因互联网的高速发展催生出的新型创业模式。网络创业不同于传统创业，无须传统的白手起家，而是利用现成的网络资源。目前网络创业主要是网上开店的形式，在网上注册成立网络商店，创业门槛低、成本小、风险小、方式灵活，特别适合初涉商场的大学生创业者，像阿里巴巴、淘宝等知名商务网站，有较为完善的交易系统、交易规则、支付方式和成熟的客户群，每年网站本身还会投入大量的广告宣传。以这些成熟的商务网站做依托，创业者可以近水楼台先得月。而且，目前大学生网络创业越来越受到政府的重视，政府给予了诸多的优惠政策和措施。

3. 独立自创模式

独立自创模式是指大学生为了在就业的同时积累资本和经验，由个人或几个人组成的创业团队，白手起家，完全独立地创业，属于典型的个人创业。经调查发现，大部分大学生创业时选择的是这种模式，创业行业主要集中在餐饮、化妆品、服装、图书批发、家具、眼镜、乐器等的经营上。这种创业模式的资金需求较小，创业者可以通过自己前期的兼职积攒、向亲朋好友借款或在政策范围内获得小额贷款的形式筹集。在管理上主要是采取自我雇佣的业主组织形式，产权关系上以个人独资或合伙投资经营为主，在经营取得成功、发展到一定规模的时候，就成立具有法人地位的股份制小型公司。这种创业模式投资小，面临的不确定性小，稳扎稳打，步步为营，逐渐积累壮大，成功率较高。

4. 专业化模式

这种创业模式是大学生将自己拥有的专长或技术发明通过"知识雇佣资本"的方式创立企业。要求创业的大学生具有某一专业的技术特长，或成功研发了某一项新产品、新工艺，以此项特长或发明为市场切入点。创建这类企业需要高额资金，而学生往往难以从外部筹措大量的急需资金。于是大学生就以技术、专利、其他智力成果作为生产要素，吸引有眼光的公司提供风险投资基金来创建企业。这种创业模式主要集中于电子信息、生物技术、高科技农业等技术含量高、知识密集型的行业。经营形式上采取股份法人公司制，管理上强调企业家精神和团队精神。这种模式是技术与风险资金的结合，这种创业难度高、不确定性大、风险大，但成功的收益往往亦非常大。拥有知识产权和专利的个人可以走专业化模式。

5. 孵化器模式

这种创业模式是大学生受各种创业大赛的驱动和高校创业园区创业环境的熏陶、资助、催化而进行的创业活动。许多高校举办了各种各样的创业大赛，参加大赛的大学生在创业大赛中熟悉了创业程序、储蓄创业知识、积累创业经验、接触和了解社会，是对创业的模拟实验。同时随着高校创新创业教育的发展，越来越多的高校设立科技园区或创业园区对大赛中评估优秀的参赛项目进行孵化。通常的做法是由园区中的科技创业中心或大学生创业投资公司对优秀参赛项目进行股权投资，建立股份制公司并定期对投资项目进行评估，实行优胜劣汰，完成创业孵化。大学生可以得到政策的支持和创业园区各专家的培训和指导，如免费提供办公场所、公共文秘、财会人事服务、咨询辅导、评估和项目管理服务、证照办理、市场营销服务等。这种创业模式多集中于高科技行业，很多项目是学生导师承担的各级政府基金项目的成果。中国的中小科技企业在起步和创业阶段可以借助孵化器使之成长壮大。

6. 创意模式

这种创业模式是大学生根据自己的新颖构想、创意、点子、想法进行的创业活动。

这种创业模式需要具有独特的个性特征，创业者的设想能够标新立异，在行业或领域里是创举，并迅速抢占市场先机。建议网络、艺术、装饰、教育培训、家政服务等新兴行业选择创意模式。因为创意模式需求的创业资金量不是很大，一般创业者可向亲朋好友借款或在政策范围内小额贷款，特别有创造性的、能吸引商家眼球的，也可以引来大公司的股权形式的资金注入；组织管理上，个人独资、合伙、股份公司均可。这种创业需要具有独特的个性特征和强烈的创业欲望，善于洞察商业机会，创业难度高，不确定性大，但成功的收益也很高，是一种开创性价值创造型创业。

第四章 新时代的创新创业

第一节 "互联网+"时代的创新与变革

一、"互联网+"时代的特征

自1969年互联网诞生以来,互联网的发展日新月异。其发展可大致划分为以下三个阶段。

第一个阶段(1990~1999年)是以门户网站为特征的Yahoo!和Google时代,整合全球的信息。消费者在这个阶段扮演的是信息接收者的角色,是单向的人找信息的阶段。

第二个阶段(2000~2010年)是以社交为特征的YouTube、Facebook、Twitter、新浪微博、人人网时代,连接人与人。消费者在这个阶段扮演的是信息生产者的角色,可以进行双向的分享和互动。

第三个阶段(2011年至今)是以SoLoMo(social local mobile,社交+本地化+移动)为特征的时代,这个时代已经开启。

进入3G时代以后,WiFi开始普及,绝大多数手机用户,愿意的话可以永远在线。移动互联网便是"任何人、任何物、任何时间、任何地点,永远在线、随时互动"。而2011年随着手机硬件成本全面降低,千元智能手机开始普及,智能手机用户大规模增长。有调研数据显示,2014年我国智能手机用户达5.19亿,2018年我国智能手机用户数已超过7亿。中国智能手机用户的巨大规模为移动互联网时代的到来提供了基础。

"互联网+"是把互联网的创新成果与经济社会各领域深度融合,推动技术进步、效率提升和组织变革,提升实体经济的创新力和生产力,形成更广泛的以互联网为基础设施和创新要素的经济社会发展新形态。在全球新一轮科技革命和产业变革中,互联网与各领域的融合发展具有广阔前景和无限潜力,对各国经济社会发展产生着战略性和全局性的影响。积极发挥我国互联网已经形成的比较优势,把握机遇、增强信心,加快推进"互联网+"发展,有利于重塑创新体系、激发创新活力、培育新兴业态和创新公共服务模式,对打造大众创业、万众创新和增加公共产品、公共服务"双引擎",主动适应和引领经济发展新常态,形成经济发展新动能,实现中国经济提质增效升级具有重要意义。

互联网思维已成为我国社会的热门话题。为了理清思路,我们首先探讨一下互联网时代的特征。概括来说,包括以下几点。

1. 在线化

进入4G时代,WiFi已经普及,移动互联网将成为未来发展的主旋律。所以消费者得到各种信息（好消息与坏消息）的速度加快，时效性更强，信息量更大，尤其是年轻一代，互联网成为他们获取各种信息的首要来源，各种攻略、点评、分析随时可以查到。而不同观点的分析和碰撞为整个国家的"互联网+"进程奠定了基础。而在互联网时代之前，由于各种历史原因，普通百姓获取信息的通道相对较少，及时性也不够，更不敢奢望不同观点的碰撞。

2. 小众化

随着我国消费水平的不断提高，我国市场已经进入小众化消费阶段，消费需求开始离散，大一统的市场格局开始分化，互联网在这个过程中扮演了推波助澜的作用，不管你的需求多么特殊，不管你想要什么样的产品，在互联网上几乎都能找到。

这给众多的中小企业带来了机会，过去那种靠规模经济取胜的大而全模式，被灵活多变的小而专模式代替。中小企业只要懂得聚焦，懂得走差异化道路，就能做出比大企业更好的小众化产品，得到某个特定群体的偏爱。

可以说小众化思维是现代市场营销的前提，不理解小众化的概念，就谈不上市场营销，从这个维度来看，中国的小众化时代比美国的小众化时代晚了整整30年。

3. 透明化

由于互联网的存在，买卖双方的信息变得对称，一旦某个客户发出有关企业的负面声音，就会迅速传播到全国各地，形成社会压力。而在传统媒体年代里，由于时间和空间的局限性，曝光企业问题影响面不大，加之大企业有一整套较完善的危机公关体系，因此产品问题造成的社会压力对于企业而言没有多么可怕。

但是到了互联网时代，一切都变了，产品问题可能带来的巨大的社会压力以及各种差评系统的问世，使得买卖关系趋于正常，消费者开始有了话语权，开始享受到平等待遇，企业对客户不得不有敬畏之心，商业环境日趋公平公正，正在回归到市场经济的本质。

4. 故事化

这是一个信息过剩的时代，过度竞争导致注意力分散，如何吸引消费者的眼球成为商家在互联网时代的主要挑战。于是为了博出位，企业或个人一定要有生动的故事，能激发大家的热情和好奇心。

5. 娱乐化

随着我国全面进入小康社会，越来越多的消费者进入中产阶层，互联网时代的年轻人主要是"80后"和"90后"，他们与"60后"和"70后"有本质的区别，不管是工作还是生活，既要有意义，更要有意思。他们中的很多人不想活得太累，他们需要放松，所以不管做什么事都要追求娱乐，这是正常的需求。

因为在衣食住行之后的第五个字就是乐，娱乐的乐，快乐的乐，这是消费升级的必然趋势，所以文化类的消费必然会腾飞，一部电影在我国有10亿元票房已变得很正常，相信在不久的将来，会出现票房过百亿元的电影，除了因为电影好看，更是因为市场需求上来了，大家不再满足于看过，而是看好，要去影院享受视听盛宴。

6. 平民化

互联网时代的到来给那些想创业、想改变的人带来了机遇，只要你懂得如何去挖掘消费者未被满足的需求，并根据这些需求做出好的创意，再把这些创意变成令消费者愉悦的好产品，就有机会成功。

不管是一篇好文章，还是一首好歌曲，或者一个好创意，只要大家喜欢，就能广泛地传播。

7. 廉洁化

互联网在各行各业的广泛运用，迫使很多组织与部门改变工作方式，去掉很多不必要的人为干预，将来与各类机构打交道时，都可以通过互联网进行预约，很多事情都可以在网上办理，包括网上申请、网上交费、网上审核等，这就大大减少了权力寻租的机会，使整个社会的廉洁水平不断提高。

同时，互联网作为监督约束的工具，可以方便地举报一些不法分子的行为，能对很多握有权力的人形成有效监督。

8. 平台化

互联网把大家聚合在一起只是第一步，下一步一定会形成各种各样的平台，所以平台经济将会是未来十年的主旋律。2007年，高建华在《2.0时代的赢利模式》[①]一书中提出"未来是一个平台制胜的时代"。这十余年间不管是互联网新秀还是传统企业转型的成功者基本上都是平台型的，如百度、阿里巴巴、腾讯、小米、360、京东以及苏宁等。今后的创业者要么从一开始就想好去打造一个平台让别人来参与，要么就是加入已有的平台，通过特许经营等方式借别人的平台做生意。不过平台经济的特点是数一数二，一个市场上最多能容纳两个平台类品牌，让大家二选一，而不会像过去那样，一个产品品类里会出现几十个品牌。

二、互联网时代的思维模式

国家鼓励传统产业树立互联网思维，积极与"互联网+"相结合。推动互联网向经济社会各领域加速渗透，以融合促创新，最大限度地汇聚各类市场要素的创新力量，推动融合性新兴产业成为经济发展的新动力和新支柱。

如今，互联网思维充斥着我们的社会，火得发烫。简单来说，互联网思维是"降低维度"，让互联网产业放低姿态主动融合实体产业。具体一点来说，互联网思维，就是在移动（"互联网+"、大数据、云计算）等科技不断发展的背景下，对市场、用户、产品、企业价值链乃至对整个生态进行重新审视的思考方式，并由此拓展到对整个社会生产、

[①] 高建华. 2.0时代的赢利模式[M]. 北京：京华出版社，2007.

生活方式的重新思考。综合来看，包括以下几种。

1）用户思维：对经营者和消费者的理解。以用户为中心，学会换位思考，发掘用户的真正想法和需求。以前是生产什么就卖什么（自己制造卖点），现在是了解用户需要什么才做什么（实现卖点）。

2）简约思维：对品牌和产品规划的理解。定位力求简单，设计上简洁简约，专注某个点，少即是多，避免复杂的功能影响用户体验，短时间内抓住用户的心。

3）极致思维：对产品和服务体验的理解。结合简约思维，把已有的产品和服务做到极致，超越用户预期，让产品说话。

4）迭代思维：对创新流程的理解。互联网的变化太快，没有太多时间让人做计划、做调查，所以我们可以实时地关注消费者需求，根据消费者需求的变化进行微创新，小步快跑，快速迭代（试错）。

5）流量思维：对业务运营的理解。流量是互联网公司的生命之源，不要对流量飙升造成的支出压力所担忧，而是该想着流量可转化为金钱，想想如何更好地利用流量去盈利才是王道。

6）社会化思维：对传播链、关系链的理解。企业面对的员工和用户都是以"网"的形式存在，沟通和交流更加便捷，学会利用社会化思维可以更好地做好营销，如小米——"为发烧而生"。

7）大数据思维：对企业资产、核心竞争力的理解。通过数据挖掘与分析来提高企业的核心竞争力，数据就是资源，提炼出的信息就是商业价值所在。

8）平台思维：对商业模式、组织模式的理解。互联网的平台思维就是开放、共享、共赢的思维。打造多方共赢生态圈，不具备这种能力的要善于利用现有生态圈。让企业成为员工的平台，企业内部打造"平台型组织"。

9）跨界思维：对产业边界、创新的理解。随着互联网和新科技的发展，很多产业的边界变得模糊，所以要学会利用互联网思维，进行大胆颠覆式创新。

三、"互联网+"时代的创业方式

在"互联网+"时代，根据对互联网本身的一次开发以及其作为技术载体的二次或三次开发应用，结合创新创业理论以及"互联网+"对大学生的创业模式进行新的划分与定义，我国大学生的创业模式主要分为基于互联网本身的创业模式、基于"互联网+"的创业模式和基于物联网导向的创业模式三种。

（一）基于互联网本身的创业模式

基于互联网本身的创业模式是指以互联网提供的技术和信息为平台，将产品和服务进行信息交互，通过信息的时间差进行易货交易，最终实现价值增值的创业模式。这种创业模式相当于为一些大的平台网站的线上分包商做代理商，由于门槛较低，大学生较容易进入。基于互联网本身的创业模式主要有以下四种类型。

1. 初级互联网服务

初级互联网服务主要是通过从事网上服务来获利，具体来说，就是为其他互联网创业的人提供服务。随着我国互联网创业者的生意越做越大，诸如物品拍照、商品描述、广告制作等必须做的工作变得愈加繁杂，自己去做这些工作又显得力不从心，于是就把这些机械性、重复性的繁杂工作进行外包，初级互联网服务创业者可以通过提供此种服务从中赚取佣金。

2. C2C 模式

C2C 模式是客对客模式，是消费者个人对消费者个人的互联网创业模式，本质是网上拍卖，它是一种平民之间的自由贸易，通过网上完成交易，从而便利个人之间商品的流通。这种交易模式很受大学生创业者的青睐，现在的大学生大多喜欢追求时尚，他们的时髦衣服、饰品、生活用品、计算机、手机等只用了几次就想更新，但又没有经济实力，于是就通过这种 C2C 模式与有需求的消费者进行交易，大学生群体既是互联网创业货源的提供者，也是消费群体，通过此种交易赚取信息差价，从而获得利润。

3. C2B2C 模式

C2B2C 模式是主题式客对客模式，这是一种典型的中介型互联网创业模式，就是在 B2B 网站（企业对企业间电子商务活动平台的网站）上把商品批发进来，再在自己的互联网商店销售，实际上只需要将商品的图片和文字资料从批发商网站复制到自己的网站即可，无须接触实际货物，甚至可以将用户下的购物订单直接交由批发商，然后由批发商给用户发货。还有的创业者直接在阿里巴巴网站上进货，在淘宝网店上卖，甚至还可以利用供应商的物流配送体系为自己服务。

4. B2C 模式

B2C 模式是商对客模式，这是以互联网为主要手段，由商家或企业通过互联网网站为消费者提供一个新型的购物环境——网上商店（亚马逊、中国巨蛋、京东商城、当当网、迈腾网络等），消费者通过网络在网上购物、在网上支付。这种模式节省了客户和企业的时间和空间，大大提高了交易效率，特别对于工作忙碌的上班族，这种模式可以为其节省宝贵的时间。B2C 电子商务的付款方式是货到付款与网上支付相结合，而大多数企业的配送选择物流外包方式以节约运营成本。

（二）基于"互联网+"的创业模式

随着"互联网+"时代的到来，再加上传统行业的创业门槛越来越高，越来越多的大学生选择将互联网作为技术平台，通过对传统行业的互联网"升级"，将互联网介入相关产品和服务，在产品说明、价值呈现、服务介绍、技术应用等方面向客户提供服务，从而赚取利润。

目前大家熟知的互联网"升级"服务主要有"互联网+零售""互联网+教育""互联网+金融"等。"互联网+零售"即大家熟悉的网上购物，这种购物方式快捷方便，被很多网民使用。"互联网+教育"是指利用互联网进行知识传输和学习，它的优点是学生可以在家根据自身的学习条件和时间来选择网上的教育资源。网络教育可以让学生利用零碎的时间得到自我提升,很可能成为未来教育的主流。"互联网+金融"就是网上支付,如支付宝,它能很方便地进行交易和查询。

(三)基于物联网导向的创业模式

物联网的本质是利用射频自动识别(radio frequency identification,RFID)、无线数据通信等技术通过计算机或移动互联网实现物品(商品)的自动识别和信息的互联与共享,构造一个覆盖世间万物的物品网,在这个网络中,物品(商品)能够彼此进行"沟通和交流",而无须人的干预。基于物联网的大学生自主创业模式是指以物联网的技术平台对物联网的物体识别、物体感知、物体沟通、智慧地球等设计、研发相关产品与服务的创业模式。此模式相较于前两种模式对大学生的自主创业更具挑战性。

1. 物联网——物体识别

在物联网时代,就如同每个人有身份证一样,物体将不再是一个笼统的品类,而是有唯一标识符、可以识别的。已经有二维码和 RFID 无线射频识别,通过无线信号识别特定目标并读写相关数据。大学生创业者可以根据所学专业进入此领域,目前二维码虽然应用很广,但是涉足二维码专业服务的公司并不多见,门槛相对较低,创业者较容易进入。

2. 物联网——物体感知

家电必须能够感知环境和人。当前传感器技术发展迅速,温度、湿度、人体红外线这种常规的自不必说,技术都已经很成熟了。人们逐渐摒弃烦琐的占用物理空间的布线技术,转而使用各种无线成熟技术。当前无线技术百花齐放,WiFi 一马当先,蓝牙、4G 都应用很广。通过物体感知可以创造新的产业领域,比如可穿戴设备领域。目前,国外大型互联网公司都在做可穿戴式产品,说明这里面有"金子"可以挖掘。可穿戴设备不仅仅是智能手机或平板电脑的替代品,它还有着更大的发展空间。

3. 物联网——物体沟通

移动互联网的兴起、智能手机的普及让物与人的沟通变得随时随地都可进行。目前在工业领域,信息化需求尤为迫切,在柔性生产的要求下,流水线上的各个单元都有连接的需求。此外,在健康领域、安全领域、家居智能化领域,甚至是看起来相对冷门的细分领域,物联网应用都有很多的机会,这是大学生创业者应该关注的方向。

4. 物联网——智慧地球

以物联网为手段把所有物品通过信息传感设备与互联网连接起来,进行信息交换,使其具备思维逻辑与行为交互能力,以实现智慧的目标,如智能家居、智慧交通、智能医疗、智能电网、智能物流、智能农业、智能安防以及智慧城市。目前,我国智慧城市正处于建设提速阶段。截至 2014 年底,住房和城乡建设部公布的国家"智慧城市"的试点城市已达 277 个。"智慧"是一个课题,单纯技术型或者产品型的公司很难做到,需要由具备研究能力的公司来实现。作为智慧城市建设的支撑,大学生创业者可以从一些需求迫切、智能化难度较低的家电,如热水器、饮水机、空调等开始,逐步深入到城市交通、环境保护、大气监测等领域。

第二节 大数据时代的思维变革

一、大数据的定义与结构类型

大数据(big data),指无法在一定时间范围内用常规软件工具进行捕捉、管理和处理的数据集合,是需要新处理模式才能具有更强的决策力、洞察发现力和流程优化能力的海量、高增长率和多样化的信息资产。在舍恩伯格及库克耶编写的《大数据时代:生活、工作与思维的大变革》[1]中分析的大数据不是传统采用随机分析法(抽样调查)这样捷径获得的数据,而是对所有的数据进行分析处理。

大数据包括结构化、半结构化和非结构化数据,非结构化数据越来越成为数据的主要部分。有调查报告显示:企业中80%的数据都是非结构化数据,这些数据每年都按指数增长60%。结构化数据:业界指关系模型数据,即以关系数据库形式管理的数据。半结构化数据:非关系模型的、有基本固定结构模式的数据,如日志文件、XML 文档、JSON 文档、Email 等。非结构化数据:没有固定模式的数据,如 WORD、PDF、PPT、EXCEL、各种格式的图片、视频等。

适用于大数据的技术,包括大规模并行处理(massively parallel processing,MPP)数据库、数据挖掘电网、分布式文件系统、分布式数据库、云计算平台、互联网和可扩展的存储系统。具体来说,大数据具有以下七个基本特征。

容量(volume):数据的大小决定所考虑的数据的价值和潜在的信息;

种类(variety):数据类型的多样性;

速度(velocity):指获得数据的速度;

可变性(variability):妨碍了处理和有效地管理数据的过程;

真实性(veracity):数据的质量;

复杂性(complexity):数据量巨大,来源多渠道;

价值(value):合理运用大数据,以低成本创造高价值。

二、大数据时代的思维变革

舍恩伯格和库克耶在《大数据时代:生活、工作与思维的大变革》中前瞻性地指出,大数据带来的信息风暴正在变革我们的生活、工作和思维,大数据开启了一次重大的时代转型,并用三个部分讲述了大数据时代的思维变革、商业变革和管理变革。舍恩伯格最具洞见之处在于,他明确指出,大数据时代最大的转变是放弃对因果关系的渴求,而取而代之的是关注相关关系。也就是说只要知道"是什么",而不需要知道"为

---

[1] 舍恩伯格, 库克耶. 大数据时代: 生活、工作与思维的大变革[M]. 盛杨燕, 周涛, 译. 杭州: 浙江人民出版社, 2013.

什么"。这颠覆了千百年来人类的思维惯例，对人类的认知和与世界交流的方式提出了全新的挑战。

大数据的数据来源于测量和记录，也就是爬虫技术可以爬取的东西。大数据的作用主要是用来分析，大数据要实现的功能主要是预测，预测是大数据的核心功能，包括推荐系统等，其实都是基于预测来做的。

在大数据时代，会迎来以下思维变革。

第一，在思考的时候，样本数据不再是随机样本，而是全体数据。

比如说以前我们如果想检验一个产品是否合格，会从1万个产品里面抽检100个，如果100个里面有98个合格的话，合格率就是98%。这个方法在以前数据量实体特别小的时候适用。但是如果我们把数据放得很大，比如我们所有的上网用户，不再是检验基数为几百或者是几万的产品，而是几千万，甚至几亿用户数据的时候，使用随机样本做分析的结果就会变得非常不准确，这个时候我们就需要依据全体数据。

第二，在思考方式上，不再考虑精确性，而是要考虑混杂性。

什么是混杂性？以前我们更多的是精确的判断，比如基于DNA检测或者病毒检测方式来判断这个人是否患了某种疾病，或者基于血液分析的方式来判断这个人是什么血型，这都是非常精确的结果。只要把它放到机器里面去，就可以立刻出结果。但是在大数据时代，我们考虑更多的是概率问题。比如某人有多大的概率，可能会喜欢什么样的歌曲；有多大的概率，会患某种疾病。以判断某个人的血型为例，我们可能会录入这个人的一些行为、性格等方面的信息，然后由此来判断他的血型。这个判断血型肯定不是必然准确的，这就是一个概率的问题。除了概率以外，还有一个能体现混杂性的地方，就是翻译，不管是英文翻译还是中文翻译，即使表达的意思一样，语句翻译结果肯定也是不一样的。一个人翻译英文水平的高低和他的中文水平高低是有着直接关系的，就是说每个人翻译的结果是不一样的，也不是精确而论的。

第三，不再是因果关系，而是相关关系。

以前我们考虑的问题是基于一些条件得到一个结果，在大数据时代，我们考虑更多的是两个物体之间的相关关系。更有可能是本来没有什么关联的东西，我们把它关联起来。比如说一首歌和一个人，小明喜欢A这首歌，小红喜欢B这首歌，我们来判断小红是否会喜欢A这首歌。这在大数据时代我们确实可以推测出来。首先分析一下A这首歌的一些标签和用户等，再分析一下B这首歌。如果A和B之间有很强的关联关系，那我们就可以假定（当然也不是准确的，跟前面说的混杂性是有关系的）小明有可能喜欢B这首歌，小红也有可能喜欢A这首歌，因为这两首歌是相像的。这样的逻辑，就不是原来那种基于条件式的得到一个精准的结果。

第四，基于大数据，会有更多的无限的可能。

以前不能想象的事情，我们现在都可以把它做出来。以前绝对想不到机器是可以写诗的、可以作曲的，或者拍一朵花、一个动物，APP就能告诉你这个动物或者花的详细信息。可以想一下，我们现在日常用的产品，其实很多都是基于大数据而来的。比如摩拜单车，通过大数据的方式来判断哪一片区域的车的使用率很低，哪一片区域的车不够用，运营者就可以定期把使用率低的车拉到不够用的区域，以达到资源的最大利用率。

数据有很多可以玩的方式，只有我们想不到的，没有它做不到的。

第五，大数据时代给企业带来一个核心价值，就是转型。

前面介绍的都是一些新兴的互联网公司，但是对于传统企业来讲，比如说运营商、银行、保险公司也都纷纷转型。招商银行的信用卡中心，就已经在成都成立了一个大数据研发中心。那么这些传统企业要大数据来干什么呢？最早的时候是为了检验运营效果。在这之前运营的效果好不好是没有办法评定的，比如说运营部门出了一个运营方案，但是带来了多少用户、这个用户带来多少收益，都是无法计算的。大数据时代，这一切就变得可以计算了。具体怎么计算，其实是数据挖掘的一部分。再比如银行，除了运营效果以外，更多的会给用户推理财产品，根据用户的消费习惯、经济承受能力等进行推荐，这些也都是基于数据挖掘出的用户属性。大数据给这些企业带来了很多变革，当然同时也产生了很多岗位。

大数据时代的来临，是我们测量、记录、分析世界的一个契机，它能帮助我们更好地认识社会，认识我们生存的这个世界。我们要抓住这个机遇，就必须从思维上去改变，去适应大数据时代的生存法则。在小数据时代，我们会假想世界是怎么运作的，然后通过收集和分析数据来验证这种假想。而大数据时代，我们会在大数据的指导下探索世界，不再受限于各种假想。我们的研究始于数据，也因为数据我们有了更多的可能。

模块二
创新创业能力训练模块

第五章 创新思维和能力训练

第一节 创新思维能力训练

一个成功者和一个失败者之间的差别,并不在于知识和经验,而在于思维方式!大学生要想实现创业梦想,不仅需要积极主动地激发自己的创新意识,还要认识、训练自己的创新思维。

影响我们创新的主要障碍是什么?第一个障碍是很多人安于现状,不愿创新。第二个障碍是习惯性思维。思维是有定势的,人们总是会按习惯的、比较固定的思路去考虑问题、分析问题,从而阻碍了思维的开放性和灵活性,导致思维僵化和呆板。"习惯成自然",思维习惯一旦形成,就会不知不觉地按已形成的思维模式去思考问题。

创新思维能力就是产生新的思想的能力。行成于思,行为的创新始于思维的创新,思维的创新是行为创新初始的关键一环。创新思维能力的内在要素主要有知识、非逻辑思维能力及逻辑思维能力。

人没有鹰看得远,但发明了望远镜,可以看到遥远的星河;人没有翅膀,但发明了飞机,比鸟飞得更高更快;人没有尖利的牙齿,但发明了猎枪,能杀死凶猛的动物。是什么给了我们如此的力量?是我们的创新能力!

知识、技能是创新的"原料"和基础,创新总是在继承前人知识、技能的基础上进行的。没有知识或知识贫乏的人,难以形成对事物的正确认识,创新也就无从谈起。只有对相关领域的知识、技能有了相当的认识,才有可能发现问题,确定需要创新之处;只有熟知既有的知识、技能,才会有可能对知识、技能进行深层次的重新组合,从而创造性地解决问题。

要具有产生新思想的思维能力就必须具有一定的知识。要在某一领域产生新思想就必须具有相关领域的知识,要产生较高层次的新思想(如爱因斯坦的相对论)就必须具有较高层次的知识。知识是人类思维的原材料,知识是人类进步的阶梯。知识把人类的思想用语言、符号等形式固化起来,便于他人在已有知识基础上继续向上攀登。没有或缺少知识为原材料的思维是贫乏的、空洞的。一般说来,一个人的知识储备越丰富,可供调动的知识越多,运用起来就越灵活,产生新思想的可能性就越大,能力也就越强。

一、发散思维

发散思维,也称辐射思维、求异思维,是指从不同视角、不同思路去思考,探索解决问题的思维方式。就是从某一问题的不同方面不受拘束地放开思考,从而寻求解决问题的新奇办法或预测事物的发展趋向、发现新事物的思维方式。这种思维方法的特点为克服个体已有的思维框架和定势，突破原有的知识圈，充分发挥想象力。其模式是给出一个问题，在一定时间内，以该问题为中心，借助横向类比、触类旁通等方法，使发散思维沿着不同的方面和方向扩散，从多角度、多方位、多层次、多学科、多手段，经不同途径、以不同角度去探索，既可以从正面想，也可以从反面、侧面去想，力图真实地反映认识对象的整体以及这个整体和其他周围事物构成关系的一种全面的创新思维方法。发散思维要求我们在寻求解决问题的答案时，要像太阳那样由点向面做全方位辐射（图5-1）。

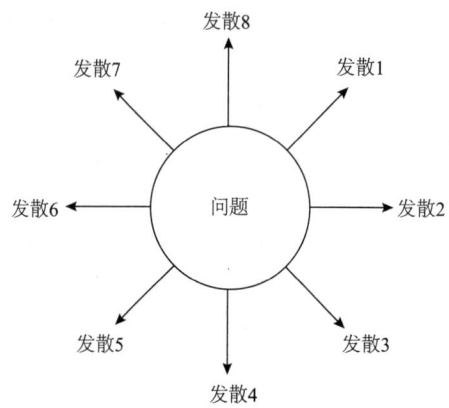

图 5-1　发散思维的轨迹示意图

训练发散思维导图法，就是对某一主题从其材料、功能、结构、形态、组合、方法、因果、关系等角度作为"发散点"（图 5-2），运用色彩、符号、图像以及关键词，边写边画，以达到发散思维训练的目的。

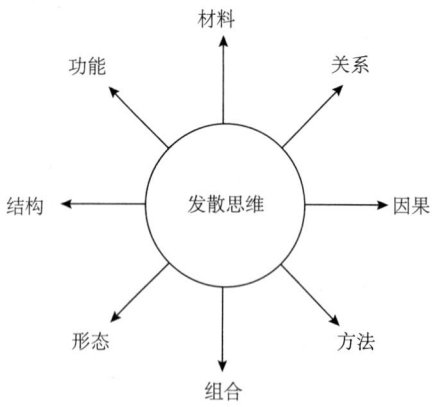

图 5-2　发散思维训练的思维导图

思维导图法简单却有效，可将人们的放射性思考具体化。我们知道放射性思考是人类大脑的自然思考方式，每一种进入大脑的资料，不论是感觉、记忆还是想法，包括文字、数字、食物、香气、线条、颜色、意象、节奏、音符等，都可以成为一个思考中心，并由此中心向外发散出成千上万的关节点，每一个关节点代表与中心主题的一个联结，而每一个联结又可以成为另一个中心主题，再向外发散出成千上万的关节点，而这些关节的联结可以视为你的记忆，也就是你个人的数据库。

在日常学习或生活中，无论是目标设定、时间管理、资源分配、创新思考，还是人生规划，同学们都可以通过选取不同主题，在一张纸上反复进行思维导图法的训练，最终能把它完整、清晰地展示出来，以达到提高发散思维的目的。在任何时刻，即使是错综复杂的事情，思维导图也可以帮你理清思路，助你解决问题。

> 练一练

1. 如以"杯子落地"作为中心主题，其思维导图可以从情感、物理、化学、经济等不同类型的问题进行发散思考，如从物理方面可以想到杯子落地的自由落体、能量转换等；从化学角度可以从杯子内容物的成分考虑；经济角度可以从杯子落地带来的直接经济损失以及为了购物而产生车费等间接经济损失等考虑。图 5-3 是按不同的角度为思考中心继续发散思考。

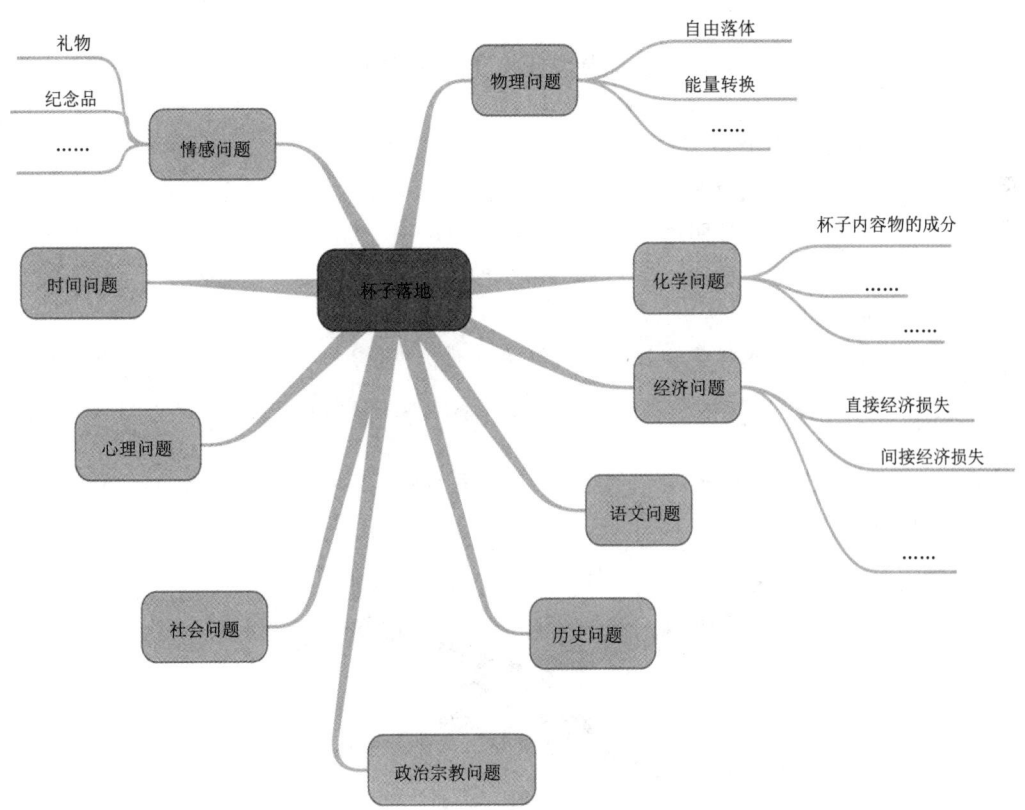

图 5-3　关于杯子落地的思维导图

2. 尽可能多地写出磁铁的各种用途（图 5-4）。

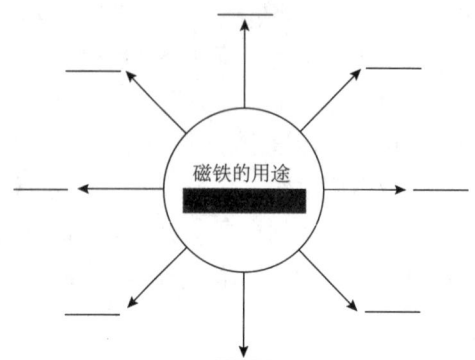

图 5-4　磁铁用途的思维导图

➢观察思考与创新实践

1. 一物多用：尽可能多地写出下列物体的用途。
（1）矿泉水瓶。
（2）气球。
（3）报纸。
2. 一题多解：尽可能多地写出解决下列问题的方法。
（1）冬天如何御寒？
（2）如何防止考试作弊？
（3）如何保持教室整洁？
3. 为什么一瓶标明剧毒的药对人却无害？
4. 请你列举出包含"三角形"结构的各种物品，列举得越多越好（10 分钟内完成）。
5. 你可以采取哪些方法调动同学学习的积极性？

➢试一试

请参照"今天的计划"的思维导图（图 5-5），画一张你"今天的计划"的思维导图。

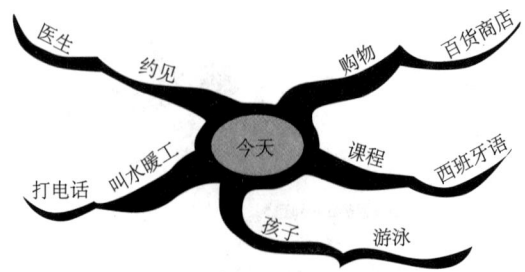

图 5-5　"今天的计划"的思维导图

二、侧向思维法与训练

我们通常习惯于从自身角度、采用自己常用的思考方法看问题，但由于自身的局限性，往往容易造成思维上的困扰。世界是立体的、多维的，我们要学会换角度、换位置、换立场来思考问题。

一只非常想喝水的乌鸦满心欢喜地找到了一只大水瓶，但水瓶的水不多了，瓶口又窄，乌鸦怎么试都喝不到水。忽然，它想出了一个好主意，它用嘴将石子一块一块叼入瓶子中，水上升了，它痛痛快快地喝了个够。这是一只聪明、充满智慧的乌鸦。其实给这种智慧下一个准确的定义，那就是侧向思维。

当我们在一定的条件下解决不了问题或虽能解决但没什么新的方案时，可以跳出惯常、直接的思维方式，尝试以迂回、侧向的思维方式寻求突破和创新。

➢观察思考与创新实践

1. 在日常生活中寻找一个运用侧向思维解决问题的例子。
2. 有一只小羊拴在大树下，拴羊的绳子有3米长。有一片草地离羊有4米远，奇怪的是小羊总是吃得饱饱的。这是怎么回事？
3. 你能利用什么思维方式、什么原理快速除雪？
4. 请栽4棵树，每棵和其他3棵的距离都要相等。怎么栽？
5. 请用8根火柴摆出2个正方形和4个三角形（火柴不能弯曲和折断）。
6. 有个装满水的杯子，不能倾倒，不用吸管，也不能打碎杯子，请你取出杯中全部的水。

三、逆向思维法与训练

逆向思维主要有三类，即反转型逆向思维、转换型逆向思维和缺点逆向思维。

（一）反转型逆向思维

反转型逆向思维即反向思考法，是指从已知事物的原理、功能、属性和方向的相反方向进行思考的方法。其中的"反"可以是方向、位置、过程、功能、原因、结果、优缺点、破（旧）、立（新）等矛盾的两个方面的逆转。例如，制冷与制热、电动机与发电机、压缩机与鼓风机、保温（保热）与装冰（保冷）、吹尘与吸尘、野生动物园的人和动物的位置，原因结果互相反转即由果到因等。

长毛的高尔夫球的诞生就是基于一位爱打高夫球却受限于没有可练习的草坪的日本人，他想买一块带毛的地毯，用它代替草坪练习，但他又支付不起地毯昂贵的费用。他突然想到：颠倒一下不行吗？地毯上有毛，如果反过来，把毛安在球上不是同样可以产生摩擦力吗？于是，长毛的高尔夫球诞生了。用这种长毛的高尔夫球在楼道里练习，效果如同在草坪上练习一样。这是从功能的角度对事物做逆向思考的实例。功能逆向有两种：一种是功能对应或互补，如长毛的高尔夫球；还有一种是功能对立，如窃听器和反窃听器。

洗碗是件麻烦事，很多人都不愿意干。一些发明家努力发明各种洗碗机以代替人力洗碗。而一位商人却把问题逆转为让碗不用洗。他想到用藤条编织成碟子，吃饭时先用一片圆纸铺在碟子里，再放上食品，饭后将碟内的纸片揭去，收回藤碟便可。另一位发明家受此启发，直接用层压纸制造出"不用洗的碗"，每次用餐后，只要撕去一层纸，就会露出干净的下一层。这种碗很适合缺水的地方及勘探、旅游等场合使用。

我们今天使用的真空吸尘器源于 1901 年初的新式除尘器，当时的除尘器借用"扫帚扫地将灰尘'赶跑'"的原理，利用气把灰尘吹跑，结果地似乎是干净了，但是扬起的灰尘却落在人们身上。于是，一个叫赫柏·布斯的英国人想，在除尘器中装一块布料当过滤器，在吸附灰尘的同时又能使空气流动，实现反过来"吸尘"。这是从功能角度所做的逆向思维案例。

我们还可以从方向（程序）的角度，颠倒已有事物的构成顺序、排列位置或时间次序来进行思考。如众所周知的田忌赛马的故事，就是田忌改变用马的次序，在优劣势上进行逆转；而爬楼梯与乘坐电梯则是从人走路不动到路走人不动这个行走过程的逆向思考；传统动物园人在笼外动物在笼里，而在野生动物园是人在车里动物在车外，这是位置的逆向思考；司马光砸缸变人脱离水为水脱离人，实现了事物依存的条件逆向思考。

（二）转换型逆向思维

转换型逆向思维是指在遇到某一问题时，由于解决问题的手段受阻，而转换成另一种手段，或转换角度进行思考，以顺利解决问题的思维方法。有个"只带大人"的故事，说夫妻二人带着一个 5 岁的孩子进城租房，好不容易找到一套房屋，而房主却遗憾地说："对不起，我不租给有孩子的家庭。"夫妻俩正想离去，5 岁的孩子忽然回身敲门："老爷爷，我要租房。我没有孩子，只带两个大人：我母亲和父亲。可以将房子租给我吗？"房主听了哈哈大笑，高兴地把房子租给了这个"只带两个大人"的家庭。孩子的大脑有着大量的空白，这种空白就知识而言，是劣势，但对创新思维而言，有时却会变成优势。思维可能因空白而变得活跃、无碍，一遇诱因可能就会突发奇想，创新者就是要善于捕捉这瞬间的奇思妙想，并付诸行动。

（三）缺点逆向思维

缺点逆向思维是一种利用事物的缺点，将缺点变为可利用的东西，化被动为主动，化不利为有利的创新思维方法。这种方法并不以克服事物的缺点为目的，相反，它是将缺点化弊为利，寻找解决或利用的途径。世界上的事物无不具有双重性。例如，金属的腐蚀本来是件坏事，但有人却利用其腐蚀的原理发明了蚀刻；机械的不平衡转动，会产生剧烈的振动，有人利用它发明了夯实地基的"蛤蟆夯"等。

缺点逆用法的实施步骤：①探寻事物可以利用的缺点，此乃缺点逆用法的前提；②透过现象，认清缺点的本质，抽象出这种被视为缺点的现象背后所隐藏的可以利用的基本原理或表现为缺点的现象本身的特性、行为、作用过程等；③根据所揭示的现象背后的基本原理或对现象本身特性等的认识，研究利用或驾驭缺点的方法。

> **案例**

吸墨水纸

德国某造纸厂的一位技师由于疏忽大意,忘记往纸浆中加胶,结果生产出了大批不能书写的"废纸"。就在他等着被解雇时,一位朋友建议他考虑一下这废纸有没有别的用途。于是,这位技师反复研究这批纸,最后发现"废纸"的吸水性极强,滴在这种纸上的墨水很容易被吸掉。后来厂方将这种纸作为一种专供书写后吸干墨水用的"吸墨水纸"出售,很受消费者欢迎。这位技师还成功地申请了专利。

> **练一练**

运用逆向思维开一家创意餐厅

步骤:先列基本假设 → 打破这个假设 → 形成新的方案

假设	逆转假设	方案	实例
有菜谱	无菜谱	提供原料清单	火锅或自助餐
点菜付费	免费	按时间收费	棋牌室
提供食品	不提供	客人自带	三亚的海鲜超市
有灯光	……	……	……
固定的	……	……	……

四、联想思维法与训练

联想思维一般分为五种类型,即接近联想、相似联想、对比联想、因果联想和类比联想。

(一)接近联想

接近联想是根据事物之间在空间或时间、功能或用途、结构或形态上的彼此接近进行联想,进而产生某种新设想的思维方式。例如,一位美国发明家在理发时,偶然看到理发师用推子推头发的动作。这使他突然与其正在思考的收割机结构方案联系了起来,最后成功地开发出了推式新型收割机。

(二)相似联想

相似联想是从某一事物或现象到与它有某些相似特征的其他事物或现象的联想。相似联想的相似特征可以是原理、结构、功能、声音或意义上的。例如,有一天,瓦特观察到水壶里的水沸腾时水壶盖被水蒸气冲开的现象。于是,他注意到蒸汽具有推动力，又联想到了蒸汽机也具有与水壶类似的推动力。最后，瓦特发明了与水壶相似的动力机——蒸汽机。例如，美国工程师斯潘塞在做微波空间分布情况的试验时，发现衣兜内的巧克力被熔化了。他由此联想到，既然微波能熔化巧克力，一定也能使其他食品内部分子因振荡而升高温度。他通过功能上的相似联想，发明了微波炉。

（三）对比联想

对比联想亦称相反联想，是指因对比关系由一事物想到另一事物的一种联想，如由高山想到流水，由黑暗想到光明，由忆苦而思甜，都是因对比关系引起的联想。例如，一天，美国人布什耐看到几个孩子在玩一只昆虫，这只昆虫不但满身污泥而且长得十分难看。他想，现在的市场上到处都是美丽的玩具，如果生产一些丑陋的玩具投入市场会如何呢？结果这些形象丑陋的玩具大卖。

（四）因果联想

因果联想是由两种事物之间存在的因果关系而引起的联想。这种联想是双向的，可以由"因"想到"果"，也可以由"果"想到"因"。由"果"找"因"的联想在发明创造中被大量运用，找到合适的"因"，可以达到更理想的"果"。例如，机械加工时产品的质量不好（果）往往是由于控制机床的人造成的，人控制机床是"因"；如果由计算机来控制机床（更合适的"因"），产品的质量就可以大大提高了（更理想的"果"）。

（五）类比联想

类比联想是通过对一种事物与另一种（类）事物对比，而进行创新的方法。其特点是以大量联想为基础，以不同事物间的相同、类比为纽带。在创新活动中常见的形式有形式类比、功能类比和幻想类比等。例如，从飞机与鸟类、飞机与蜻蜓的类比产生联想，最终由鸟的飞行运动制成了飞机；飞机高速飞行时机翼产生强烈振动，有人依据蜻蜓羽翅的减振结构设计了飞机的减振装置。

强化联想思维训练的几点注意事项：①在读完题目后，要立即进入题目的情境，设身处地地进行联想。虚拟的情境越逼真，效果就越好。②开始联想后，每联想到一件事物，就填写在题目后的空白处，直到想不出来为止，但不要急于求成。③可用2～3分钟完成一道题目，时间一到，马上转入下道题目。

> **练一练**

在两个没有关联的事物间，运用各种类型的联想思维方式，将下面两者联结起来。例如，粉笔—原子弹，粉笔—教师—科学知识—科学家—原子弹。

1. 足球—讲台 2. 黑板—聂卫平 3. 汽车—绘图仪 4. 油泵—台灯

> **观察思考与创新实践**

1. 请运用相似联想思维方式，写出与下列事例相类似的事物。

（1）闸门可以控制水流。

（2）剪刀能够分割布。
　　（3）洗洁精能够清除油渍。
　2. 测测你的联想思维能力：给定一个词或物，然后由这个词或物联想到其他更多的词或物，在规定的时间内，想得越多越好。
　　（1）请在1分钟内说出家电产品的名称。
　　（2）请在1分钟内尽可能多地说出形容"美"的词。
　3. 如果想从水杯中取出水，除了采用倾倒的方法外，还有什么方法？
　4. 如果可以不计算成本，可以用哪些材料做镜子？

五、质疑思维法

在学习、工作中，人们常常会把某些习惯视为理所当然，殊不知许多偏见就是这样形成的。创新思维的关键就在于善于和敢于质疑。

（一）质疑思维的定义

质疑思维就是对各种问题都要持怀疑、好奇的态度进行思考，是主体在原有事物的条件下，通过"为什么"的提问，综合运用多种思维改变原有条件而产生新事物（或新观念、新方案）的思维方法。

（二）质疑思维的形式

质疑思维的形式包括以下四种。

1. 起疑思维

起疑思维是把以"为什么"为关键词转换为疑问句作为起始点，探究事物的起因和本质的思维方式。例如，为什么会这样？事情难道真是这样的吗？这究竟是怎么一回事？

2. 提问思维

提问思维又称设问思维，就是思考、发现和处理问题时，通过对现在、过去的事情提出疑问来寻求准确的答案、观念、理论的一种思维方式。

3. 追问思维

追问思维也称因果思维，指的是按照原思路刨根寻底，穷追不舍，直至找出原因的创新思维方法。

4. 目标导向思维

目标导向思维就是通过模糊性的"为什么"，围绕着目标而产生的独特、新颖、有价值和高效的创新思维方法。模糊思维是与精确思维相对立的思维方式，但并非是含混不清，更不是抛开逻辑、放弃精确，而是模糊与精确相统一，逻辑与非逻辑相结合的辩证思维。

第二节 创新方法训练

创造技法就是创造学家或通过收集大量成功的创造实例或根据自己的创造发明经历，深入研究获得成功的种种思维技巧，或经过一番去粗存精、去伪存真、由表及里的分析、归纳、提炼和完善，总结出来的一些可供他人学习、启示、借鉴和应用的带有规律性的思维方法和技巧。目前最为常用的有组合创造法、移植发明法、形态改变法、设问检查型技法、列举型技法等。人们在自己的创造或创新实践过程中可有的放矢地借鉴和使用这些技法，在创新活动中引发创造性思维，降低尝试的错误率，提高解决问题的成功率，提升自己的创造能力和创新水平。

一、组合创造法

创造发明按照所采用技术的来源，可分为两种类型：一类是突破型发明，是指在发明中采用全新的技术原理而实现的发明创造；另一类是指从两种或两种以上事物或产品中根据原理、材料、工艺、方法、产品、零部件等不同的属性抽取合适的技术要素，进行重新组合，从而获得新的产品、新的材料、新的工艺的方法。这是目前应用最为广泛的发明创造技法之一。人类的许多创造成果来源于组合。

常用的组合创造法分为主体附加法、同类组合法、异类组合法和重组组合法四种类型。

（一）主体附加法

主体附加法的原理就是在一个主体上附加一个东西，产生一个新的发明，用公式表示就是：主体+附加=新产品。

> 案例

多功能剪刀

剪刀是生活中常见的工具，在同类产品中，商家很难有创新的营销手段来提高盈利。某一商家在原有剪刀的主体上，附加了开启酒瓶、夹核桃的功能。原本简单的剪刀，竟变成了具备多种功能的新工具，大大刺激了顾客的购买欲望，为商家创造了可观的经济利益。

> 练一练

在保留下列物品主体功能的前提下，能否加进一些其他技术、成分或附件，以改进功能、扩大品种？请把你设想的结果记录下来。

1. 铅笔。如：A. 带橡皮的铅笔 B. 带刻度的铅笔 C. 带卡通图案的铅笔 D. 红蓝两色铅笔 E. 软硬两种铅的铅笔 F. 带比例尺的铅笔

2. 自行车。如：A. 电动自行车 B. 带灯的自行车 C. 带遮阳棚的自行车 D. 带后备厢的自行车

（二）同类组合法

同类组合法是将两个或两个以上相同或相近的事物进行组合，以获得新设想或新组合成果的创造技法。

> 案例

瑞 士 军 刀

瑞士军刀可以说是迄今为止世界上最完美的组合发明之一。其中一款被冠以"瑞士冠军"的瑞士军刀更是难得。这款瑞士军刀由大刀、小刀、木塞拔、开罐器、螺丝刀、开瓶器、电线剥皮器、钻孔锥、剪刀、钩子、木锯、鱼鳞刮、凿子、钳子、放大镜、圆珠笔等多种工具组合而成。仅携带此刀，相当于随身携带了一个工具箱。这款军刀长9厘米，重185克，完美得令人难以置信。正因如此，素以苛求著称的纽约现代艺术博物馆也将此极品军刀收作收藏品。在生活中，我们将同样的物品进行巧妙的组合，不仅可以改变原物的外观，创造出独特的造型，还会产生意想不到的趣味效果。

> 练一练

请同学们先列举多种同类的物品后，再选出其中几种物品，并将它们巧妙地组合，比一比，看谁能得到实用的新发明？

（三）异类组合法

异类组合法又称异物组合法，是将两种或两种以上的不同种类的事物组合，产生新事物的创造技法。

> 案例

声光显示钓鱼竿

钓鱼的人都深有体会，在钓鱼的时候，除了凭手感来感知鱼儿是否上钩，还要长时间紧盯水面上的浮标，所以眼睛十分疲劳。"声光显示钓鱼竿"在拉拽钓鱼绳的部位安了一个小装置，一旦鱼儿咬饵，钓鱼绳有了一定重量后，这个小装置就发出动听的音乐，所附带的红色小灯也会闪闪发亮，这样钓鱼人的"命中率"就会很高，而且再也不用紧盯着浮标，可以边钓鱼边悠闲地休息。

> 练一练

组词发明（四个名词两两搭配）

请将下列A、B两组看似并不相关的词汇进行自由组合，通过组内讨论，设计一个奇思妙想的组合方案，使其具备特殊功效。请从各种组合中选出最佳创意设计，并由各组派代表进行展示并评价。

A 组：灯罩、茶杯、扬声器、手电筒

B 组：鼠标、暖水杯、打火机、电子表

（四）重组组合法

重组组合法是指有目的地分解事物，并按照新的方式重新组合，以促使事物的功能和性能发生变革的发明方法。

> **案例**

头尾倒置的飞机

起初，螺旋桨都是设在飞机机首，两翼从机体伸出，尾部安装稳定翼。后来，美国飞机设计师根据空气浮力和气推动原理进行重组设计，将螺旋桨改放在机尾以推动飞机前进，稳定翼则放在机头处，于是便有了"头尾倒置的飞机"。重组后的飞机具有尖端悬浮系统和更加合理的流线型机身，从而提高了飞行速度，排除了失速和旋冲的可能性，同时大大提高了安全性能。

> **练一练**

甲队怎样才能取胜？

甲队与乙队比赛掰手腕，每队三组，实力分为上、中、下三个级别。乙队的每个等级的队员都比甲队同等级的队员强。你能想个办法让甲队获胜吗？

> **观察思考与创新实践**

在使用组合法时可以试用二元坐标法来组合形成新的创意，其过程是把不同的信息分别列在二元坐标上，不同的信息进行组合，产生新的信息，同学们可参看下表的示例，并完成表格的填写。

	床	沙发	桌子	衣柜	镜子	电视	灯
床							
沙发	沙发床						
桌子	床头桌	沙发茶几					
衣柜	床头柜	沙发柜	组合柜				
镜子	……	……	……	……			
电视	……	……	……	……			
灯	……	……	……	……	……	……	

二、移植发明法

根据不同情况，移植发明法可以分为原理移植、技术移植、方法移植、结构移植、功能移植和材料移植六种基本类型。

1. 原理移植

原理移植是指把某一学科（领域）中的科学原理应用于解决其他学科（领域）中的问题。例如，电子语音合成技术最初用在贺年卡上，后来有人把它用到了倒车提示器上；又有人把它移植到玩具上，制作出会哭、会笑、会说话、会唱歌、会奏乐的玩具。

2. 技术移植

技术移植是指把某一方面的技术应用于解决其他方面的问题。例如，法国一位园艺师家中经常有人来参观，使得他家的花坛常被踩坏，他希望将花坛修建得更坚固。他发现花盆里的花死后，从花盆里倒出的土很结实，不容易散。于是，他模仿这种结构，用铁丝做骨架，用水泥砌花坛，坚固结实，效果非常好。这位对建筑技术一窍不通的园艺师无意中将生物领域中的技术移植到工程领域中，发明了钢筋混凝土。

3. 方法移植

方法移植是指把某一学科（领域）中的方法应用于解决其他学科（领域）中的问题。例如，香港中旅（集团）有限公司原总经理马志民赴欧洲考察，参观了融入荷兰全国景点的"小人国"，回来后就把荷兰的"小人国"的微缩处理方法移植到深圳，融华夏自然风光、人文景观于一炉，集千种风物、万般锦绣于一园，建成了具有中国特色和现代气息的崭新名胜"锦绣中华"，开业以来游人如织，十分红火。

4. 结构移植

结构移植是将某种事物的结构形式或结构特征部分地或整个地应用于新产品的设计与制造。例如，将缝衣服的线移植到手术中，出现了专用的手术线；将用在衣服鞋帽上的拉链移植到手术中，完全取代用线缝合的传统技术，"手术拉链"比针线缝合快 10 倍，且不需要拆线，大大减轻了患者的痛苦。

5. 功能移植

功能移植是设法使某一事物的某种（些）功能赋予另一事物，从而实现创新。例如，洗衣机的功能是"洗净"，把洗衣机的洗净功能移植到其他物件之中，于是"洗齿机""洗碗机""洗地瓜机"便相继问世了。

6. 材料移植

材料移植就是将某种产品使用的材料移植到别的产品的制作上，产生新的产品。例如，用塑料和玻璃纤维取代钢材来制造坦克的外壳，不但减轻了坦克的重量，而且使其具有了避开雷达的隐形功能。

> 案例

无基板充气太阳灶

太阳能的利用是人类的一大发明，但目前市场上的太阳能灶造价高，工艺复杂，又笨重，调节麻烦，野外工作和旅游时携带也很不方便。上海的连鑫和他的同学围绕着如何简化太阳能灶的制作工艺、如何减轻太阳能灶的重量、如何减少材料消耗、如何降低成本、如何获取最大的功率等问题，寻找解决办法。他们首先把两片圆形塑料薄膜边缘黏结，充气后就膨胀成一个抛物面，再在反光面上贴上真空镀铝涤纶不干胶片。用打气筒向里面打气，改变里面气体压强。随着气体的增多，上面一层透明膜向上凸起，反光面向下凹，最后可以达到自动汇聚反射光线的目的。新的"无基板充气太阳灶"在重量上轻了许多，拆装方便，便于携带。这一发明，获得第3届全国青少年科学创造发明比赛一等奖。利用镜面聚焦的原理，将太阳灶的结构进行改良，提高了能源利用率。这就是原理和结构的移植，创新效果很好。

> 练一练

1. 普通保温瓶很容易碰倒，一旦被碰倒，瓶胆就很容易破碎。如何解决保温瓶易倒易碎的缺陷呢？
2. 试用移植发明法，设计出一种旅行时不用电源就可以加热卷发的卷发器。

三、形态改变法

"变"是寻找创新灵感的不二法则。当我们在一种惯性的思维轨道上难以有突破时，不妨从事物的形态、结构、质地、颜色、音响和气味等方面入手，或改变一下处理问题的方式、方法，或变换顺序，往往可以获得意外的效果。这就是最简单、最常用、最容易实现的一种创造技法——形态改变法。

形态改变法是把问题分成一些基本组成部分，然后逐一对各个基本组成部分进行分析，加以排列组合，分别提供各种解决问题的办法或方案，并通过评价优化，从中获得最佳或最适用的创新方案。

形态改变法的一般操作步骤：
1）明确所要解决的问题（发明、设计）。
2）对需要解决的问题进行分解，得到若干功能或构成上相对独立的基本要素。
3）详细列出各独立的基本要素，进行形态分析。
4）将各要素排列组合成创造性设想。
5）根据要解决的问题与要求进行分析，从众多组合方案中选择最佳方案。

> 案例

开发系列伞

1. 明确问题：开发系列伞。

2. 确定三个独立要素：雨伞的伞面 A、雨伞的伞架 B 和雨伞的开关 C。

3. 分析具体的可能性方案。

（1）编制形态分析表

要素	形态		
伞面 A	尼龙布伞面 A_1	油布伞面 A_2	塑料布伞面 A_3
伞架 B	一节式 B_1	二节式 B_2	多节式 B_3
开关 C	不锈钢 C_1	塑料 C_2	没有开关 C_3

（2）排列组合

通过组合得到具体的方案：3×3×3=27 种。例如，$A_1×B_1×C_1$=不锈钢开关一节式尼龙伞，$A_2×B_1×C_1$=不锈钢开关一节式油布伞……可以通过不同的组合得出许多方案。通过对研究对象进行形态分析，列出各个关键要素，从而找到突破口。此类设计思路可以让我们在缺乏灵感的时候获得新的方向，并进行创新。

> 练一练

1. 请你开发一种新型电话机，可以从材料、形状、图案、大小等四方面（要素）进行形态分析，列出形态分析表，再进行排列组合，提出系列方案，进行可行性分析，提出最优方案。

2. 试着运用形态改变法，将我们所用、所见的现有物品的形状、花色、音响、气味、滋味、结构、温度等，改一改，变一变，看是否能创造出一些小发明。

四、设问检查型技法

设问检查型技法是人们经常使用的一种创新技法，是指围绕现有的事物或想要开发的新事物提出各种问题，通过提问，发现其存在的问题或者不能满足消费者要求的地方，从而找到需要革新的方面，开发出新的产品的一种创新技法。关键在于能否提出高质量的问题。经验证明，巧妙的设问可以启发想象、开阔思路、引导创新。常见的设问检查型技法，主要包括奥斯本检核表法、和田 12 动词法和 5W1H 法。

（一）奥斯本检核表法

奥斯本检核表法，又称奥斯本法则，是引导主体在创造过程中对照九个方面的问题进行思考，以便启迪思路，开拓思维想象的空间，促进人们产生新设想、新方案的创新技法。奥斯本检核表法根据需要解决的问题，或者需要创造发明的对象，从用途、实施方案、形态、结构、体积、材料、程序、位置、组合等九个方面提出有关问题：能否他用、能否借用、能否改变、能否扩大、能否缩小、能否替代、能否调整、能否颠倒、能否组合，然后一个个进行核对讨论，从中获得解决问题的方法和创造发明的设想。

（二）和田 12 动词法

和田 12 动词法，也叫"和田十二技法"，由我国创造学研究者许立言、张福奎和上海市和田路小学的师生在奥斯本检核表法和其他技法的基础上，结合我国实际情况，提炼和总结出来的思维方法。

和田 12 动词法的 12 个动词，即加一加、减一减、扩一扩、搬一搬、缩一缩、连一连、仿一仿、变一变、改一改、代一代、反一反、定一定。"和田 12 动词法"为人们提供了一种开拓创新的新思维方式。

（三）5W1H 法

"5W1H"即 what、why、who（whom）、where、when、how，是由美国陆军部首创的一种创新技法，强调对选定的项目、工序或操作，都要通过连续提出为什么（why）、是什么（what）、何人（who）、何时（when）、何地（where）、如何（how）六个问题，明确需要探索和创新的范围，设法找到满足条件的答案，最终获得创新方案。5W1H 法强调从上述不同角度思考问题，往往能够得出比较完善甚至意想不到的成果，实现思考内容的深化和科学化。此法广泛应用于改进工作、改善管理、技术开发、价值分析等方面。

五、列举型技法

列举型技法有分析列举法、特性列举法、缺点列举法和希望点列举法等。

（一）分析列举法

分析列举法是针对某一具体事物的特定对象从逻辑上进行分析并将其本质内容全面地逐一罗列出来的一种手段，用以启发创造设想，找到发明创造主题的创新技法。

进行发明创新，首先要认定目标、选择题目，选题的恰当与否，将直接关系到创造发明能否成功。为了寻找创新的设想，通过分析列出事物各方面的特性，再借助于列举的方式将问题展开。每个列举法都是一览表，是带有比较性的一览表，从中可以发现问题、明确目标、解决矛盾。一般来说，列举法因其分析问题要求全面、精细，甚至比较烦琐，所以较适于小的简单的问题。列举法基本上只是一个提供思路的方法，进一步的实施还需要借助其他技法与手段才行。

> 案例

多 用 圆 规

运用列举法对圆规进行分析，列出其性质："全体——圆规；部分——圆规脚、铅笔头、垫片、扭头、螺丝；功能——画画、作图。"然后逐项分析其缺点与不足，如"夹铅笔不方便，应予改进""功能太少，最好一物多用""结构太笨，要小巧一些""改用别的材料是否可行"等。随后，针对其缺点采取具体措施，吸取其他圆规的优点，本着价廉、物美、多用途的原则，逐项进行改革，把刻度尺、三角板、量角器组合到圆规中去，最后发明成功。多用圆规式样美观，可以画圆、角和直线，还可测量角与线段，一物多用，非常方便。

（二）特性列举法

特性列举法就是通过对需要革新改进的对象进行观察分析，尽量列举该事物的各种不同特征或属性，然后确定应加以改善的方向，以及如何实施的思维方法。

特性列举法解决问题的主要手段是逐一列举创意对象的特征，进行联想，提出解决方案。具体实施时可分为以下四个步骤：①选择目标较明确的创意课题，将对象的特征或属性全部写出来；②列举创意对象的特征；③在各项目下试用可替代的各种属性加以置换，引出具有独创性的方案；④提出方案并对方案进行评价讨论。

特性列举法的应用，既可以从物理特性、化学特性、结构特性、功能特性和形态特性等方面列举创新对象的特征，也可以从自身特性、经济特性、使用者特性和用途特性等方面列举创意对象的特征。以圆珠笔的设计为例，借助特性列举法进行创新思考，圆珠笔的特性列举结果如下：感观特性（银灰色、无声、无味）；外观特性（圆柱形、细长、重量轻）；用途特性（办公、学习、美术、书写、绘图、复写、送礼、装饰）；使用者特性（青少年、中老年，各类职业）。

（三）缺点列举法

缺点列举法就是发现已有事物的缺点，将其一一列举出来，通过分析选择，确定创新目标，制定革新方案，它是改进原有事物的一种创造技法。改正缺点就是解决问题，就能促进事物的发展，科技才能不断发展进步。随着社会的发展与时代的要求，各种事物也会产生新的缺点，因而只要不断列举缺点，创造发明的思路就能源源而来。

缺点列举法的操作步骤。

1）选定研究对象。找出事物的缺点，也就是选定研究的对象，研究对象应相对小些、简单些，如果研究主体过大，可以把它分解开来，针对问题的局部进行分析研究。

2）分析事物。确定与问题相关信息种类，如材料、功能、结构等，对事物进行系统分析。

3）列举缺点。要从多角度观察事物，按该研究主体的各个表征方面，如功能、性能、结构、形状、工艺、材料、经济、美观等，发挥发散性思维能力，尽量列举其缺点和不足，并将缺点加以归类整理。

4）针对所列缺点逐条分析，寻找这些缺点和不足的原因以及可能解决的方法，分析尽可能要有针对性和系统性，要研究其改进方案或能否将缺点逆用、化弊为利。建议按照缺点、原因、解决办法和新方案等列成简明的表格，从中选择最佳或最适合的方案。

缺点列举法的特点是直接从社会需要的功能、审美、经济等角度出发，研究对象的缺陷，提出改进方案。在具体运用缺点列举法进行创造发明时，主要有会议法、用户调查法、对照比较法。

例如，对现有的雨衣的缺点列举如下：胶布雨衣夏天闷热不透风；塑料雨衣冬季变硬变脆容易坏；穿雨衣骑自行车，上下车不方便；风雨大时，脸部淋雨使人睁不开眼，影响安全；雨衣下摆贴身，雨水顺此而下弄湿裤腿与鞋；胶布色彩太单调，无装饰感等。针对这些缺点可提出许多改进方案，如采用新材料使塑料雨衣不脆不硬；在雨帽上加一副防雨眼镜或眼罩；分别设计针对男、女、老、少不同对象的、不同式样的雨衣；设计可防弄湿裤腿及穿着方便的雨衣等。

> **案例**

减 震 球 拍

日本美津浓有限公司原是一家规模较小的生产体育用品的工厂，为了拓展产品销售市场，将产品销至海外，公司研发人员进行了市场调查。在调查过程中，他们了解到，最令网球初学者头疼的就是打不到球，即便打到也是一个"触框球"。研发人员就网球拍的这一"缺陷"向公司提议研发，经过商讨决定制作一些比标准网球拍框大30%的供初学者使用的网球拍。这种球拍一上市，销售情况极好。后来，公司研发人员又了解到初学者打网球时，手腕容易患一种名为"网球腕"的皮炎症，这是腕力弱的人打球时因承受强烈的腕震而造成的。于是，公司采用特殊材料，经过无数次试验，制成了著名的"减震球拍"，产品一经上市，畅销国际市场。

> **练一练**

1. 下面的材料给出了"蚊子和蚊香"的问题。请你提出一个改进蚊香的方案。

在炎热的夏天，讨厌的蚊子，嗡嗡之声扰人心烦。点上蚊香，烟气缭绕，气味太重。蚊子还有趋光的习性，但晚上又必须点灯。在一块PTC材料制成的加热器上放置除虫菊脂药片，这种新型"电子蚊香"受热时挥发出清香的气味，达到了驱蚊的目的，但却增加了电能的消耗。

2. 怎样克服筷子难以夹住球形物的不足？

筷子是一种帮助人类进食的工具，经常使用筷子对锻炼小脑有好处。但筷子也有缺点，如难夹豆子、花生之类偏球形的食物。你能否给这古老的发明做一点新的改进？

（四）希望点列举法

希望点列举法的具体做法与缺点列举法类似：围绕某个发明课题列出各种大众或社会的希望，然后收集起来进行综合分析，通过"瞻前顾后"的分析，制定出既有创新性又具有可行性的发明方案。不过，与缺点列举法相比，希望点列举法更能显现发明者的灵活性和主动性，发明者可以海阔天空地按自己的愿望提出各种新的设想。

希望点列举法的应用范围较广，是一种积极的、主动型的发明选题来源。例如，希望有一种不用纽扣的雨衣，穿脱方便，于是有了尼龙搭扣的雨衣；希望外出旅行时所需工具携带方便，于是有了组合旅行刀具、多用餐具等发明。

> **案例**

全方位昆虫观察箱

自然课上，一位老师让学生观察昆虫的身体结构。老师将昆虫标本盒给每位同学传看一遍。在传看的过程中，田江华同学感到整个过程太浪费时间，还看不清昆虫全貌。他想：如果有一个观察箱，把昆虫放在里面，从任何角度都可以看到昆虫的各个部位，那该多好啊！于是，田江华根据镜片反射的原理和观察部位与反射角度相关的原理，分别用四块、六块、八块镜面玻璃进行上下左右不同部位的组合，最后以观察范围最大的145°角组合成全方位昆虫观察箱。这个观察箱可以同时供十几位同学全方位的观察昆虫标本，既省事，又省时。该发明获得了第5届全国青少年科学创造发明比赛一等奖。

> **练一练**

用希望点列举法列举3种未来家用电器的新设想，写出该产品的名称，并说明这种新产品的功能或性能。

第三节　思维引导工具训练

一、头脑风暴法

英国大文豪萧伯纳说过："倘若你有一个苹果，我也有一个苹果，我们彼此交换苹果，那么，你和我仍然是只有一个苹果。但是，倘若你有一种思想，我也有一种思想，而我们彼此交流这种思想，那么，我们每个人将各有两种思想。"集体常常比一个人更聪明和更有力。

（一）头脑风暴法的定义

头脑风暴法，又称智力激励法，是由美国创造学家 A. F·奥斯本于1939年首次提出的、1953年正式发表的一种激发性思维方法。头脑风暴最早是精神病理学上的用语，直译为精神病人的胡言乱语。奥斯本借用这个词来形容会议的特点，就是让与会者敞开思想，使各种设想在相互碰撞中激起脑海中的创造性"风暴"，无限制地自由联想和讨论，其目的在于产生新观念或激发创新设想。

头脑风暴法的核心是"集智"和"激智"。"集智"就是把众人的智慧集中起来，其基础是相信人人都有创造力。"激智"就是把众人潜在的智慧激发出来。头脑风暴法的种种非同寻常的特殊规定和方法技巧，有助于营造一种有益于激励而不会压抑创造力的气氛，使与会者能够自由思考，任意遐想，并在相互启发中引出更多、更新颖的创造性设想。

（二）头脑风暴法的步骤

头脑风暴法一般采用会议的形式，分为准备阶段、头脑风暴阶段和评价选择阶段，其具体实施步骤包括确认要讨论的主题、组织人员、通知会议、宣布主题、畅谈、整理构思找到关键及会后评价等 7 个阶段（图 5-6）。

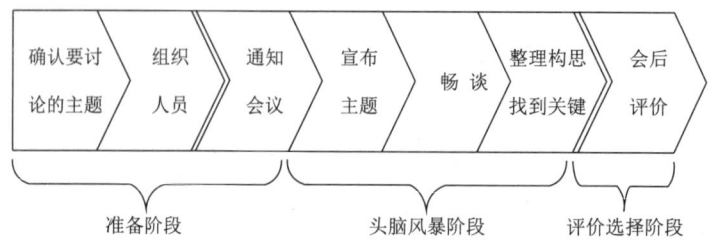

图 5-6　头脑风暴法步骤

1. 准备阶段

包括以下三个方面的工作。

（1）确定要讨论的主题

由主持者和问题提出者一起分析研究，明确会议要讨论的主题。主题应具体单一，对涉及面广或包含因素过多的复杂问题应进行分解，使会议主题明确。

（2）组织人员

1）选择会议主持人。合适的会议主持人，既应熟悉智力激励法的基本原理、原则、程序与方法，又应对会议所要解决的问题有比较明确的理解，还应灵活地处理会议中出现的各种情况，使会议自始至终遵照有关规则，在愉快热烈的气氛中进行。

2）确定其他参会人员。参加会议的人数一般以 5~10 人为宜。与会人员的专业构成要合理，大多数人应对讨论的主题有较丰富的专业知识，同时也要有少数外行参加。与会者应相互尊重、平等议事、无上下高低之分，以利于消除各自的心理障碍。

（3）通知会议

提前几天将议题的有关内容及背景通知与会者，使其思想上有所准备，提前酝酿解决问题的设想。

2. 头脑风暴阶段

包括以下三方面的工作。

（1）宣布主题

1）热身。目的是使与会者尽快进入"角色"。热身活动所需要的时间，可由主持人灵活确定。热身活动有多种方式，如看一段有关发明创造的录像，讲一个发明创造的故事，出几道脑筋急转弯之类的问题让与会者回答，使会场尽快形成热烈轻松的气氛，使大家尽快进入创造的"临战状态"。

2）介绍问题。这个阶段主要由主持人介绍，主持人应注意坚持简明扼要原则和启发性原则。例如，针对革新一种加压工具问题，如果选择"请大家考虑一种机械加压工具的设计构思"，这种表述方式，就容易把大家的思路局限在"机械加压"的技术领域之内。如果改为"请大家考虑一种提供压力的先进方案"，则会给大家提供更广阔的思考天地，除了机械加压之外，大家还可能会想到气压、液压、电磁等技术的应用。

（2）畅谈

这是头脑风暴法会议的最重要环节，是决定智力激励成功与否的关键阶段，其要点是想方设法营造一种高度激励的气氛，使与会者能突破种种思维障碍和心理约束，让思维自由驰骋，借助与会者之间的知识互补、信息互补和情绪鼓励，提出大量有价值的设想。

畅谈阶段要遵守以下规定：①不许私下交谈，始终保持会议围绕一个主题。否则，会使与会者精力分散，并产生无形的评判作用。②不许以权威或集体意见的方式妨碍他人提出个人设想。③设想表述力求简明扼要，每次只谈一个设想，以保证此设想能获得充分扩散和激发的机会。④所提设想一律记录。⑤与会者不分职位高低，一律平等对待。

畅谈阶段的时间由主持人灵活掌握，一般不超过1个小时。

（3）整理构思找到关键

畅谈过程中应间断性地整理构思，找到关键问题，并进一步讨论。

3. 评价选择阶段

畅谈结束后，会议主持者应组织专人对设想进行分类整理，并进行评判组会议，完成去粗取精的提炼工作。要注意对头脑风暴会议所产生的设想进行评价与优选，应谨慎行事，即使是不严肃的、不现实的或者荒诞无稽的设想也应该认真对待。如果已经获得解决问题的满意答案，智力激励会议就完成了预期的目的。倘若还有悬而未决的问题，还可以召开下一轮智力激励会议。

（三）头脑风暴法的基本原则

1. 自由畅想原则

自由畅想原则要求与会者在开放性的前提下坚持独立思考，敞开思路，畅所欲言，不受任何已知的常识、真理、规律等的束缚，鼓励与会者从多种角度或反向去思考问题，敢于表达任何想法，甚至是看似荒唐可笑的想法。

2. 延迟批评原则

延迟批评原则要求与会者在讨论问题和提出想法的过程中，不要对他人的设想评头论足。过早地给予批评，过快地下结论，就等于把许多新观念和新思路拒之门外，这对于创新思维来说是极其有害的。

3. 以量求质原则

以量求质原则要求与会者尽可能多地提出解决问题的新设想、新思路，只有数量多，才能找到高质量的解决方案。

4. 综合改善原则

"综合就是创造"，综合改善原则是鼓励与会者积极进行智力互补，在自己提出大量设想的同时，注意思考如何把两个或更多的设想结合成另一个更加完善的设想。

5. 限时限人原则

智力激励法的会议通常限定时间为30~60分钟，人数为10人左右。时间太长容易疲劳，造成精神不振；人数太多则不易集中，造成部分人发言机会太少。

智力激励法的这五大原则，不仅用于发明创造、创新活动，而且可用于我们学习和生活的许多方面，是非常有用的准则。

（四）头脑风暴法的类型

头脑风暴法主要有三种类型：卡片式智力激励法、三菱式智力激励法和默写式智力激励法。

1. 卡片式智力激励法

卡片式智力激励法又可分为CBS法和NBS法两种。

（1）CBS法的具体操作要点

1）会前确定会议主题，会议人数在8人左右，每人持50张名片大小的卡片，桌上另放200张卡片备用。

2）会议大约举行1个小时。最初10分钟为"独奏"阶段，由到会者在各自的卡片上填写设想，每张卡片写一个设想。

3）接下来的30分钟，由到会者按座位次序轮流发表自己的设想，每次只能宣读一张卡片，宣读时将卡片放在桌子中间，让到会者都能看清楚。在宣读后，其他人可以提出质询，也可以将启发出来的新设想填入备用的卡片中。

4）最后让到会者相互交流和探讨各自提出的设想，从中再诱发出新的设想。

（2）NBS法的具体操作要点

1）会前明确主题，每次会议由5~8人参加，每人必须提出5个以上的设想，每个设想填写在一张卡片上。

2）会议开始后，每个人依次出示自己的卡片，并做说明。在别人宣读设想时，如果自己发生了"思维共振"，产生了新的设想，应立即填写在备用卡片上。

3）待与会者发言完毕后，将所有卡片集中起来，按内容进行分类，横排在桌上，在每类卡片上加一个标题，然后再进行讨论，挑选出可供实施的设想。

2. 三菱式智力激励法

奥斯本智力激励法虽然可以产生大量的新设想，但由于严格执行延迟批评的原则，因而在对与会者所提设想进行有效判断等方面，存在着一定的局限性。有鉴于此，日本一家公司对其做了一些改进，创造了一种新的智力激励法——三菱式智力激励法，又称MBS法。其操作要点如下。

1）会议参加人数为4~8人，时间1小时左右，会前准备与奥斯本智力激励法相同；会议主持人宣布议题，并做出必要解释；

2）与会者每人在卡片上填写自己的设想，每人限填1~5个设想，时间控制在10分钟之内；依座位次序，每人陈述自己的设想，也限1~5个，由会议主持人记下每个人提出的设想，与会者在这个阶段，也可以在别人的设想启发下，填写新的设想；

3）每位与会者将设想写成正式提案，并进行详细的说明；与会者相互咨询，进一步修订提案；

4）会议主持人将与会者的正式提案用图解的方式写在黑板上，引导大家进一步讨论，从中选出最佳方案。

3. 默写式智力激励法

默写式智力激励法，又称 635 法。它是由德国学者荷立提出的，同时也是针对由于数人争着发言易使点子遗漏的缺点对奥斯本智力激励法进行的改造。其操作要点如下。

1）会前准备：选择熟悉 635 法基本原理和做法的人来主持会议，并且确定会议议题。邀请 6 名与会者参加。

2）会议实施：在会议主持人宣布议题（创造目标）并对与会者提出的疑问进行必要的解释之后，每位与会者便可开始默写自己的设想。组织者给每人发几张卡片，每张卡片上标有 1、2、3 号，在每两个设想之间留出一定空隙，以便其他人能够在这些空隙中补充填写新的设想。

3）前 5 分钟要求每个人针对会议议题在卡片中填写 3 个设想，然后将设想传递给右邻的与会者。第二个 5 分钟内，要求每个人在参考了他人的设想后，再在卡片上填写 3 个新的设想。

4）这些设想可以是对自己设想的修正和补充，也可以是对他人设想的完善，还允许将几种设想进行取长补短式的综合，填写好后再右传给他人。这样，半个小时内可传递交流 6 次，可产生 108 条设想。

> **案例**

工厂废轮胎的处理问题

某工厂有一批废轮胎无处堆放，如果焚烧这些废轮胎，既可惜又污染环境。为了解决这个难题，工厂决定召开一次智力激励法会议，让与会人员针对这一问题提出解决方案。会议结束后，工厂为这批废轮胎找到了它们的归宿：①送到航运公司，将它挂在船沿上；当轮船与他物相碰时，避免受损。②把它们串起来，丢到沿海浅滩，组成人工养殖礁盘。③把它们再加工，做桌椅脚垫、瓷盆垫、拐杖垫等，既能防滑，又能防震。

二、思维导图

（一）思维导图的定义与分类

思维导图是由英国的脑力开发专家东尼·布赞于 20 世纪 70 年代发明的思考工具与笔记技巧。

思维导图是表达发散思维的有效思维工具，它用绘制图像作为思考的工具，运用图文并重的技巧快速地处理外部进来的信息，把各级主题的关系用相互隶属与相关的层级图表现出来，把主题关键词与图像、颜色等建立记忆链接。思维导图充分运用左右脑的机能，利用记忆、阅读、思维的规律，协助人们在科学与艺术、逻辑与想象之间平衡发展，从而开启人类大脑的无限潜能。

思维导图分为创造型思维导图、整理型思维导图、提示型思维导图和沟通型思维导图四类。创造型思维导图用来处理数据不足或未知的管理事务，完成后可形成思考的轨迹，适合在脑力激荡、新产品开发、各项活动策划、目标设定等工作时使用。整理型思维导图则将现有的数据整理出合乎逻辑的可以运用的信息，通常应用在规划日程表、整理阅读笔记、听讲笔记等。提示型思维导图方便在演讲时提示纲要与内容，或准备撰文写作时提示大纲及方向。沟通型思维导图用于当双方面对面还没有产生共识时，作为初步沟通的工具，如在做自我介绍或构思开会议题时都可使用。

（二）思维导图的规则

手绘思维导图的六条规则如下。

1. "纸张"上

挑选纸张有三个要点：种类、规格和朝向。

种类：选用纯白色，即没有格线的白纸。

规格：选择 A4 或 A3，通常认为 A4 以上为宜，不过这个也因人而异，初学者选用适合自己的规格即可。熟练之后，甚至还可以在手掌上画思维导图。

朝向：根据眼球的转动选择纸张朝向（一般纸张横着放）。

2. 画"中心图像"

这条规则包括三个要点：内容、时间和大小。

内容：不需要漂亮的"画"。思维导图中最引人注意的部分应当属在中央的中心图像。很多学生担心自己画得不好看，别人看不懂，其实大多时候，思维导图是画给自己看的，只要能解决自己的问题就好，不必考虑别人能否看懂。

时间：描绘中心图像所需要的时间约为 5 分钟。

大小：中心图像的大小在直径 5 厘米左右，大概"一拳"大小。如果画的太小就不方便延伸出线条（分支）了。

3. 使用"颜色"

这条规则很简单，总之就是要"五颜六色"。可以挑选自己喜欢的颜色，这样可以一扫消极的心情，乐观地分析问题。

在用笔方面，推荐使用钢笔，尤其是水性钢笔。流畅的笔感有利于激发流畅的思维，所以在文具上也要用心挑选。

4. 延展"线条（分支）"

这条规则包括：形状、粗细和长度。

形状：绘制"延伸有机曲线"，参考"S 曲线"。线条的绘制技巧在于根部粗尖部细，可以类比"走之旁"的最后一撇。

粗细：从中心图像中最先伸出的"主支"最粗，当然也不是首尾一样粗，末端要画成优美的细尖。主支以及下面的二级分支和三级分支应尽量使用不同粗细的线条。

长度：分支的长度和分支上的文字相平衡。

当遵守了"词语长度和线条（分支）长度一致"的规则时，思维导图上的分支就会长短不一、有粗有细，也就是说，不会觉得单调乏味了。

一开始可能很多人不知道怎么画分支，可以多看看别人的作品，或者"仿照手掌张开的延展线条形状"来画。

5. 在上面写下"语言（词语）"

线条（分支）和词语的规则名为"1 分支 1 词语"，即一条线对应一个词。但对于初学者来说有点难，所以也可以稍微放宽要求。一个词语可以重复出现几次，线条上的词语也没有硬性的排序。

思维导图不仅利于分解，还有助于发掘每个要素之间的关联。思维导图还允许对内容进行整合，可以用"("等符号把对象括起来，在下面延伸出其他分支。

思维导图的每一次分解，其实都是用"联想"开拓思维，所以，建议同学们抱着想到什么就写什么的心情来画思维导图。

6. 层次化

层次化的规则可以分为分层和排序两部分。

分层：先不管能不能用上，把想到的所有点子全部记下来，然后再重新写进完整思维导图。分层会随同学们的知识和兴趣点而变化。

排序：指的是按照某规律重新排列的操作。

这些术语看起来很难，但只要动手画一画，就会察觉到它们是思维导图自然的一部分。如果同学们觉得"不对劲""画不下去了"，那就是"层次化"体现得不够好。这个时候，就要反复修改，最终会画出一幅整齐利落、各居其位的思维导图。而这幅图想必也完美地实现了层次化。

> **案例**

在某个公司的活动中，公司老总和员工做了一个游戏。

组织者把参加活动的人分成了若干个小组，每个小组选出一个小组长扮演"领导"角色，不过，大家的台词只有一句，那就是要充满激情地说一句："太棒了！还有呢？"其余的人扮演员工，台词是："如果……有多好！"游戏的主题词设定为"马桶"。

主持人宣布游戏开始的时候，大家出现了一阵习惯性的沉默，不一会儿，突然有人开口："如果马桶不用冲水，又没有臭味有多好！"

"领导"一听，激动地一拍大腿："太棒了！还有呢？"

另外一个员工接着说："如果坐在马桶上也不影响工作和娱乐有多好！"

又一位"领导"也马上伸出大拇指："太棒了！还有呢？"

"如果小孩在床上也能上马桶有多好！"
……

讨论进行得热火朝天，各人想法天马行空，出乎大家的意料。

活动结束后，公司管理人员对此进行了讨论，并认为有三种马桶可以尝试生产并投入市场：一种是能够自行处理，并能把废物转化成小体积密封肥料的马桶；一种是带书架或耳机的马桶；还有一种是带多个"终端"的马桶，即小孩、病人都可以在床上方便，废物可以通过"网络"传到"主"马桶里。这个游戏获得了巨大的成功，就是得益于发散性思维的运用。针对这个游戏，我们同样可以利用思维导图表示出来（图5-7）。

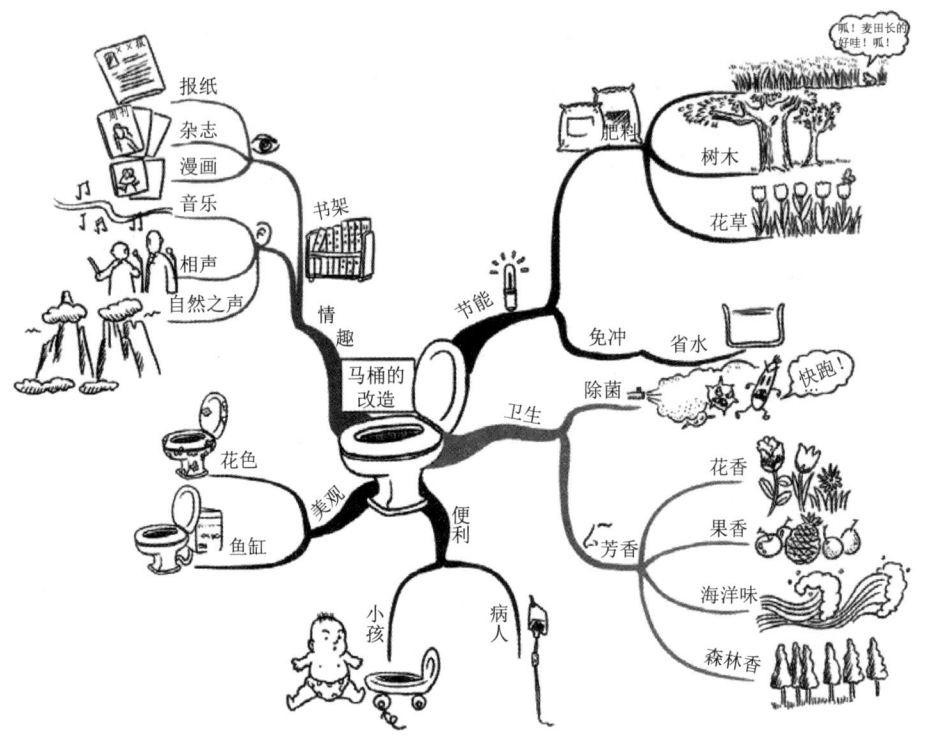

图 5-7 以"马桶"为主题词的思维导图

三、六顶思考帽

（一）简介

六顶思考帽思维模式是一种提升个人创造性的思维工具，是一种提高团队智商的有效方法，作为六顶思考帽思维模式和水平思考法的发明人，爱德华·德·博诺博士被誉为20世纪改变人类思维方式的缔造者，是创造性思维领域举世公认的权威，被尊为"创新思维之父"，在世界企业界拥有举足轻重的地位。

他用六种不同颜色的帽子代表六种不同的思维模式，从而提供了"平行思维"的工具，这样可以避免将时间浪费在互相争执上，使混乱的思考变得清晰，使会议中无意义的争论变成集思广益的创造。

第一步，白色思考帽。

白色是中立而客观的，代表着事实和资讯，用于陈述问题事实，思考、搜集各环节的信息，收取各个部门存在的问题，找到基础数据。

第二步，绿色思考帽。

绿色是春天的色彩，代表创意的颜色，用于提出解决问题的建议。

第三步，黄色思考帽。

黄色代表价值与肯定。戴上黄色思考帽，人们从正面考虑问题，表达乐观的、满怀希望的、建设性的观点。

第四步，黑色思考帽。

戴上黑色思考帽，人们可以运用否定、怀疑、质疑的看法，合乎逻辑地进行批判，尽情发表反对的意见，找出逻辑上的错误。

第五步，红色思考帽。

红色是情感的色彩。戴上红色思考帽，人们既可以表达自己的情绪，还可以表达直觉、感受、预感等方面的看法。

第六步，蓝色思考帽。

蓝色思考帽负责控制和调节思维过程。负责控制各种思考帽的使用顺序，规划和管理整个思考过程，并负责做出结论。

（二）应用流程

下面是一个六项思考帽在会议中的典型应用步骤：

1）陈述问题（白帽）；

2）提出解决问题的方案（绿帽）；

3）评估该方案的优点（黄帽）；

4）列举该方案的缺点（黑帽）；

5）对该方案进行直觉判断（红帽）；

6）总结陈述，做出决策（蓝帽）。

第六章 创业思维和能力训练

创业能力是一种社会性、实践性、综合性极强的创造力,直接影响和制约创业实践活动的进行,是创业实践活动赖以启动和运转的操作因素。大学生创业教育,就是要培养学生识别创业机会、防范创业风险、适时采取行动的创业能力,养成学生整合创业资源、制订创业计划以及创办和管理企业的综合素质。

第一节 创业机会识别与把握

创业是从发现、把握、利用某个或某些商业机会开始的,创业的过程就是创业者寻求创业机会、选择创业领域、开拓事业发展新路的过程。创业机会无时不在、无处不在,创业机会又与创业领域密不可分,尽管发现了机会,但如果选错了创业领域,也将事与愿违。创业领域没有好坏之分,没有对与不对,只有适合与不适合。每个人都有优势和特长,必须认真分析自己的特点,找到适合自己的事业。因此,选择一个自己擅长的、喜爱的而且有发展前途的事业,是成功创业的决定性因素。

一、创业机会概述

(一)创业机会的定义与分类

创业机会指的是创业者可以利用的商业机会。创业者要发现创业机会,首先需要了解形成特定创业机会的原始动力。只要把握了引发创业机会的原始动力,随时关注这类原始动力的变化,就能及时发现创业机会、及时辨识潜在的有利的创业机会以及及时洞察未来的创业机会。

一般来讲,引发特定创业机会的原始动力主要包括新的科技突破和进步、消费者偏好的变化、市场需求及其结构的变化、政府政策及国家法律的调整以及发展经济的国际环境。在不同创业机会原始动力的驱动下,通常可能产生三类创业的商业机会:技术机会、市场机会和政策机会。创业成功的关键在于能及时发现创业机会带来的盈利机会和创业空间。

1. 创业的技术机会

技术机会就是新的科技突破和社会的科技进步带来的创业机会,这是最为常见的创业机会。通常技术上的任何变化或多种技术的组合都可能给创业者带来某种商业机会。当在某一领域,新的科技突破带来的新技术足以替代某些旧技术,或者能够实现新功能、创造新产品的新技术出现时,创业的机会就来了。但多数新技术都有两面性,即在给人类带来新的利益的同时，也会给人类带来某些新的"灾难"。这就迫使人们为了消除新技术的某些弊端，再去开发其他的新技术，而开发这些"新技术"并使其商业化，即可能成为新的创业机会。

2. 创业的市场机会

创业的市场机会就是市场变化产生的创业机会。一般来讲，主要有以下四类：①市场上出现了与经济发展阶段有关的新需求。②当期市场供给缺陷产生的新的市场机会。③发达国家和地区产业转移带来的市场机会。④从中外比较中寻找差距，差距中往往隐含着某种市场机会。

3. 创业的政策机会

创业的政策机会实际上是政府政策变化提供给创业者的商业机会。简言之，是政府给的创业机会。

我国正处于经济转型的关键时期，整个经济体制处于转轨时期，经济结构处于调整时期，经济环境处于变化时期。政府必然不断调整自己的政策，而政府政策的变化，就可能给创业者带来创业机会。

要从政府政策变化中发现适当的创业机会就需要研究政府目前的政策及其可能的变化。通常，有可能产生创业机会的政府政策变化主要表现在有关产业技术、产业发展、区域发展、环境保护、资本市场、经济制度甚至社会公平等方面。

对于具有敏锐目光的创业者来说，创业机会每时每刻都会出现。但是，并非所有的创业机会都是通向成功与财富的康庄大道，相反，一个看似前景远大的创业机会背后，往往隐藏着危险的陷阱。毫无经验的创业者，如果仅凭激情行事，匆忙做出决定，很容易误入歧途，掉进失败的泥沼中无法自拔。因此，首先要选择合适的创业机会，并在发现创业机会后对其进行客观的评估，以理性的方式决定下一步的行动，这是一名优秀的创业者必须具备的能力。

（二）创业机会四大核心来源

1. 问题需求

创业的根本目的是满足顾客需求。寻找创业机会的一个重要途径是善于发现和体会自己和他人在需求方面的问题或生活中的难处。在经济生活中遇到的困境和难题，身边发生的不协调现象和意外事件，他人的需要与瓶颈，这些都蕴含着机会。如果能将问题解决，就产生了创业机会。比如，上海有一位大学毕业生发现住在郊区的本校师生往返市区交通十分不便，便创办了一家客运公司，这就是把问题转化为创业机会的成功案例。

2. 发展变化

创业的机会大都产生于不断变化的市场环境，环境变化了，市场需求、市场结构必然发生变化。著名的管理大师彼得·德鲁克将创业者定义为那些能"寻找变化，并积极反应，把它当作机会充分利用起来的人"。这种变化主要来自产业结构的变动、消费结构升级、城市化加速、人口思想观念的变化、政府政策的变化、人口结构的变化、居民收入水平提高、全球化趋势等诸多方面。比如居民收入水平提高，私人轿车的拥有量将不断增加，这就会派生出汽车销售、修理、配件销售、清洁、装潢、二手车交易、陪驾等诸多创业机会。

3. 知识经验

对于创业者而言，丰富且广泛的生活阅历是识别潜在商机的主要决定因素，它们能帮助创业者识别新信息的潜在价值。创业者有可能从自己所在的行业、工作经验中找到创业机会，也可能从自己拥有的专业知识技能中产生创业想法和项目，如果将兴趣特长或能力优势转化成为他人服务的价值便产生了创业机会。拥有创造力，一方面能发现别人发现不了的机会，另一方面可以充分利用自己的创造发明和技术专利直接去创业。

4. 资源网络

很多创业者的创业活动源于自己拥有相应的资源和网络。比如优质的人脉网络、独有的业务渠道、技术资源优势等，都有利于创业者利用这些资源，找到适合自己的创业机会。

（三）创新创业机会

创新创业机会并不是一般意义上的商业机会，它具有一定的独特性。创新创业机会的独特性在于能经由重新组合资源创造一种新的目的手段关系，而商业机会的范畴更为广泛，代表着所有优化现有目的手段关系的潜力或可能性。商业机会蕴含于目的手段关系的局部或全盘变化之中，而创新创业机会则表现为对目的手段关系的全盘否定甚至是颠覆性变化，是一种独特的商业机会。奥地利经济学派认为，创新创业机会与商业机会的根本区别在于利润或价值创造潜力的差异，创新创业机会具有创造超额经济利润的潜力，而其他商业机会只可能改善现有利润水平。

1. 创新创业机会的定义

创新创业机会的常见定义有如下几种。

1）可以为购买者或使用者创造或增加有价值的产品或服务，具有吸引力、持久性和适时性。

2）可以引入新产品、新服务、新原材料和新组织方式，并能以高于成本的价格出售。

3）一种新的目的手段关系，它能为经济活动引入新产品、新服务、新原材料、新市场或新组织方式。

4）它主要是指具有较强吸引力的、较为持久的、有利于创新创业的商业机会，创新创业者据此可以为客户提供有价值的产品或服务，同时使创新创业者自身获益。

综上所述，创新创业机会是一种可能的未来盈利机会，这一机会需要有实体企业或者实际的商业行动的支持，通过具体的经营措施来实施，以实现预期的盈利。

创新创业机会是未明确市场需求或未充分使用的资源或能力，它不同于有利可图的商业机会，其特点是发现甚至创造新的目的手段关系来获得创业租金，对于"产品、服务、原材料或组织方式"有极大的革新。

大多数创新创业者都是把握了创新创业机会从而创业成功的。例如，蒙牛公司的牛根生看到了乳业市场的商机，好利来公司的罗红看到了蛋糕市场的商机。在现实生活中，这样的例子不胜枚举。但是，仅有少数创业者能够把握创新创业机会从而创业成功。一旦创新创业成功，就可能改变人们的生活和休闲方式，甚至能创造出新的产业。随着人们对创新创业机会价值潜力的探索，逐渐衍生出系列商业机会，从而滋生出更多的创新创业活动，如互联网创业。

2. 创新创业机会的类型

（1）根据创新程度划分

1）创新型机会：技术的创新会给人们带来方便，如苹果公司、微软公司为人们带来的便利，其核心竞争力在于别人短时间内没有的技术。要在需求中寻找机会，根据需求创新技术。

2）模仿型机会：通过模仿别人的技术、优化产品、降低成本形成竞争力，或者利用自己已有的用户群来盈利。比如，百度更适合中国人使用；腾讯则利用已有的庞大用户群来盈利。要在优化资源配置中寻找机会。

3）识别型机会：通过已有技术和已知需求成为供给方。比如，百合网利用中国的庞大人口和现在找伴侣难的契机，结合科学心理分析，将生活背景、兴趣爱好、性格气质、学历知识水平、世界观、价值观接近甚至相同的人搭配在一起，提高配对率。

4）发现型机会：将新技术应用到不同领域，与其他行业融合，从而发现机会。例如，阿里巴巴公司将网络和商业买卖融合到一起，改变了我们的消费观念。

（2）根据来源划分

1）问题型机会：指的是由现实中存在的未被解决的问题产生的一类机会。例如，世界上第一台随身听索尼 TPS-L2 的上市，正是源于索尼公司为了解决 TC-D5 有些笨重的问题，从而设计出了更小、更便于随身携带的录放机。

2）趋势型机会：就是在变化中看到未来的发展方向，预测到未来可能的潜力和机会。例如，有很多预测到移动互联网、人工智能、环保节能、健康健身、城市化、社会老龄化等趋势带来的机会而创新创业成功。

3）组合型机会：是将现有的两项以上的技术、产品、服务等因素组合起来，以实现新的用途和价值而获得的创业机会。例如，麦当劳的"儿童乐园"牢牢抓住了低龄顾客。麦当劳其实不是卖产品，而是卖环境和体验，从最早"给孩子过生日"的诱惑式营销到今天的"我就喜欢""为快乐腾点空间"，包括"麦当劳不只是一家餐厅"或者"24 小时店"，将多种产品和服务因素组合在一起。

由此，创新创业机会一般存在于三种情况：一是在现有的产品和服务市场上，去寻找尚未满足的顾客，开发一个新市场或者发现现有产品的新功能和新用途，引导人们使用它；二是创造开发、设计生产出具有新功能的产品，以满足人们变化的需求；三是由于社会分工演进，专业化衍生出新的市场，创业者对该市场进行寻找、发掘、识别，以确定其是否可成为自己的机会。

二、创业机会的识别与开发

创业机会识别指的是在众多的、可能的创业机会中,通过分析、判断和筛选,发现有吸引力、成功率高且可以利用的创业商业机会,发现商业机会是创业成功的基石。

对某一创业机会进行辨识,以期发现其吸引人和不吸引人的方面,并判断某个创业者利用某个特定机会的商业前景是什么,通常需要对商业机会的自身特征、特定商业机会对某个创业者自身的现实性、特定商业机会的原始市场规模和特定商业机会的时间跨度等四方面进行分析和判断。

(一)商业机会的自身特征

具体包括以下几点。

1)在前景市场中,前五年的市场需求稳步且快速增长。只有这样,创业企业才有可能有足够大的盈利空间立住脚,才能迅速成长起来。

2)创业者不会被锁定在"刚性的创业路径"上,而是可以中途修正自己的创业路径。这里所谓的创业路径,即创业的战略思路、组织结构、运营策略、市场技巧、技术路线等。市场形势千变万化,科技发展日新月异,政府政策不断调整,创业者需要根据这些变化不断调整自己的"创业路径",如果因为主观或客观的原因导致创业者利用特定商业机会的创业路径是不可调整的,创业者便不可能真正抓住和利用相应的商业机会。

3)创业者可以通过创造市场需求创造新的利润空间,牟取额外的企业利润。历史经验告诉我们,市场是可以创造的;企业要占领市场、获取利润,往往需要靠自己去创造新的市场需求。

(二)特定商业机会对某个创业者自身的现实性

对特定的创业者而言,为了做出理性的判断,必须注意以下五个问题。

1)自己是否拥有获得利用特定商业机会所需的关键资源。此处的资源涵盖利用特定商业机会所需的技术资源、资本资源、财力资源、资讯资源,甚至包括公共关系资源。如企业运作能力、技术设计与制造能力、营销渠道、公共关系等均属于关键资源。如果创业者缺少利用该机会所需的关键资源,那么他也无法利用这一机会。

2)自己是否能够"架桥"跨越资源缺口。

3)尽管会遇到竞争力量,但自己是否有能力与之抗衡。

4)是否存在可以创造的新增市场以及可以占有的远景市场。

5)利用特定机会的风险应该是可以承受的。如果某一商业机会的风险是不明朗的,面对未知风险无法应对,这是企业经营的大忌之一。无法弄清风险的具体来源及其结构,创业者就无法把握风险、规避风险或抑制风险,也就无法降低风险损失、提高风险收益。因此,一个好的商业机会,其风险必须是明朗的,是自己能够承受的。

就特定的商业机会而言,创业者只有拥有利用该机会所需的关键资源,能够"架桥"跨越资源缺口,有能力与可能遇到的竞争力量抗衡,可以创造新的市场并有能力占有前景市场份额,可以承受利用该机会的风险,这一机会才是该创业者可以利用的商业机会。

（三）特定商业机会的原始市场规模

所谓特定商业机会的原始市场规模，即特定商业机会形成之初的市场规模。

1）一般地看，原始市场规模越大越好。因为创业企业即便只占领了很小的市场份额，只要原始市场规模足够大，也可以获取较大的商业利润。

2）对于那些资本能力弱、技术能力差、运营能力低的创业企业来说，原始市场规模较小的创业机会可能是更为可取的。因为在这种情况下，创业企业可能只面对较少、较小、较弱的竞争者，并且可根据市场的成长性和成长进程不断地调整自己，使自己适应市场的成长。

（四）特定商业机会的时间跨度

一切商业机会都只存在于有限的时间之内，这是由特定行业的商业性质决定的。在不同行业，这一时间的长度差别很大。一般而言，特定商业机会存在的时间跨度越长，创业企业调整自己、整合市场、与他人竞争的操作空间就越大。对于创业企业来说，只要操作得恰到好处，就可能在市场中一展宏图。

三、创业机会的评估

创业机会评估的目的就是找出对创业企业最有价值的市场机会，一般包括产业和市场、资本和获利能力、竞争优势、管理班子等四个方面的评估。这些可以作为创业者从第三人角度看自己，并进行自我剖析的重要参考。

（一）市场机会的吸引力

评估创业机会的目的是找出对创业企业最有价值的市场机会，实质是评估市场机会的吸引力，而评价市场机会对创业企业的吸引力的标准则主要是依据创业企业利用该机会可能创造的最大效益，因此评估市场机会的吸引力就是评估市场的需求规模和机会的发展潜力两方面。

1. 市场需求规模评估

市场需求规模评估主要是分析当前市场需求总容量的大小，就是分析市场机会产生的目标市场是否拥有足够的消费者，形成的市场规模有多大，创业企业进入此目标市场后可能达到的最大市场份额有多大。一种产品或一项服务，如果没有足够的市场容量，对创业企业来讲肯定是没有市场机会的。

在预测市场需求时，主要考虑两个变量：一是愿意并有能力购买的潜在消费者数量；二是愿意并有能力购买的潜在消费者的购买次数。

市场规模等于这两个变量的乘积。通过市场容量的预测，如果确定市场容量足够大，创业企业进入后能使自身获取较高的利润，对创业企业来说是个机会，反之则只能放弃。

2. 机会的发展潜力评估

了解市场机会需求的发展趋势及增长速度情况，主要看是否有比较大的潜在增长空间。如果潜在增长空间比较小，即使当前市场规模比较大，有时也要放弃，因为它不能支持创业企业的持续成长。但是，即便创业企业此次面临的机会所提供的市场规模很小，利润也不高，但若其市场潜在规模或企业的市场份额有迅速增大的趋势，则该市场机会仍对创业企业具有相当大的吸引力。

（二）机会的可行性评估

单纯只有吸引力的市场机会对创业企业而言并不一定是发展良机，具有较大吸引力的市场机会必须具有较强的进入可行性才具有高价值的市场机会，因此创业企业必须通过一定方法来评估获取成功利用市场机会的可能性。

评估机会可行性就是分析针对某一市场机会创办企业需要哪些关键成功条件，一般来说，关键成功条件包括企业的多个方面，且具体到不同行业和不同产品又有所不同。但通常来说主要包括创业企业的经营目标、经营战略、市场定位、营销策略、经营规模、资源状况等，而企业的经营目标又可具体划分为经营宗旨、发展目标、长期规划等。创业企业只有具备这些关键条件，才具有成功开发利用市场机会的可能，如果创业企业不具备这些条件，则只有放弃这种机会。

（三）机会的综合性评估

通过市场进入机会的吸引力评估和市场进入机会的可行性评估，创业者或创业企业就可以对潜在进入市场做一个综合的量化评估，作为能否进入一个新市场的重要参考因素。一个创业者对其准备进入的新市场所做的一个综合性的量化评估如表6-1所示。

表6-1 市场进入机会综合分析评价表

评价项	权数/%	评分值					备注
		10	8	6	4	2	
市场总量	20						
市场发展潜力	20						
市场开发难度	10						
市场进入障碍	10						
渠道可利用程度	5						
潜在竞争强度	10						
推广与销售能力	10						
营销成本	5						
盈利能力	10						
总计	100						

具体评估过程可按以下步骤进行。

1. 产业和市场

具体包括以下五点。

（1）市场定位

一个好的创业机会，或一个具有较大潜力的企业必然具有特定的市场定位、特定顾客的需求，同时也能为顾客带来增值的效果。

（2）市场结构

针对创业机会的市场结构可以进行以下五项分析。

1）进入障碍。潜在竞争者进入细分市场，就会给行业增加新的生产能力，并且从中争取一定的重要资源和市场份额，形成新的竞争力量，降低市场吸引力。如果潜在竞争者进入行业的障碍较大，潜在竞争者进入市场就会比较困难。

2）供应商。如果企业的供应商能够提价或者降低产品、服务的质量，或减少供应量，那么该企业所在的细分市场就没有吸引力，因此，与供应商建立良好关系和开拓供应渠道才是防御的上策。

3）用户。如果某个细分市场中用户的讨价还价能力很强，他们便会设法压低价格，对产品或服务提出更多要求，并且使竞争者互相斗争，导致销售商的利润受到损失，所以要提供用户无法拒绝的优质产品和服务。

4）替代性竞争产品的威胁。如果替代品数量多、质量好，或者用户的转换成本低，用户"价格的敏感性"强，替代性产品生产者对本行业的压力就大，行业吸引力就会降低。

5）市场内部竞争的激烈程度。如果某个细分市场已经有了众多强大的竞争者，行业增长缓慢，或该市场处于稳定期或衰退期，撤出市场的壁垒过高、转换成本高、产品差异性不大、竞争者投资很大，则创业企业要参与竞争就必须付出高昂的代价。

（3）市场规模

市场规模大小与成长速度，也是影响创业企业成败的重要因素。一种产品或一项服务如果没有足够的市场容量，对创业企业来讲肯定是不构成市场机会的。一般而言，市场规模大，创业企业进入障碍相对较低，市场竞争激烈程度也会略微下降。但市场机会需求的发展趋势及增长速度情况则决定市场未来是否有比较大的潜在增长空间。如果要进入的是一个成熟的市场，有时纵然市场规模很大，但由于已经不再成长，利润空间必然很小，因此创业企业就不值得再投入，那么也要放弃。反之，一个正在成长中的市场，即便创业企业此次面临的机会是提供的市场规模很小，利润也不高，但若其市场潜在规模或企业的市场份额有迅速增大的趋势，则对创业企业来说仍是一个充满商机的市场，所谓水涨船高，只要进入时机正确，必然会有获利的空间。

（4）市场占有率

在创业机会中预期可取得的市场占有率，可以显示新创公司未来的市场竞争力。一般而言，成为市场的领导者，最少需要拥有 20%以上的市场占有率。如果低于 5%的市场占有率,则说明这个新创公司的市场竞争力不高,自然也会影响未来企业上市的价值,尤其是处在具有赢家通吃特点的高科技产业,创业企业必须拥有成为市场前几名的能力,才比较具有投资价值。

(5)产品的成本结构

对于风险投资者来说,如果创业计划显示的目标市场中,现只有少量产品出售且产品单位成本很高时,那么这个目标市场对于销售成本较低的同类产品的创业公司而言,则可能是一个极有吸引力的机会。产品的成本结构,也可以反映创业企业的前景是否亮丽。例如,从物料与人工成本所占比重之高低、变动成本与固定成本的比重以及经济规模产量大小,可以判断创业企业创造附加价值的幅度以及未来可能的获利空间。

2. 资本和获利能力

产业和市场评估只是创业机会评估工作的一个方面,并且很多因素难以量化,所以资本和获利能力评估就是更为全面的价值评估,它需要对未来企业的收益情况有量化的评估,不论对创业者还是投资者都是非常有益的参考依据。

(1)毛利

单位产值的毛利是指单位销售价格减去所有直接的、可变的单位成本。对于创业机会来说,高额和持久的获取毛利的潜力是十分重要的。

(2)税后利润

高额和持久的毛利通常会转化为持久的税后利润。一般而言,具有吸引力的创业机会至少能够创造15%以上的税后利润。如果创业预期的税后利润在5%以下,那么就不是一个好的投资机会。

(3)损益平衡所需的时间

损益平衡时间是指从产品开发开始到产品生产出来并投放市场、产生利润弥补开发过程的初始投资成本所需的时间。损益平衡时间包括两项基本内容:一是从发现市场需求开始,经过产品构思、开发设计、试制生产,直至投放市场的时间,称为"进入市场时间";二是在新产品进入市场后,企业销售产品产生现金流入,以收抵支取得利润,以新产品产生的现金流弥补进入市场前的各项投资支出或以利润弥补进入市场前的各项费用支出所需的时间,称为"损益经营时间"。"进入市场时间"与"损益经营时间"之和即为"损益平衡时间"。

(4)投资回报率

考虑到创业可能面临的各项风险,合理的投资回报率应该在25%以上。一般而言,15%以下的投资回报率,是不值得考虑的创业机会。

(5)资金需求量

资金需求量较低的创业机会,投资者一般会比较欢迎。资本额过高其实并不利于创业成功,有时还会带来稀释投资回报率的负面效果。因此在刚创业的时候,不要募集太多资金,最好通过盈余积累的方式来创造资金。

（6）策略性价值

创业企业能否创造新的策略性价值，也是评价获利能力的一项重要指标。一般而言，策略性价值与产业网络规模、利益机制、竞争程度密切相关，也与创业企业所采取的经营策略与经营模式密切相关。

（7）退出机制

所有投资的目的最终都在于更多的回报。从某种意义上看，投入就是为了退出。因此退出机制与策略就成为评估创业机会的一项重要指标。企业的价值一般也要由具有客观定价能力的交易市场来决定，而这种交易机制的完善程度也会影响创业企业退出机制的弹性。一般而言，投资退出的难度普遍要高于进入，所以一个具有吸引力的创业机会，应该具有较小的资金退出风险。

3. 竞争优势

竞争优势具体包括以下三个方面。

（1）可变成本和固定成本

成本优势是竞争优势的主要来源之一。成本可分为固定成本和可变成本，从另一个角度又可分为生产成本、营销成本和销售成本等。

（2）控制程度

如果能够对价格、成本和销售渠道等实施较强的或强有力的控制，这样的机会就比较有吸引力。

（3）进入障碍

如果不能把其他竞争者阻挡在市场之外，创业企业的机会就可能迅速消逝。这样的例子可以在硬盘驱动器制造业中发现。

4. 管理队伍

企业管理队伍的强大对于机会的吸引力是非常重要的。这支队伍一般应该具有互补的专业技能，以及在同样的技术、市场和服务领域有赚钱和赔钱的经验。如果没有一个称职的管理班子或者根本就没有管理班子，这种机会就没有吸引力。

（四）创新创业机会可行性分析报告

1. 概况

申请企业的基本情况。

1）企业负责人、项目合伙人及项目负责人简况。

2）企业人员及开发能力论述。

3）企业负责人的基本情况、技术专长、创新意识、开拓能力及主要工作业绩。

4）项目主要合伙人的基本情况、技术专长、创新意识、开拓能力及主要工作业绩。

5）企业管理层知识结构，企业人员平均年龄，管理、技术开发、生产、销售人员比例，新产品开发情况、技术开发投入额、占企业销售收入的比例。

6）简述项目的社会经济意义、目前的进展情况、申请孵化资金的必要性。

2. 技术可行性分析

1）项目的技术创新性论述。项目产品的主要技术内容及基础原理，需描述技术路线框图或产品结构图，尽可能说明项目的技术创新点、创新程度、创新难度，以及需进一步解决的问题，并附上权威机构出示的查新报告和其他相关证明材料，已有产品或样品需附照片或样本。对产品的主要技术性能水平与国内外先进水平进行比较。

2）产品知识产权情况介绍。对于合作开发项目，需说明技术依托单位或合作单位的基本情况，并附上相关的合作开发协议书。

3）技术成熟性和项目可靠性论述。包括技术成熟阶段的论述，有关部门对项目技术成果的技术鉴定情况，项目产品的技术检测、分析化验的情况，项目产品在实际使用条件下的可靠性、耐久性、安全性的考核情况等。

3. 产品市场调查和需求预测

1）国内外市场调查和预测。包括产品的主要用途，目前主要使用行业的需求量，未来市场预测；产品经济寿命期，目前处于寿命期的阶段，开发新用途的可能性。

2）产品在国内特别是本地区的主要生产厂家、生产能力、开工率；在建项目和拟开工建设项目的生产能力，预计投产时间。

3）从产品质量、技术、性能、价格、配件、维修等方面，预测产品替代进口量或出口量的可能性，分析产品的国内外市场竞争能力，国家对产品出口及进口国对进口的政策、规定（限制或鼓励）。分析产品市场风险的主要因素及防范的主要措施。

4）产品方案、建设规模。包括产品选择规格、标准及其选择依据；生产产品的主要设备装置、设备来源、年生产能力等。

4. 项目实施方案

1）项目准备。说明已具备的条件，需要增加的试制生产条件；目前已进行的技术、生产准备情况；特殊行业许可证报批情况，如国家专卖、专控产品，通信网络产品，医药产品等许可证报批情况。

2）项目总体发展论述。包括项目达到规模生产时所需的时间、投资总额、实现的生产能力、市场占有份额、产品生产成本和总成本估算、预计产品年销售收入、年净利润额、年交税总额、年创汇或替代进口等情况。

5. 新增投资估算、资金筹措

1）项目新增固定资产投资估算。应逐项计算新增设备、引进设备等固定资产，根据计算结果，编制固定资产投资估算表。

2）资金筹措。按资金来源渠道，分别说明各项资金来源、使用条件。对孵化风险资金部分，需详细说明其用途和数量；利用银行贷款的，要说明贷款落实情况；对单位自有资金部分，应说明筹集计划和可能。

3）投资使用计划。根据项目实施进度和筹资方式，编制投资使用计划。对孵化风险资金部分，需单独开列明细表说明。

6. 经济、社会效益分析

1）项目的风险性及不确定性分析。对项目的风险性及不确定因素进行识别，包括技术风险、人员风险、市场风险、政策风险等的识别。

2）社会效益分析。分析对提高地区经济发展水平的影响、对合理利用自然资源的影响、对保护环境和生态平衡及对节能的影响等。

四、创业机会的选择

创业是一个系统工程，它要求创业者在上述准则下全面识别和评估创业机会后选择最适宜的创业机会，因此对市场机会的分析与评估对初创者尤为重要。创业机会选择要遵循的准则是：正确选择行业，善于识别机会，做自己感兴趣的事，发掘自身特色。这样创业容易取得成功。

（一）正确选择行业

选择正确的行业要求把握行业的未来。一般而言，成功的企业家大多出自成长快速的行业。预测行业的未来，要看经济发展的形势，特别是要把握好国家产业结构调整的方向，在进行创业时，要自觉按国家产业政策指导，尽量选择国家鼓励发展的行业，避免选择国家限制的行业，不要选择将要淘汰的行业。与此同时，把握行业发展的方向，也要关注传统产业的发展。

（二）善于识别机会

对于创业者来说，创业机会的甄别类似于投资项目的评估，对投资能否取得收益无疑是重要的。善于发现有价值的创业机会必须做到以下三点。①看准所选项目或产品、服务的市场前景。只有市场前景好，才可能带来一定的利益。一个具有较大潜力的商业机会能够为创业企业的产品或服务找到目标市场，并且这项产品或服务能满足一个重要顾客群的需求。从某种角度来说，任何商品从产生、发展到消亡的过程，始终都处于不断完善之中，潜力市场是永远存在的，问题在于能否看准它。②把握进入市场的时机。市场结构非常重要，它包括销售者的数量、销售者的规模、分销的方式、进入和退出的环境、购买者的数量、成本环境、需求对价格变化的敏感度等因素。市场结构主要反映了创业者生产的产品或服务在市场竞争中的地位。细分的、不完善的市场或者新兴行业常常存在一些真空和不对称性，它们会产生一些还没有人进入或进入者不多的细分市场，这对于创业机会的潜力大小具有重大影响。此外，存在信息或知识鸿沟的市场可以带来超额利润。竞争性市场也是有潜力的。而那些高度集中，以及存在对资本的要求，或者要赢得分销和营销优势需付出巨大成本的市场是不存在有较高潜力的商业机会的。③预测市场会不会不断增长。一个有价值的创业机会，它所定位的市场将是一个有一定规模并不断持续发展的有吸引力的成长型市场。那些处于成熟期或者衰退期的行业是典型的没有吸引力的行业，也是创业者不应该轻易进入的市场。要关注未来的热门和冷门行业，热门行业就是发展势头好、盈利空间大的行业，如新兴的朝阳行业；发展迅猛，机会较多，如家政服务业；行业人才济济，竞争激烈，有利于锻炼自己的能力，如多媒体设计行业；行业内工作环境优越，从业者收入水平相对较高，如广告行业、互联网行业；行业的未来发展前景好，如私人侦探行业、律师行业等。冷门行业则多为传统行业，随着科技的发展，预计这些行业市场前景不乐观，从业人员会不断减少，但随着经济发展阶段的不同，冷、热门行业也会发生转换。

（三）做自己感兴趣的事

成功创业必须要有创业热情，选择创业领域可以从选择自己感兴趣的领域入手。做你爱做的，爱你所做的。当从事自己喜欢做的事情时，人会投入巨大的热情，也就容易取得成功。同时，要尽量做自己熟悉的事。

（四）发掘自身特色

选择一个好的领域，还要不断地去发掘所选项目的特色。这种特色可以概括为四句话：别人没有的、先人发现的、与人不同的、强人之处的。

1）别人没有的，可以是某种资源与某种特定需要的联系，可以是某种公认资源的新商业价值；

2）先人发现的，是指发现他人尚未意识到的创业机会，并创造出新的产品或服务；

3）与人不同的，往往只要一点点的与人不同，就会成为一个小特色，就能开拓一片创业的天空，如根据自己的爱好和特长，开一家小小的特色店，它投资不大、容易实施，还易于取得成功；

4）强人之处的，是在一项事业中不论哪个方面，哪怕有一点高人一筹、优人一档就是强人之处，从而易于成功。

（五）从低成本创业积累经验

大学生创业有自身优势和劣势，优势在于理论，劣势在于实践。因此创业初期，不妨从低成本创业开始积累经验，以下介绍五种常用的方式。

1. 一边工作一边创业

这种方式一般是利用自己的专业经验和自身的客户资源在上班时间以外进行创业尝试和增加收入，好处是没有任何风险，但应该处理好本职工作与创业的关系。

2. 依靠商品市场创业

专业的商品市场（如眼镜批发市场、服装批发市场等），都会为租户代办个体工商执照，只需一次性投入半年或一年租金，以及店内货品的进货费，投资额在5万元以内。只要依靠人气旺盛的商品市场，风险会比较小，调查中发现很多温州人起家就是从商品市场做起来的。

3. 大卖场租个场地创业

这种方式有点类似代理销售，不过必须眼光独到，风险比较大一点，但是回报也是非常可观的。这种方式比较适合有营销经验的人员采用。

4. 加盟连锁创业

现在有很多小的饰品店、冷饮店等，加盟费用不高，但选对了店铺和产品还是很赚钱的，加盟连锁项目一定要看准，并且早点介入，成功的可能性比较大。

5. 工作室创业

工作室一般是指由一个人或几个人建立的组织，规模一般不大，成员间的利益平等，大部分无职位之分。工作室创业多针对个性化的服务需求，如景观设计工作室、汽车美容工作室、彩铃设计工作室以及游戏动画设计工作室等，品位和个性是成功的关键。

以上的创业模式只是个人低成本创业的最简单模式，由于风险小、投入少而适合普通的创业人群。但需要强调的是任何创业行为都会存在一定风险，在创业前进行系统分析以及有针对性的知识积累、技能培训等将大大提高创业的成功率。

第二节 创业环境

一、创业环境分析内容

运用各种调查研究方法，分析出企业所处的各种环境因素，包括外部环境因素和内部环境因素。外部环境因素包括机会因素和威胁因素，它们是外部环境对企业的发展直接有影响的有利和不利因素，属于客观因素；内部环境因素包括优势因素和劣势因素，它们是企业在发展中自身存在的积极和消极因素，属于主观因素。在调查分析这些因素时，不仅要考虑历史与现状，更要考虑未来发展问题。

1）优势，是组织机构的内部因素，具体包括有利的竞争态势、充足的资金来源、良好的企业形象、技术力量、规模经济、产品质量、市场份额、成本优势、广告攻势等。

2）劣势，也是组织机构的内部因素，具体包括设备老化、管理混乱、缺少关键技术、研究开发力量弱、资金短缺、经营不善、产品积压、竞争力差等。

3）机会，是组织机构的外部因素，具体包括新产品、新市场、新技术、外围市场、竞争对手失误等。

4）威胁，也是组织机构的外部因素，具体包括新的竞争对手、替代产品增多、市场紧缩、行业政策变化、经济衰退、客户偏好改变、突发事件等。

二、创业环境分析方法

SWOT 分析法是评估创业环境的重要方法之一。S(strengths)是优势、W(weaknesses)

是劣势、O（opportunities）是机会、T（threats）是威胁。

（1）构造 SWOT 矩阵

将调查得出的各种因素根据轻重缓急或影响程度等排序，构造 SWOT 矩阵，在此过程中，将那些对公司发展有直接的、重要的、大量的、迫切的、久远的影响因素优先排列出来，而将那些间接的、次要的、少许的、不急的、短暂的影响因素排列在后面。

（2）制订行动计划

在完成环境因素分析和 SWOT 矩阵的构造后，便可以制订出相应的行动计划。制订计划的基本思路是：发挥优势因素，克服劣势因素，利用机会因素，化解威胁因素；考虑过去，立足当前，着眼未来。运用系统分析的综合分析方法，将排列与考虑的各种环境因素相互匹配起来加以组合，得出一系列公司未来发展的可选择对策。

第三节　创 业 资 源

一、创业资源的概念与分类

（一）创业资源的概念

什么是资源？资源就是任何一个主体在向社会提供产品或服务的过程中，拥有或者支配的能够实现自己目标的各种要素及其组合。一个资本家的资本是他的重要资源，一个工人的生产能力是他的重要资源，一个农民的土地是他的重要资源，一个生产型企业的资源主要包括人、财、物。什么是创业资源呢？创业资源是企业创立及成长过程中所需要的各种生产要素和支撑条件。例如，马云的"十八罗汉"、50 万元初始资金、来自资本方的融资等都是阿里巴巴的创业资源。而创业本身就是对创业资源的整合。简单地说，创业资源就是创业者需具备的部分创业条件。

（二）创业资源的分类

1. 创业资源形态角度

根据创业资源的形态，可以将创业资源分为有形资源和无形资源。有形资源是指可见的、能用货币直接计量的资源，主要包括物质资源和财务资源，如阿里巴巴初创时期的 50 万元启动资金、马云的"十八罗汉"。无形资源是指企业长期积累的、没有实物形态的甚至无法用货币精确度量的资源，通常包括品牌、商誉、技术、专利、商标、企业文化及组织经验等，如阿里巴巴初创时期，马云运营中国黄页的经验。在初创期，有形资源和无形资源同样重要，特别是对于目前初创企业中占比最多的轻资产企业来说，更要充分重视无形资源。

2. 利用方式角度

根据创业资源的利用方式，可以将创业资源分为直接资源和间接资源。直接资源主要包括财务资源、经营管理资源、人才资源、市场资源，间接资源主要包括政策资源、信息资源、科技资源，在创业初期，创业者对于间接资源也要给予足够的重视。比如网约车，国家政策的调整直接会对移动出行领域的运营模式产生影响，而来自竞争对手的信息资源能够对企业运营产生重要影响。

3. 重要程度角度

根据创业资源的重要程度，可以将创业资源分为核心资源和非核心资源。核心资源一般具有以下特性：有价值，对创业者而言，有助于机会识别与开发的资源都具有价值；从管理角度讲，当一种资源对管理活动的效率和效果有帮助时，就可以被视为有价值的。稀缺性，如果有价值的资源已经被大多数竞争者所拥有，这种资源就不足以形成竞争优势了，稀缺性实际上是供求不平衡的状态；难以模仿性，稀缺的资源很重要，但最好还是难以模仿的资源，或者是竞争对手需要付出极大的代价才能复制的资源；不可替代性，管理的一项重要任务是做好资源之间的替代，追求更好的效果，而且大多数资源之间具有替代关系，不可替代的资源是无法被一般性资源所取代的战略性资源，不可替代性往往与稀缺性紧密相连；可延展性，可以使企业进入相关市场进行竞争。如蔡崇信作为阿里巴巴集团的创办人之一，为阿里巴巴搭建了与高盛及硅谷相关资源的桥梁，为阿里巴巴制定了规范的股份结构，是阿里巴巴的核心人力资源，具有稀缺性，为企业所特有，具有可延展性。核心资源和非核心资源会随着企业所处发展环境和发展阶段而改变，如雅虎为阿里巴巴提供的 10 亿美元的融资在阿里巴巴与 eBay 激烈的角逐阶段属于核心资源，但是到了阿里巴巴准备赴美国上市时又带来了股权和控制权方面的麻烦。

4. 控制主体角度

根据创业资源控制主体的不同，可以将创业资源分为自有资源和外部资源。自有资源来自企业内部积累，是创业者自身拥有的可用于创业的资源；外部资源可以包括朋友、亲戚、商业伙伴或其他投资者的资金，还包括借到的人、空间、设备，或通过提供未来服务、机会等换取到的资源，甚至包括社会团体或政府资助的资源。比如，阿里巴巴第一、第二股东雅虎和软银的资源相对于马云而言就属于外部资源。需要注意的是，外部资源的充分使用能使企业借助外力，实现快速发展。

5. 内容角度

从企业资源的内容角度出发，可以将企业资源分为：人才资源、资金资源、信息资源、市场资源、人脉资源、物质资源、组织资源和技术资源。

（1）人才资源

在创业过程中，需考虑到组建结构合理、优势互补的创业团队，以及其他需要用到的各类人力资源。

（2）资金资源

资金是创业过程中必不可少的资源。无论是产品研发还是生产销售，无论是市场开拓还是渠道建立，无论是新客户资源开发还是老客户关系维护都需要资金。马云拿到了雅虎的 10 亿美元的融资才战胜了 eBay，滴滴推广背后离不开腾讯等资本方的大力支持。初创企业特别是轻资产类初创企业，没有可抵押资产很难从银行贷款，如何形成稳定商业模式、探索有效的盈利模式、产生自我造血功能，如何开拓资金来源引进外来资金,是创业企业要重点关注的内容。

(3)信息资源

信息资源是创业企业进行科学决策的重要依据。收集掌握企业内部的信息有利于掌握企业自身的运营状况。收集整理客户信息,才能精准发现细分领域客户,有利于准确把握客户需求、解决客户痛点、提高客户体验。收集竞争对手信息,有利于在竞争中占据优势地位。收集政策信息,有利于把握政策带来的机遇,降低政策带来的风险。特别是在大数据时代背景中,如何利用新技术、新模式获取有用的信息是创业企业需要重点关注的内容。

(4)市场资源

市场资源是指企业控制或拥有的与市场密切相关的资源要素。主要包括各种有利的经营许可权、企业现有各种品牌、企业现有销售渠道、企业现有顾客及他们对企业产品或服务的忠诚度,以及其他各种能为企业带来竞争优势的合同关系等。阿里巴巴最核心的市场资源就是阿里巴巴平台上集聚的买家用户和卖家用户,滴滴补贴占领的是司机端用户和乘客端用户资源,这些都是市场资源。

(5)人脉资源

创业离不开人脉。马云通过蔡崇信在美国投资界的人脉资源成功从高盛拿到了第一笔天使投资,马化腾在最困难的时候通过团队在香港投资领域的人脉关系拿到了220万美元的融资。

(6)物质资源

物质资源是指企业的有形资产,包括厂房、软硬件设备、原材料等。除了某些稀缺产品,物质资源的缺乏一般可以通过资金来解决。

(7)组织资源

组织资源指企业中实际存在的组织运行机制、管理制度及创业者拥有的管理经验、知识和管理能力。例如,韩都衣舍作为较有影响力的时尚品牌孵化平台,通过产品小组的组织形式,有效解决了服装行业库存大的难题。

(8)技术资源

技术资源是指对企业具有商业价值的科技成果、生产工艺过程或作业程序等。创业企业要注意通过申请专利等形式来保护本企业的技术资源。

二、创业资源的作用及获取的途径

(一)创业资源的作用

创业资源是新企业创建和成长的生命线,是创业过程的支撑环境,直接影响创业过程,是创业成功的必要保证。创业过程就是商业机会、创业者和创业资源三个要素匹配和平衡的结果,本质上是创业团队抓住商业机会、整合创业资源的过程。

由于资源的异质性,部分资源可通过市场购买,而另一些则难以通过市场渠道获取。也就是说,异质性的资源并不能直接为企业带来持续的竞争优势,这需要资源整合来创造价值。

对于创业者而言，不可能拥有创业所需的全部资源，这就需要借助适当形式的市场联系和利益关系，在资源的控制者与创业者之间架起桥梁，将有关的资源有效地组合起来。创业者需要得到有效的商业计划，需要有促进企业创办的启动项目，需要有优秀的创业人才，需要有效地引入风险投资，需要得到足够的信息资源。

（二）创业资源获取能力分析

1. 创业主体分析

创业主体分析的因素主要包括创业者的素质（如马云的坚持与执着，程维的长袖善舞）、创业团队的组合（如阿里巴巴有马云和他的"十八罗汉"、腾讯有马化腾和他的"四大金刚"、滴滴有程维和柳青的最佳拍档）、专家或顾问的影响力（如马化腾对程维的帮助）及公共关系能力。

2. 创业客体分析

对创业客体分析的内容主要包括：产品的创新性、产品的市场前途、产品的预期收益和企业的成长能力四个方面。

3. 创业环境分析

创业环境是指创业者周围的境况，是指创业者在创业的整个过程中，围绕着创业企业生存和发展变化，对其产生影响或制约创业企业发展的一系列外部因素及其组成的有机整体，是创业者及其企业产生、生存和发展的基础，是创新创业活动的基本条件。其构成要素主要涉及金融支持、政府政策（地方政府对创业的积极政策、税收优惠）、政府项目支持（政府项目中的资金和政策类支持项目）、教育与培训（创业与工商管理教育）、研究开发转移（新技术从发源地的转移）、商业环境和专业基础设施、国内市场开放程度、有形基础设施、文化与社会规范等几个方面的因素。目前，对于创业环境的分析主要包括市场发展程度、政府政策支持、基础设施状况和配套服务水平四个方面。

（三）创业资源获取能力影响因素

新创企业在获取创业资源的过程中，有的企业能力强，有的企业能力弱。以阿里巴巴的发展为例，影响企业获取创业资源的能力因素主要包括以下几个方面：一是对创业资源的敏锐性、创新性，马云在经营中国黄页及与原对外贸易经济合作部的项目合作中接触到了电子商务概念，他敏锐地抓住了商机，创立了阿里巴巴。二是成功创业的欲望，马云在初创期就对他的"十八罗汉"发表演讲，要创立具有世界影响力的电子商务企业，创业成功的渴望使他在创业过程中保持着对获取创业资源的原动力，从组建核心团队到拿到高盛的第一笔融资，从引入软银到获得雅虎的支持，马云一直在如饥似渴地获取创业资源。三是创业团队人员的综合能力，回顾从软银融资的过程，马云及其团队正是通过企业的综合能力打动了投资者，这就是著名的三分钟洽谈融资 2500 万美元的故事。四是人脉关系，马云能拿到高盛的融资，蔡崇信的人脉关系起到了很大的作用。五是企业的成长能力，马云在企业发展过程中说服投资者的最重要的原因就是企业的成长能力，包括后期说服雅虎放弃决策权也是通过企业的成长能力来实现的。

（四）创业资源的获取途径

1. 获取技术资源的途径

新创企业获取技术资源的途径主要包括：吸引技术持有者加入创业团队；购买他人的成熟技术，并进行技术市场寿命分析；购买他人的前景型技术，再通过后续的完善开发，使之达到商业化要求；自己研发。

2. 获取人力资源的途径

人力资源特别是构建创业团队核心人力资源的获取途径，十分复杂和随机。目前，新创企业获取人力资源的途径一般包括：利用学习、工作及生活的社交圈；参加校园活动、创业大赛；拜访最优秀的人、猎头公司等。

3. 获取营销网络的途径

新创企业获取营销网络的途径主要包括：借用他人已有的营销网络，使用公共流通渠道、自建营销网络与借用他人营销网络相结合，扬长避短。

4. 获取外部资金资源的途径

新创企业获取外部资金资源的途径主要包括：依靠亲朋好友筹集资金，双方形成债权债务关系；抵押、银行贷款或企业贷款；争取政府某个计划的资金支持；所有权融资，包括吸引拥有资金的创业同盟者加入创业团队，吸引现有企业以股东身份向新企业投资，吸引企业孵化器或创业投资者的股权资金投入；通过详尽可行的创业计划吸引风险投资、基金股权投资。

三、创业资源的利用与整合

（一）资源整合的定义

资源整合就是根据企业的发展战略和市场需求对不同类型资源进行识别与选择、汲取与配置、激活和融合，对原有的资源体系进行重构，摒弃无价值的资源，寻求资源配置与客户需求的最佳结合点，使之具有较强的柔性、条理性、系统性和价值性，以形成新的核心资源体系的复杂的动态过程。资源整合的目的是要通过组织制度安排、管理运作协调和优化配置来凸显企业的核心竞争力，增强企业的竞争优势，提高客户服务水平。

根据资源整合的不同层次，可以将创新创业资源整合分为宏观创新创业资源整合和微观创新创业资源整合。宏观创新创业资源整合是指与创新创业有关的政府部门或其他机构（如孵化器）进行的资源整合工作，其目的是为所有（或者至少是一部分）创新活动或创业企业的成长与发展提供更加便利的条件；微观创新创业资源整合则是指某一个具体的创业企业团队进行的资源整合工作，其根本目的就是自身的发展。

（二）资源整合的内容

资源整合主要包括以下四个方面的内容。

1. 内部资源与外部资源的整合

一方面,识别、选择、汲取有价值的、与企业内部资源相适应的诸如隐性技术知识等外部稀缺资源,并把这些资源融入企业自身资源体系之中;另一方面,实现外部资源与内部资源之间的衔接融合,激活企业内部和外部资源,从而能够充分发挥内部和外部资源的效率和效能。

2. 个体资源与组织资源的整合

一方面,将零散的个体资源进行系统化、组织化,能够不断地融入组织资源之中,转化为组织资源;另一方面,组织资源也能迅速地融入个体资源的载体之中,能激发个体资源载体的潜能,提高个体资源的价值。

3. 新资源与传统资源的整合

新资源可以提高传统资源的使用效率和效能,反过来,传统资源的合理利用又可激活新资源,促进隐性技术知识等新资源的不断涌现,如此循环往复、螺旋上升。

4. 横向资源与纵向资源的整合

横向资源是指某类资源与其他相关资源的关联程度,纵向资源是指某一类资源的广度和深度方面的资源。它们的整合,对于企业建立横向资源与纵向资源的立体架构具有十分重要的意义。

(三)创业资源整合的原则

1. 尽可能多地搜寻出利益相关者

资源是创造价值的重要基础,资源交换与整合显然要建立在利益的基础上,要整合外部资源,特别是对缺乏资源的创业者来说,更需要资源整合背后的利益机制。利益相关者及其相关理论也许有助于帮助我们分析资源整合背后的利益机制。

利益相关是组织外部环境中受组织决策和行动影响的任何相关者。要更多地整合到外部资源,就要尽可能多地找到利益相关者;同时,这些组织或个体利益关系越强越直接,整合到资源的可能性就越大,这是资源整合的基本前提。例如,创业者之所以能够从家庭成员那里获得支持,是因为家庭成员之间不仅是利益相关者,更是利益整体。

2. 识别利益相关者的利益所在,寻找共同利益

20世纪80年代初期,天津的国际商场开业,定位于引进国外最好的商品,可以让改革开放初期无法出国的人了解国外商品,其准确且新颖的定位使国际商场开业后很红火。国际商场紧邻南京路,这是一条十分繁忙的主干道,当时没有过街天桥,行人穿越南京路很不方便也不安全。应该修建天桥,但绝大多数人都会觉得这个天桥应该由政府来修建,所以发发牢骚也就过去了。有一天,一位年轻人也产生了这样的想法,他没有认为这是政府该干的事情,而是立即找政府商量,提出自己希望匿名出钱修建过街天桥,希望政府批准,唯一的要求是允许在修建好的天桥上挂广告牌。不花钱还方便了老百姓,政府觉得不错,就同意了。这个年轻人拿到政府的批文后立即找到可口可乐等著名的大公司，洽谈广告业务，在这么繁华的街道上立广告牌，当然是件好事情。就这样，这位年轻人从大公司那里拿到了广告的定金，用这笔钱修建了天桥还略有剩余。天桥修建好了，广告也挂上了，年轻人从大公司那里拿到余款，这就是他的第一桶金。

在这个借力修天桥的故事中，年轻人的利益相关者有政府部门、可口可乐等著名的大公司、行人等。事实上，这个故事中的相关者可能还有许多，多个利益相关者的参与更需要有效的利益机制设计。利益之间的关系有时是直接的，有时是间接的，有时是明显的，有时是隐含的，有时还需要创造出来。这与机会识别有很多相似之处，在修天桥的故事中，年轻人和政府、大公司之间的利益关系没有那么强，否则天桥早就修建起来了。把相对弱的利益关系变强，多数情况下有利于资源整合。

利益相关者是利益关系的组织和个体，有利益关系并不意味着能够实现资源整合，还需要有共同的利益或者利益共同点。为此，识别利益相关者后，逐一认真分析每个利益相关者关注的利益非常重要。在修天桥的故事中，年轻人和大公司关注的是经济利益，政府部门关注的是百姓的安全、方便和政绩，修建天桥成为实现各方面利益的共同载体。

3. 共同利益的实现需要共赢的利益机制做保证

共赢多数情况下难以同时赢，多是先后赢，创业者要设计出让利益相关者感觉到赢而且是优先赢的机制。有了共同的利益或利益共同点，并不意味着就可以合作，只是意味着具备了前提条件。资源整合是多方面的合作，切实的合作需要有各方面利益真正能够实现，这就需要寻找和设计出使多方共赢的机制。对于在长期合作中获益，彼此建立起信任关系的合作，双赢和共赢的机制已经形成，进一步的合作并不很难。但对于首次合作，特别是对受到资源约束的创业者来说，建立共赢机制需要智慧。

4. 沟通是创业者与利益相关者之间相互了解的重要手段

信任关系的建立有助于资源整合，降低风险，扩大收益。资源整合的机制要有利益基础，还要有沟通和信任来维持。沟通往往是产生信任的前提，信任成为社会资本的一个重要因素的原因是信任关系的建立将有助于资源整合，降低风险，扩大收益。信任可区分为人际信任和制度信任，人际信任建立在熟悉度及人与人之间的感情联系的基础上；而制度信任是用外在的，利用诸如法律一类的惩戒式或预防式的机制来降低社会交往的复杂性。人际信任是存在于人际关系中的保障性的信任，而制度信任是由对外的社会机制的信任而产生的一种对人的基本信任，这两种信任共同构成了社会的信任结构。

儒家文化和农耕文化的交互作用，决定了中国社会关系网络的亲疏有序，隐藏着对外信任预期的差序格局，即对血缘关系为纽带的家族成员形成了"起点上的信任"。个体对其家族成员的信任预期与生俱来，尽管这种信任水平可能随着时间的推移，相互作用次数的增加而发生改变，但这是以情感认同为出发点的信任，称为家族信任。然而，对家族成员以外的其他人，在交往互动过程中不断地将与其有着地缘（如老乡）、业缘（如同事）、学缘（如同学）等联系的外人予以"家人化"，变成"一家人不说两家话"，信任边界不断扩展，这种称为"泛家族信任"。

区分不同的信任关系，充分认识信任的重要性。作为创业者，要尽快从早期的家族信任过渡到泛家族信任，进而建立起更宽广范围的信任关系，获取更大规模的社会资本。

（四）创业资源整合的过程

资源整合有其内在的逻辑过程，一般而言，资源整合过程包括：认识资源、积累资源、配置资源、自我反馈、能力的形成与提升。其中配置资源过程是个复杂的阶段，需要调动、组织内外部资源，对配置资源过程进行自我反馈，以进一步指导企业管理者去认识及积累关键的资源。

1. 认识资源

认识资源是企业资源配置的前期准备阶段。企业首先需要对资源加以把握，以期认识哪些资源是企业运营过程中的重要资源，哪些资源是企业比较充足的，哪些是企业稀缺的，等等。然而，认识资源的过程是困难的，因为外部环境是不断变化的，企业资源的价值也在不断变化。认识资源的目的在于为企业提供一个资源清单，让企业了解目前资源组合的优势与不足。

2. 积累资源

积累资源是企业在掌握内部资源信息后，根据目标及企业发展需要优化资源组合的过程。积累资源的意义在于提高企业资源的难以模仿性，为企业提供长期的资源储备，因为外部要素市场并不能为企业提供所需的一切资源，企业需要经历持续的内部资源累积、外部资源补充的过程，以优化资源组合。在激烈的市场竞争中，企业维持竞争优势的重要途径是不断完善自身的核心资源。然而，企业核心资源的积累并不是一朝一夕之事，主要通过两种形式加以实现，一种是外部合作，另一种是内部学习。

3. 配置资源

资源的配置过程和配置方式是资源整合的核心内容。企业的资源整合主要解决的是如何调动资源以提高企业运营效率，为企业创造更多的价值。资源整合可分为三种方式：稳定调整、丰富细化和开拓创造。稳定调整资源整合方式是指对现有企业现有能力进行微调，以维持竞争优势；丰富细化资源整合方式是指拓展和完善企业现有能力，如通过学习新的技能来扩展现有技能水平；开拓创造资源整合则是一个独特的过程，涉及整合全新的资源，需要探索性的学习来完成。

4. 自我反馈

自我反馈是对整个资源整合过程的反思和改进过程。一方面，适时地对资源配置过程进行反思，可以使管理者更加了解组织内部拥有的资源情况，以便获取相应资源，调整对资源的决策。另一方面，自我反思过程也是积累资源的过程，促进企业加强关键资源的积累。

自我反馈过程可通过不间断的内部总结来实现。管理者可充分交换意见，对资源配置效率较高的方面予以激励，对配置过程或方式不利的方面予以改进。企业通过不断的资源配置和配置效果反馈，增加了管理者间的沟通和互动，极大提升了资源配置能力。

5. 能力的形成与提升

资源有效配置的过程也是企业能力的形成与提升过程，如市场能力、生产能力、财务能力、创新能力等方面的形成与提升。能力的形成与提升可帮助企业为顾客创造更多的价值，不同方式的资源整合带来了企业独特的能力，这些独特能力的形成可提升企业的竞争优势，为顾客带来更多的价值。

第四节 商业模式设计

一、商业模式的内涵

时代华纳前 CEO 迈克尔·邓恩说，在经营企业的过程当中，商业模式比高技术更重要，因为前者是企业能够立足的先决条件。一个不可争辩的事实是，企业必须选择一个适合自己的、有效的和成功的商业模式，并且随着客观情况的变化不断加以创新，才能获得持续的竞争力，从而保证自己的生存与发展。商业模式具有"点石成金"的功能。

商业模式是指为实现客户价值最大化，把能使企业运行的内外各要素整合起来，形成一个完整的、高效率的具有独特核心竞争力的运行系统，并通过最优实现形式满足客户需求，实现客户价值，同时使系统达到持续盈利目标的整体解决方案。商业模式是一个非常宽泛的概念，指一个企业从事某一领域的经营的市场定位和盈利方式，以及为了满足目标顾客主体需要所采取的一系列的、整体的战略组合。

与商业模式有关的说法很多，包括运营模式、盈利模式、B2B 模式、B2C 模式、鼠标加水泥模式、广告收益模式等，不一而足。商业模式实质上是一种简化的商业盈利逻辑。

一个企业的商业模式至少包括三方面内容：企业的经营内容、企业的服务对象、企业的收入来源。企业的经营内容是指企业经营的是产品还是服务，是有形产品还是无形产品。企业的服务对象是指企业的受众，可以是特定的目标群体，也可以是不定的大众群体。企业的收入来源是指企业获取经营收入的方式，包括销售收入、广告、佣金、会员费、服务费等。考察任何一个企业的商业模式大致都可以从这三方面入手。

二、商业模式的构成要素

有效的商业模式必须包括 4 个关键要素和 3 个界面要素：核心战略、战略资源、伙伴网络（供应商和其他合作者）、顾客界面（目标市场、销售实现与支持、定价结构），以及顾客利益、构造和企业边界。

（一）核心战略

1. 企业的使命

描述了企业为什么存在，及其商业模式与其实现的目标。

2. 产品、市场范围

定义了企业集中关注的产品和市场。

3. 差异化基础

企业战略会对商业模式产生很大影响。

（二）战略资源

企业拥有的资源会影响商业模式的持续性。

1. 核心竞争力

核心竞争力是一种资源或者能力，是企业胜过竞争对手的竞争优势的来源。

2. 战略资产

战略资产是企业拥有的稀缺、有价值的事物。

> **案例**

京东的核心竞争力

2014年5月，京东上市。十年间，京东交易额增长1万倍，是中国发展速度最快的综合电子商务公司。京东在电商中突围，靠的是什么？

"全品类、自建物流、技术驱动、用户体验"被认为是京东的四大核心竞争力。

在竞争对手致力于寻找物流同盟时，京东勤勤恳恳地花大价钱"自建物流"。经过多年建设，京东物流已覆盖全国500个城市，在300个城市实现了当日送达和次日送达。

京东CMO蓝烨表示，目前真正实现仓储配送一体化的，在中国只有京东。

自建物流让京东在风起云涌的电商大战中立于不败之地，无疑是京东最重要的战略资产之一。

（三）伙伴网络

新创企业往往不具备所有的所需资源，因此需要依赖合作伙伴。

1. 供应商

供应商是向其他企业提供零部件或服务的企业。

2. 其他合作者

合资企业、合作网络、社会团体、战略联盟和行业协会是合作关系的一些常见形式。

（四）顾客界面

顾客界面指企业如何与顾客相互作用。作用类型依赖于企业选择如何在市场上竞争。

1. 目标市场

目标市场是企业在某个时点追求或尽力吸引的有限的个人或企业群体。

2. 销售实现与支持

描述了企业产品或服务"进入市场"的方式，或如何送达顾客的方法。

3. 定价结构

随企业目标市场与定价原则的不同而变化。

三、商业模式的设计

设计商业模式的方法有很多，比较常用的是商业模式画布。商业模式画布是一种关于企业商业模式的思想，直观、简单、可操作性强。在创业项目和大公司中，商业模式画布起到了健全商业模式、将商业模式可视化及寻找已有商业模式漏洞的作用。在项目运作前通过头脑风暴避免错误，减少失败决策带来的损失。

商业模式画布按照一定的顺序被分成九个方格（图6-1），其内容如下。

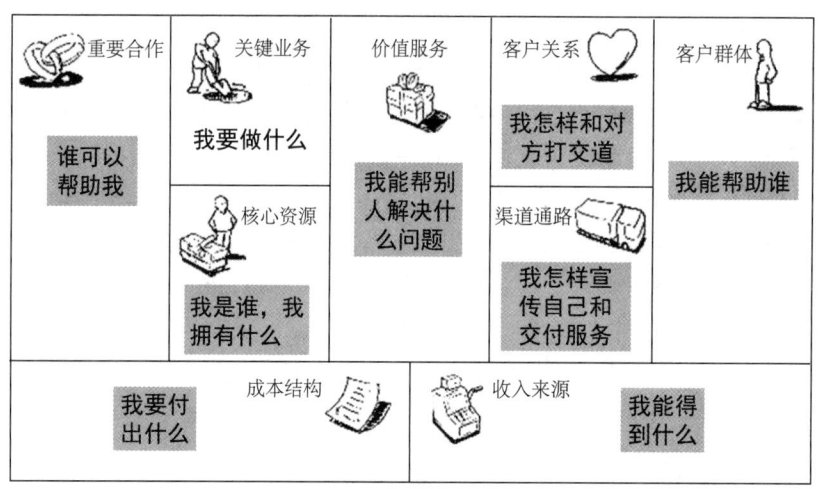

图6-1 商业模式画布

客户群体——你的目标用户群。一个或多个集合。

价值服务——客户需要的产品或服务。商业上的痛点。

渠道通路——你和客户如何产生联系，不管是你找到他们还是他们找到你。比如实体店、网店、中介。

客户关系——客户接触到你的产品后，你们之间应建立怎样的关系，一锤子买卖或长期合作。

收入来源——你怎样从你提供的产品服务中获得收益。

核心资源——为了提供并销售这些价值，你必须拥有的资源，如资金、技术、人才。

关键业务——商业运作中必须要从事的具体业务。

重要合作——哪些人或机构可以给予战略支持。

成本结构——你需要在哪些方面付出成本。

可以按照以上的顺序依次在九个板块里填写内容，最好是以便笺纸的形式。每张纸上只写一个点，直到每个板块拥有大量可选答案。然后，摘掉不好的便笺纸，留下好的那些，最后按照顺序让这些便笺纸上的内容互相产生联系，就能形成一套或多套商业模式。商业模式设计就是这么简单。

四、设计商业模式的步骤

商业模式的五大要素：利润源即顾客；利润点即企业提供的产品或服务；利润杠杆即生产产品或服务的内部运作；利润渠即产品或服务的供应和传播渠道；利润屏障即保护产品或服务的战略控制活动。

商业模式就是以上述五大要素的某一至两个要素为核心，五大要素相互协同的价值创造系统。无论是设计还是完善商业模式，都必须遵循商业模式设计完善的五步法，具体方法如下。

（一）第一步，界定和把握利润源——顾客

企业利润源是指购买企业商品或服务的顾客群，他们是企业利润的唯一源泉。企业利润源及其需求的界定，决定了企业为谁创造价值。企业顾客群分为主要顾客群、辅助顾客群和潜在顾客群。好的目标顾客群，一是要有清晰的界定，没有清晰界定的顾客群往往是不稳定的；二是要有足够的规模，没有足够的顾客群规模，企业的业务规模必然受到局限；三是企业要对顾客群的需求和偏好有比较深入的认识和了解。

设计商业模式的时候，首先需要分析顾客需求，目的就是为产品寻找能够比较容易呈现价值的顾客群。一般来说，企业盈利的难度并非在技术与产品端，主要还是在顾客端。有时纵然是把握好企业顾客的一点点需求，也可能产生巨大的顾客价值。

分析和把握顾客需求，并寻求产品在市场中的最佳定位，是设计商业模式的一项首要工作。

（二）第二步，不断完善企业利润点——产品

利润点是指企业可以获取利润的、目标顾客购买的产品或服务。利润点决定了企业为顾客创造的价值是什么，以及企业的主要收入及其结构。

好的利润点是顾客价值最大化与企业价值最大化的结合点，它要求：一要针对目标顾客有清晰的需求偏好；二要为目标顾客创造价值；三要为企业创造价值。有些企业的产品和服务或者缺乏对顾客的针对性，或者根本不创造利润，就不是好的利润点。

（三）第三步，打造强有力的利润杠杆，构筑商业模式内部运作价值链

打造利润杠杆、规划企业内部运作价值链是商业模式设计与完善的重要内容，它决定了产品或服务是否为企业带来价值和带来价值的多少。企业利润杠杆主要包括以下几种：组织与机制杠杆、技术与装备杠杆、生产运作杠杆、资本运作杠杆、供应与物流杠杆、信息杠杆、人力资源杠杆等。这些内部运作活动可以清楚地界定企业内部运作的成

本及其结构，以及计划实现的利润目标。

将没有竞争优势的企业内部价值链外包，是打造利润杠杆的一条有效途径。很多公司意识到在一个非常长而复杂的企业内部价值链上，自己也许只能在价值链的 3 至 4 个环节具有高度竞争力，想要在所有环节上都具有竞争力是不太可能的，而一旦认识到企业内部价值中的优势环节，就应该把公司定位在那个位置，将其他部分以签约的方式外包给别的公司，从而使利润杠杆更加有力。

同样的产品，由于利润杠杆不同，或者说由于企业内部运作价值链的差异，会导致产品的成本迥异，一个企业可能赚钱，另一个企业可能亏损。这足以说明，利润杠杆决定了企业利润的多寡。

（四）第四步，疏通拓宽利润渠，构筑商业模式外部运作价值链

利润渠，即企业向顾客供应产品和传递产品信息的渠道，是商业模式得以正常运作必不可少的外部价值链。产品或服务的价值传递是企业把产品和服务传递给目标客户的分销和传播活动，目的是便于目标客户方便地购买和了解公司的产品或服务。

（五）第五步，建立有效保护利润的利润屏障

利润屏障是指企业为防止竞争者掠夺本企业的目标客户，保护利润不流失而采取的战略控制手段。利润杠杆是撬动"奶酪"为我所有，利润屏障是保护"奶酪"不为他人所动。

比较有效的利润屏障主要有建立行业标准、控制价值链、领导地位、独特的企业文化、良好的客户关系、品牌、版权、专利等。

商业模式也是一种企业创造利润的思维方式，虽然有许多不同的创造利润方式，但每个企业最终只会从中选择一种方式，而企业的主导思维架构是决定商业模式的主要因素。许多技术创新面对的是一种不确定性极高的未来环境，而市场信息也无法全盘取得，因此没有一个商业模式能确保未来利润定会实现，也没有所谓最佳的商业模式。经理人在设计与执行商业模式的时候，一定要保持未来需要弹性调整的心态。也就是说，商业模式的内涵需要随环境变动，在执行时保持高度的弹性。

五、完善商业模式的方法

大学生可通过以下七个问题，分析评估创业项目商业模式存在的问题与风险，并在此基础上进行完善。

问题一：客户的"转移成本"有多高。

转移成本是指，客户从一个产品（或服务）转移到另一个产品（或服务）所需的时间、精力或者金钱。"转移成本"越高，客户就越忠实于某项产品（或服务），不会轻易离开去选择竞争对手的服务。

一个将转移成本融入商业模式的很成功的例子就是 2001 年苹果 iPod 的产品。这是一个专注于存储的产品创新，也是一个商业模式策略，让消费者将音乐拷贝进 iTunes 和 iPod 里，这种方式会让用户一旦用了这个产品以后很难再用其他竞争对手的数字音乐播放

器。仅仅是用户这一点选择偏好，就为苹果后来强大的音乐中心和创新打下了坚实基础。

问题二：商业模式的扩展性怎样。

扩展性是指在没有增加基本成本的情况下，能很容易地拓展商业模式，赢得利润，基于软件和互联网的商业模式比基于砖头和水泥的商业模式有天然的扩展性，但是即便如此，数字领域的商业模式仍然有很大的区别。

最让人钦佩的例子就是Facebook，只用几千个程序员就可以为亿万用户创造价值。只有很少的公司拥有这样的员工用户比。

问题三：能否产生可循环的经济价值。

通过一个例子可以很好地解释循环价值。报纸在报摊销售赚取销售利润，另外的价值可以通过订阅和广告进行循环。还有另外一种循环价值形式：从之前的销售中获取增值收入。比如，人们买一个打印机，需要持续购买墨盒，或者人们购买一个苹果手机，企业在从硬件销售中赚得利润的同时，还可以获得来自内容和APP的稳定增长的经济价值。

问题四：是否可以在你投入之前就赚钱。

毫无疑问，每个商人都希望在投入之前就获得收入。

戴尔就把这种模式运用到电脑硬件设备制造的市场上。通过直销建立的装配订单，避免了硬件市场可怕的库存积压成本。戴尔取得的商业业绩显示了其在投入之前就赚钱的力量。

问题五：怎么样让用户为你工作。

这可能是商业模式设计上最具有杀伤力的武器。在传统的市场上，宜家就让顾客自己在家组装购买的家具。在互联网领域，Facebook让顾客上传照片、参加对话以及"喜欢"某样东西，这正是Facebook的真正价值——公司只提供平台，内容全部由用户创造，而公司却挣得天文数字般的利润。

问题六：是否具有高壁垒，以防止竞争对手模仿。

一个优秀的商业模式不仅能为顾客提供优秀的产品，还可以使企业保持长时间的竞争优势。

问题七：是否建立在改变成本结构的基础上。

降低成本是商业实践中的长期追求，有的商业模式不仅可以降低成本，更能创造出一个与以往完全不同的成本结构。

同样地，巴帝电信是印度最大的移动运营商，一直在通过摆脱网络和IT的束缚来完善它的成本结构。该公司通过与网络装备制造商爱立信和IBM合作，通过购买宽带容量来降低成本。如今，巴帝电信已经能够提供全球价格最低的移动电话服务。

当然，没有一个商业模式设计能一一对应以上七个问题并且得到完美的10分，不过有的却可能会在市场上成功。对创业者而言，时刻用这七个问题提醒自己，有助于企业保持长久的竞争力，

六、商业模式的评价

一个具有吸引力、成功的商业模式，通常需要具备某些能够创造价值与竞争优势的特点，而这些特点的好坏往往影响着创业企业的成功与否，即商业模式需要评价。

（一）商业模式的适用性

适用性也可以称为个性，是商业模式的首要前提。由于企业自身情况千差万别，市场环境变幻莫测，商业模式必须突出一个企业不同于其他企业的独特性。这种独特性表现在它怎样为自己的企业赢得顾客、吸引投资者和创造利润。严格地说，一个企业的商业模式应当仅仅适用于自己的企业，而不可能为其他企业原封不动地搬过去。所谓商业模式，最终体现的是企业的制度和最终实现方式。从这个意义上说，模式没有好坏之分，只有是否适用的区别，适用的就是好的，适用较长久的就是最好的。

（二）商业模式的有效性

有效性是商业模式的关键要素。评价商业模式的好坏，最根本的一条在于它的有效性。有效的商业模式是企业在一定时期、一定条件下，能够选择的、能为自己带来最佳效益的有效的盈利战略组合。

根据埃森哲咨询公司对 70 家企业的商业模式所做的研究分析，这种盈利战略组合应当具有以下三个共同特点。

1. 它必须是能提供独特价值的

这个独特价值可能是新的思想，也可能是产品和服务独特性的组合。这种组合要么可以向客户提供额外的价值，要么使得客户能用更低的价格获得同样的利益，或者是用同样的价格获得更多的利益。

2. 它必须是难以模仿的

企业通过确立自己与众不同的商业模式，如对客户的悉心照顾、无与伦比的实力等，来提高行业的进入门槛，从而保证利润来源不受侵犯。

3. 它必须是脚踏实地的

脚踏实地就是实事求是，就是把商业模式建立在对客户购买行为的准确理解和把握上。所以，有效的商业模式是丰富和细致的，并且它的各个部分要互相支持和促进，改变其中任何一个部分，就会变成另外一种模式。搞得不好，就可能影响它的有效性。

（三）商业模式的前瞻性

前瞻性是商业模式的灵魂所在。商业模式实际上就是企业为达到自己的经营目的而选择的运营机制。企业的运营机制反映了企业持续达到其主要目标的最本质的内在联系。企业以盈利为目的，它的运营机制必然突出确保其成功的独特能力和手段来吸引客户、雇员和投资者，在保证盈利的前提下向市场提供产品和服务。但是，仅仅如此是不够的，因为这只是商业模式的"现在式"，而商业模式的灵魂和活力则在于它的"将来式"，即前瞻性。也就是说，企业必须在动态的环境中保持自身商业模式的灵活反应、及时修正、快速进步和快速适应。

第五节 创业团队建设

一、创业团队的内涵及组成要素

团队是由少数具有互补技能的人组成的，认同于一个共同目标和一个能使他们彼此担负责任的程序，并相处愉快，乐于一起工作，共同为达成高品质的结果而努力的共同体。团队就是合理利用每一个成员的知识和技能协同工作，解决问题，达到共同的目标的共同体。创业团队，就是由少数具有互补技能的创业者组成，他们为了实现共同的创业目标和一个能使他们彼此担负责任的程序，共同为达成高品质的结果而努力的共同体。

任何一个团队都包括五个必不可少的要素，即目标（purpose）、人员（people）、定位（place）、职权（power）和计划（plan），简称"5 P"。创新创业者应当明确这几个要素，以加强团队的凝聚力和抗风险能力。

（一）目标

创业团队应该有一个既定的共同目标，为团队成员指明方向，没有目标这个团队就没有存在的价值。目标在创业企业的管理中以创业企业的远景、战略的形式体现。

（二）人员

人是构成创业团队最核心的力量。目标是由人来实现的，在一个创业团队中，人力资源是所有创业资源中最活跃、最重要的资源。因此，对创新创业团队中人员的选择要非常慎重。团队成员是创新创业成功的关键因素，只有适合创新创业的成员被吸收进创新创业团队，进行创新创业的运作，才能够保证创新创业活动的顺利开展，因此需充分调动创业者的各种资源和能力，将人力资源进一步转化为人力资本。

选择成员时，主要是根据团队的目标和定位来明确团队所需要成员的技能、学识、经验及才华等，然后根据个人加入团队的目的、知识结构、性格、个性、兴趣、价值观念来选择合适的人选。创新创业团队成员的知识结构越合理，创新创业成功的可能性就越大。注意纯粹的技术人员组成的公司中易形成以技术为主、以产品为导向的经营理念，从而使产品的研发与市场脱节。

另外，创新创业团队成员的共同点和互补点是决定创新创业成功的关键，创新创业团队成员构成上要把握三个"相同"，即理念目标相同、价值观相同、金钱观相同，以及五个"互补"，即知识互补、能力互补、性格与性别互补、年龄互补、社会关系（资源、人脉）互补。在创新创业团队成员的选择上，必须充分注意团队整体的知识结构，充分发挥每个成员的优势。创新创业团队成员的价值观念和道德品质决定了今后企业文化的形成，彼此间价值观念越相近，创新创业成功的可能性就越大。从人力资源管理的角度来看，建立优势互补的创业团队是保持创业团队稳定的关键。多元化的创新创业团队成员之间的能力或技术上的互补性，包括功能性专长、管理风格、决策风格、经验、性格、个性、能力、技术以及未来的价值分配模式等特点的互补,通过不同分工在团队中发挥着不同的作用,以此达到团队的平衡,共同完成创业团队的目标。创业团队不同角色分工的作用具体如下。

1)创新者提出观点。没有创新者,思维就会受到局限,点子就会匮乏。创新是创业团队生产、发展的源泉。企业不仅开发要创新,管理也需要创新。

2)实干者运筹计划。没有实干者的团队会显得比较乱,因为实干者的计划性很强。"千里之行,始于足下",有了好的创意还需要靠实际行动去实施。而且实干者在企业人力资源中应该占较大的比例,他们是企业发展的基石。没有执行就没有竞争力,只有通过实干者踏实努力的工作,美好的愿景才会变成现实,团队的目标才能实现。

3)凝聚者润滑调节各种关系。没有凝聚者的团队的人际关系会比较紧张,冲突会更多一些,团队目标的完成将受到很大的冲击,团队的寿命也将缩短。

4)信息者提供支持的武器。没有信息者的团队会比较封闭,因为不知道外界发生了什么事。当今社会,信息是企业发展必备的重要资源之一。世界是开放的系统,创业团队要在社会中生存和发展,没有外界的信息交流,就成了一个自给自足的封闭小团体。而且,当代创业团队的成功更需要正确的及时的信息。

5)协调者协调各方利益和关系。没有协调者的团队领导力会削弱,因为协调者除了要有权力性的领导力以外,更要有一种个性的号召力来帮助领导树立个人影响力。从某个角度说管理就是协调。各种背景的创业者聚集在一起,经常会出现各种分歧和争执,这就需要协调者来调节。

6)推进者促进决策的实施,没有推进者效率就不高。推进者是创业团队进一步发展的"助推器"。

7)监督者监督决策实施的过程。没有监督者的团队会大起大落,做得好就大起,做得不好也没有人去挑刺,这样就会大落。监督者是创业团队健康成长的鞭策者。

8)完美者注重细节,强调高标准。没有完美者的团队的线条会显得比较粗,因为完美者更注重品质、标准,但在创业初期,不能过于追求完美;在企业的成长过程中,完美者要迅速地发挥作用,完善企业中的缺陷,为做大做强企业打下坚实的基础。现代管理界提出的"细节决定成败"的观点,进一步说明完美者在企业管理和发展中的重要作用。

9)专家则为团队提供一些指导。没有专家,企业的业务就无法向纵深方向发展,企业的发展也将受到限制。

(三)定位

创业团队的定位包含两层意思。

1)创业团队的定位。创业团队在企业中处于什么位置,由谁选择和决定团队的成员,创业团队最终应对谁负责,创业团队采取什么方式激励下属。

2)个体(创业者)的定位。作为成员在创业团队中扮演什么角色,是制订计划还是具体实施或评估,是大家共同出资委派某个人参与管理,还是大家共同出资,共同参与管理;或是共同出资,聘请第三方(职业经理人)管理。这体现在创业实体的组织形式上,是合伙企业还是公司制企业。

(四) 职权

职权是指团队负有的职责和享有的权利，对团队职权要进行明确界定，包括团队的工作范围、工作重心和工作标准。团队的职权范围必须和它的定位、工作能力和所赋予的资源相一致。适当的、合理的授权是调动团队积极性的关键因素。

合理的职能分配是创新创业团队成功的必备条件。首先，创新创业团队需要明确规定每个团队成员所拥有的权力，创新创业团队的成员必须要有职能上的分配，即规定每个成员在创新创业过程中所担负的责任和拥有的权力。要根据每个成员的专业特长和优势确定其职责，从而保证每个成员都能最大限度地实现自己的价值，在创新创业过程中遇到的问题都能由相对专业的人来解决，有效地提高整个团队的办事效率。

虽然许多创新创业团队推崇群体决策，将决策权交给全部成员，每项决策都要由整个团队共同商议，讨论之后再做出决定。但是在具体执行的时候需要适当的分权，在不损害集体利益的情况下，个人需要拥有与职能相对应的决策权力。其次，职能分配能使团队成员在紧密结合的基础上协调一致、统筹合作，既增强了整个团队的士气又能提高团队的工作效率，获得更多的收益。

创业团队当中领导人的权力大小与其团队的发展阶段和创业实体所在行业相关。一般来说，创业团队越成熟，领导者所拥有的权力相应越小，在创业团队发展的初期阶段，领导权相对比较集中。高科技创业团队多数是实行民主的管理方式。

(五) 计划

目标的最终实现，需要一系列具体的行动方案，创业计划就是将团队的职责和权限具体分配给团队成员，并明确团队成员如何进行分工合作。好的团队创业计划一般包括：团队需要多少成员、团队领导的特征、领导者的权限和职责、团队沟通的方式、团队沟通的工作任务、团队每位成员的工作时限、完成团队任务的标准及评价和激励团队成员的方式。这些内容应根据组织本身特点和实际需要进行合理选择。

准确详细的创业计划是创新创业团队成功的前提，也是实现创新创业目标的保障。首先，创新创业团队的成员在制订创业计划时应充分考虑创业企业内外部环境、企业自身优势和劣势等各方面的因素，其不仅要服务于创新创业团队的短期目标，还要有利于创业企业长期战略目标的实现。其次，创业计划一定要具有可行性和可预见性，否则，就只能是纸上谈兵，对创新创业团队没有任何帮助。创业计划不仅要确保组织目标的实现，而且要从众多的方案中选择最优方案，从而使创新创业团队资源得到最合理、最有效的应用。在有了明确的目标、合适的团队成员，规定了成员的职责和权限后，就需要有一系列周密的计划来引导创新创业团队具体实施，从而最终实现目标。合理详尽的创业计划也能为创业企业今后的管理控制活动提供一定的依据，使创新创业团队今后的发展与目标要求保持一致，从而使创业企业在正确的轨道上更好地前进。

二、创业团队的类型

从不同的角度、层次和结构，可以划分为不同类型的创业团队，而依据创业团队的组成者来划分，创业团队有星状创业团队、网状创业团队和从网状创业团队中演化而来的虚拟星状创业团队。

（一）星状创业团队

星状创业团队一般在团队中有一个核心人物，充当了领队的角色。这种团队在形成之前，一般是核心人物有了创业的想法，然后根据自己的设想进行创业团队的组织。因此，在团队形成之前，核心人物已经就团队组成进行过仔细的思考，根据自己的想法选择相应的人员加入团队，这些加入创业团队的成员也许是核心人物以前熟悉的人，也有可能是不熟悉的人，但这些团队成员在企业中更多时候是支持者角色。

这种创业团队有四个明显的特点：①组织结构紧密，向心力强，核心人物在组织中的行为对其他个体影响巨大。②决策程序相对简单，组织效率较高。③容易形成权力过分集中的局面，从而加大决策失误的风险。④当其他团队成员和核心人物发生冲突时，因为核心人物的特殊权威，使其他团队成员在冲突发生时往往处于被动地位，在冲突较严重时，其一般都会选择离开团队，因而对组织的影响较大。

（二）网状创业团队

网状创业团队的成员一般在创业之前都有密切的关系，如同学、亲友、同事、朋友等。一般都是在交往过程中，共同认可某一创业想法，并就创业达成了共识以后，开始共同进行创业。在创业团队组成时，没有明确的核心人物，大家根据各自的特点进行自发的组织角色定位。因此，在企业初创时期，各位成员基本上扮演的是协作者或者伙伴角色。

这种创业团队有以下四个明显的特点：①团队没有明显的核心，整体结构较为松散。②组织决策时，一般采取集体决策的方式，通过大量的沟通和讨论达成一致意见，因此组织的决策效率相对较低。③由于团队成员在团队中的地位相似，因此容易在组织中形成多头领导的局面。④当团队成员之间发生冲突时，一般都采取平等协商、积极解决的态度消除冲突，团队成员不会轻易离开。但是，一旦团队成员间的冲突升级，使某些团队成员撤出团队，就容易导致整个团队涣散。

（三）虚拟星状创业团队

虚拟星状创业团队是由网状创业团队演化而来的，基本上是前两种的中间形态。在团队中，有一个核心成员，但是该核心成员地位的确立是团队成员协商的结果，因此核心成员从某种意义上说是整个团队的代言人，而不是主导型人物，其在团队中的行为必须充分考虑其他团队成员的意见，不如星状创业团队中的核心人物那样有权威。

三、大学生创业团队

（一）大学生创业团队的定义

大学生创业团队，是由一群在校或者毕业的具有创新意识、拥有共同目标、有着不同专业知识背景的朝气蓬勃的大学生组成的一个不可分割的整体。这一定义包含了三层含义：一是每个大学生创业团队由两个或者两个以上的成员组成，成员人数不宜太多；二是创业团队的组成是为了完成特定的任务，因此团队中应该具有完成该任务所需的各类人才；三是创业团队作为一个工作单元，各成员需要共同努力，以完成共同的任务。俗话说："万事开头难。"大学生在创业初期，面临着资本筹集、营销、管理等方面的问题，还有来自同一行业或相似业务的对手的竞争。单凭个人的力量来应付各个方面的挑战，显然是非常困难的，因此，志同道合者应该组成一个团队，共同迎接挑战。

（二）大学生创业团队的组建原则

1. 创新性与实践性

创新性与实践性是大学生创新创业团队区别于其他学习小组团队的最大特征。因此，在组建团队时应牢牢把握这一首要原则，开展团队学术活动也要紧紧围绕这个原则，切实提高大学生的科技创新能力与创业实践能力。团队组建之初所设立的研究领域不宜过窄，否则，可能会限制成员能动性的发挥，导致思想狭隘僵化；也不宜过宽，否则，容易导致团队成员研究过于分散，难有深层次突破。因此，团队需要在指导教师的指导下，确立恰当的选题，力争在研究方法和内容上有所创新。

创新离不开实践，只有实践才能不断促进创新。大学生科技创新团队不能闭门造车，应该坚持理论与实践相结合的原则。团队成员需要不断实践，把创新成果运用到创业实践中。要完成团队的实践环节需要社会多方面力量的支持。首先，应建立大学生创新创业实践基地和平台，通过这一中间组织为团队提供实践机会；其次，应加强社会宣传，让企业了解并认可大学生创新创业团队，从而提供相关领域的实践机会和相关研究项目，实现"产学研"的充分结合；最后，团队成员也需要自力更生，凭借每个成员的人际关系，以及团队的研究和开发水平，吸引更多企业关注，让企业主动提供实践机会。

2. 基础性与前沿性

大学生创新创业团队在开展创新创业活动过程中，需要从实际出发，保证团队有扎实的研究和实践基础，这就要求团队成员熟悉创新创业相关领域的基础理论。团队应该充分调动每个成员的积极性，让每个成员把自己的专业学习经验和基础理论知识与其他同学分享，从而夯实整个团队的理论基础，为后续的创新创业做好铺垫。

经常邀请本专业的指导教师进行方向指导，不定期参加各种前沿学术讲座，与学术大师近距离对话，利用外语水平较高的团队成员获取国外研究的最新进展。同时，定期举行团队内部的学术研讨，交流学术心得，使团队成员共同进步。由此，保证团队学术研究的基础性和前沿性。

3. 目标一致性与技能互补性

任何一个成功的团队都需要有共同明确的团队目标，大学生创新创业团队也不例外。团队的每个成员都要认可团队目标,这一目标应该具有挑战性,但同时也是在团队成员能力范围之内,应该具有可实现性。对团队目标取得共识之后,应进一步确定团队成员角色,明确每个成员的责任和义务,制订好研究活动的执行方案。团队成员具有不同兴趣爱好和不同技能,他们倾向于在团队中做出某种特定模式的行为,从而影响团队中的其他成员,以及整体的相互作用模式。大学生创新创业团队需要根据成员个体的不同特征,发挥优势,合理分工,协同作战。

4. 稳定性与可持续发展性

为了保证团队实现既定的目标,在一段时期内需要保持团队的稳定性。稳定性既包括人员的稳定,也包括学术活动的稳定开展。人员的稳定,即团队在一定时期内(一学期或一学年)成员基本保持不变,否则不利于团队成员相互配合、不利于学术创新。团队成员应当遵守团队制度和规则,定期有组织地开展学术交流活动,共享学习资源。

团队成员分属不同年级,高年级成员毕业后,团队成员的更新是必然的选择,而且成员的更新也将带来新的思想、新的方法,从而使团队更加具有活力和生命力。出于团队长远发展的考虑,组建团队的时候应该注意成员的年级搭配,不能因为某一两个成员的离开而出现团队断层甚至解散的情况。毕业后的团队成员也并非完全脱离团队,还可以继续通过网络等方式关注和支持团队的发展,担当团队的"咨询顾问团",同时,他们还可能会提供更多的资讯和实践机会给团队成员。

第六节 创业风险及防范

一、创业风险的概述

(一)创业风险的定义

创业风险,一是指风险因素,即创业过程中有可能遇到某些风险因素的干扰,二是一旦某些风险因素真正发生,创业者会阶段性地遇到很难克服的困难,导致创业活动很难推进,甚至导致创业失败。面对某个创业机会,创业者将面临相应的技术风险、财务风险、市场风险、政策法律风险、宏观环境风险,特别是团队风险,这是多数创业者都可能面临的问题。

(二)创业风险的分类

创业风险可从不同角度进行划分。

1. 按创业风险产生的原因划分

按风险产生的原因进行划分,可分为主观创业风险和客观创业风险。

1)主观创业风险,是指在创业阶段,创业者的身体与心理素质等主观方面的因素导致创业失败的可能性。

2)客观创业风险,是指在创业阶段,客观因素导致创业失败的可能性,如市场的变动、政策的变化、竞争对手的出现、创业资金缺乏等。

2. 按创业风险产生的内容划分

按创业风险产生的内容划分，可分为技术风险、市场风险、政治风险、管理风险、生产风险和经济风险。

1）技术风险，是指技术方面的因素及其变化的不确定性导致创业失败的可能性。

2）市场风险，是指市场情况的不确定性导致创业者或创业企业损失的可能性。

3）政治风险，是指战争、国际关系变化或有关国家政权更选、政策改变导致创业者或企业蒙受损失的可能性。

4）管理风险，是指因创业企业管理不善产生的风险。

5）生产风险，是指创业企业提供的产品或服务从小批试制到大批生产的风险。

6）经济风险，是指宏观经济环境发生大幅度波动或调整使创业者或创业投资者蒙受损失的风险。

3. 按创业风险对资金的影响程度划分

按创业风险对资金的影响程度划分，可分为安全性风险、收益性风险和流动性风险。创业投资的投资方包括专业投资者与投入自身财产的创业者。

1）安全性风险，是指从创业投资的安全性角度来看，不仅预期实际收益有损失的可能，而且专业投资者与创业者自身投入的其他财产也可能蒙受损失，即投资方财产的安全存在危险。

2）收益性风险，是指创业投资的投资方的资本和其他财产不会蒙受损失，但预期实际收益有损失的可能性。

3）流动性风险，是指投资方的资本、其他财产以及预期实际收益不会蒙受损失，但资金有可能不能按期转移或支付，造成资金运营的停滞，使投资方蒙受损失的可能性。

4. 按创业与市场和技术的关系划分

按创业与市场和技术的关系划分，可分为改良型风险、杠杆型风险、跨越型风险和激进型风险。

1）改良型风险，是指利用现有的市场、现有的技术进行创业所存在的风险。这种创业风险最低，经济回报有限，即风险虽低，但要想生存和发展，获取较高的经济回报也比较困难，一方面会遭遇已有市场竞争者的排斥或进入壁垒的限制，另一方面即便进入，想要占有一定的市场份额非常困难。

2）杠杆型风险，是指利用新的市场、现有的技术进行创业存在的风险。该风险稍高，对一个全球性公司来说，这种风险往往是地理上的，常见于挖掘未开辟的市场，如彩电行业，利用原有技术进入农村市场。

3）跨越型风险，是指利用现有市场、新的技术进行创业存在的风险。该风险稍高，主要体现在创新技术的应用方面，往往反映了技术的替代，是一种较常见的情况，常见于企业的二次创业，领先者可获得一定的竞争优势，但模仿者很快就会跟上。

4）激进型风险，是靠新的市场、新的技术进行创业存在的风险，该风险最大，如果市场很大，可能会带来巨大的机会，对于第一个行动者而言，其优势在于竞争风险较低，但是知识产权保护力度很弱，市场需求不确定，确定产品性能有很大的风险。

5. 按创业中技术因素、市场因素与管理因素的关系划分

按创业中技术因素、市场因素与管理因素的关系划分，可分为技术风险、市场风险和代理风险。

1）技术风险，是指伴随着科学技术的发展、生产方式的改变而产生的威胁人们生产与生活的风险，如核辐射、空气污染和噪声等。

2）市场风险，是指由于某种全局性的因素引起的投资收益的可能变动，这些因素来自公司外部，是公司无法控制和回避的。

3）代理风险，是指高级经营管理人才、组织结构以及生产管理等能否适应创业的快速增长或战胜创业企业危机阶段的动态不确定性因素的风险。

这三类风险之间相互作用，使得创业企业运作的各个层面上的诸多因素的不确定性更加复杂，并且在创业企业不同的发展阶段上，各因素的风险性质也将产生一定的变化。

二、创业各阶段的风险

创业活动须经历一定的过程，一般而言，可将创业过程分为以下四个阶段，在不同的阶段会出现不同的风险。

1）机会的识别与评估风险，指在机会的识别与评估过程中，由于各种主客观因素，如信息获取量不足、把握不准确或推理偏误等使创业一开始就面临方向错误的风险，另外，机会风险的存在，即由于创业而放弃了原有的职业所面临的机会成本风险，也是该阶段存在的风险之一。

2）准备与撰写创业计划风险，指创业计划的准备与撰写过程带来的风险。创业计划往往是创业投资者决定是否投资的依据，因此创业计划是否合适将对具体的创业产生影响。创业计划制订过程中各种不确定性因素与制订者自身能力的限制，也会给创业活动带来风险。

3）确定并获取资源风险，指由于存在资源缺口，无法获得所需的关键资源，或即使可获得，但获得的成本较高，从而给创业活动带来一定风险。

4）新创企业管理风险，主要包括管理方式，企业文化的选取与创建，发展战略的制订、组织、技术、营销等各方面的管理中存在的风险。

三、大学生创业过程常见风险

（一）现阶段大学生创业实践面临的挑战

虽然我国大学生创业促进政策已经取得较为显著的成效，但调查结果也显示，我国大学生创业实践仍面临若干不可忽视的挑战。

大学生创业的最大阻碍是资金约束,超过半数的大学生认为,资金短缺问题是他们在准备创业或者创业过程中遇到的最大困难:51.0%的在校大学生、53.1%的创业者和53.8%的有创业经历者持有该观点。资金短缺已经严重制约了大学生创业活动的深入推进(图6-2)。

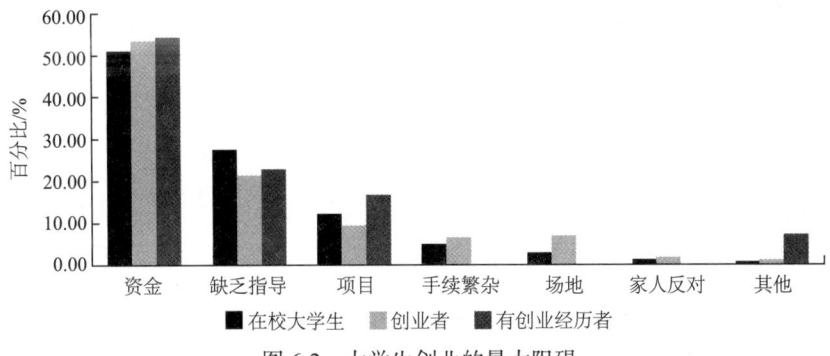

图 6-2 大学生创业的最大阻碍

注:资金短缺问题和税费过高归类为资金障碍;将技术与产品问题归类为项目问题;将团队问题、管理不善和业务成本过高归类为缺乏指导;将其余的失败原因如找到更好的工作、放弃创业等归类为其他

资金短缺源于大学生外部融资约束。对于创业者的调查显示,六成创业者主要使用自有资金(自己、家人和创业伙伴的资金)进行创业,其中29.2%的创业者主要使用家人的资金进行创业。仅有不到四成的创业者主要利用外部资金(来自银行、投资机构、政府或学校的资金),其中24.7%的创业者主要通过贷款进行创业。这显示出我国现阶段大学生创业融资体系发展较为滞后,导致创业者面临较大的外部融资约束(图6-3)。

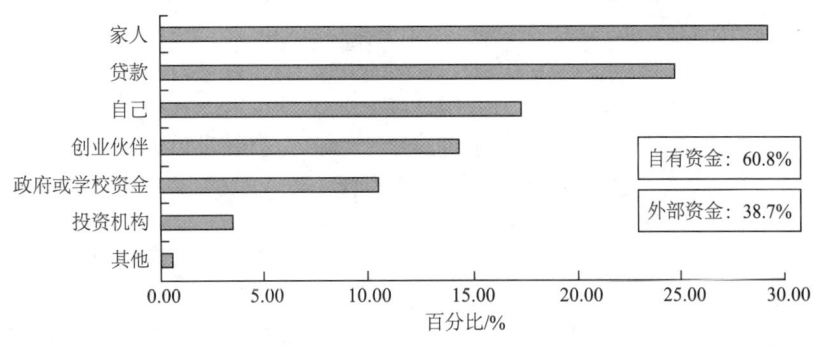

图 6-3 创业者创业的主要资金来源

(二)大学生创业的主要风险与防范

大学生创业者要认真分析自己在创业过程中可能会遇到的风险,这些风险中哪些是可以控制的,哪些是不可控制的;哪些是需要极力避免的,哪些是致命的或不可管理的。一旦这些风险出现,你应该如何应对和化解。特别需要注意的是,一定要明白最大的风险是什么,最大的损失可能有多少,自己是否有能力承担并渡过难关。

大学生创业的风险主要有以下几个方面。

1. 风险一：项目选择

大学生创业时如果缺乏前期市场调研和论证，只是凭自己的兴趣和想象来决定投资方向，甚至仅凭一时心血来潮做决定，一定会碰得头破血流。

大学生创业者在创业初期一定要做好市场调研，在了解市场的基础上创业。一般来说，大学生创业者资金实力较弱，选择启动资金不多、人手配备要求不高的项目，从小本经营做起比较适宜。

2. 风险二：缺乏创业技能

很多大学生创业者眼高手低，当创业计划转变为实际操作时，才发现自己根本没有解决问题的能力，这样的创业无异于纸上谈兵。一方面，大学生去企业打工、边就业边获取相关的管理经验；另一方面，积极参加创业培训、积累创业知识，接受专业指导，提高创业成功率。

3. 风险三：资金风险

资金风险在创业初期会一直伴随在创业者左右。是否有足够的资金创办企业是创业者遇到的第一个问题。企业创办起来后，就必须考虑是否有足够的资金支持企业的日常运作，对于初创企业来说，如果连续几个月入不敷出或者因为其他原因导致企业的现金流中断，都会给企业带来极大的威胁，相当多的企业会在创办初期因资金紧缺而严重影响业务的拓展，甚至错失商机而不得不关门。

另外，如果没有广阔的融资渠道，创业计划只能是一纸空谈。除了银行贷款、自筹资金、民间借贷等传统方式外，还可以充分利用风险投资、创业基金等融资渠道。

4. 风险四：社会资源贫乏

企业创建、市场开拓、产品推介等工作都需要调动社会资源，大学生在这方面会感到非常吃力。平时应多参加各种社会实践活动，扩大自己人际交往的范围。创业前，可以先到相关行业领域工作一段时间，通过这个平台，为自己日后的创业积累人脉。

5. 风险五：管理风险

一些大学生创业者虽然技术出类拔萃，但理财、营销、沟通、管理方面的能力普遍不足。要想创业成功，大学生创业者必须技术、经营两手抓，可从合伙创业、家庭创业或从虚拟店铺开始，锻炼创业能力，也可以聘用职业经理人负责企业的日常运作。

因管理因素导致创业失败者，常见原因有决策随意、信息不通、理念不清、患得患失、用人不当、忽视创新、急功近利、盲目跟风、意志薄弱，等等。特别是大学生知识单一、经验不足、资金实力和心理素质明显不足，更会增加在管理层面的风险。

6. 风险六：竞争风险

寻找蓝海是创业的良好开端，但并非所有的新创企业都能找到蓝海。更何况，蓝海也只是暂时的，所以，竞争是必然的。如何面对竞争是每个企业随时考虑的事，对新创企业更是如此。如果创业者选择的行业是一个竞争非常激烈的领域，那么在创业之初极有可能受到同行的强烈排挤。一些大企业为了把小企业吞并或挤垮，常会采用低价销售的手段。对于大企业来说,由于规模大、效益好或实力雄厚,短时间的降价并不会对它造成致命的伤害,而对初创企业则可能意味着彻底毁灭。因此,考虑好如何应对来自同行的残酷竞争是创业企业生存的必要准备。

7. 风险七:团队分歧

现代企业越来越重视团队的力量。创业企业在诞生或成长过程中最主要的力量来源一般都是创业团队,一个优秀的创业团队能使创业企业迅速发展起来。但与此同时,风险也蕴含在其中,团队的力量越大,产生的风险也就越大。一旦创业团队的核心成员在某些问题上产生分歧时,极有可能会对企业造成强烈的冲击。

事实上,做好团队的协作并非易事。特别是与股权、利益相关联时,很多初创时很好的伙伴都会闹得不欢而散。

8. 风险八:核心竞争力缺乏的风险

对于具有长远发展目标的创业者来说,他们的目标是不断地发展壮大企业,因此,企业是否具有核心竞争力就是最主要的风险。一个依赖别人的产品或市场来打天下的企业是永远不会成长为优秀企业的,核心竞争力在创业之初可能不是最重要的,但要谋求长远的发展,就是不可忽视的问题,没有核心竞争力的企业终究会被淘汰出局。

9. 风险九:人力资源流失风险

一些研发、生产或经营性企业需要面向市场,大量的高素质专业人才或业务队伍是这类企业成长的重要基础。防止专业人才及业务骨干流失应当是创业者时刻注意的问题,尤其在那些依靠某种技术或专利创业的企业中,拥有或掌握这一关键技术的业务骨干的流失是最主要风险源。

10. 风险十:意识上的风险

意识上的风险是创业团队最内在的风险。这种风险来自于无形,却有强大的毁灭力。风险性较大的意识有投机的心态、侥幸心理、试试看的心态、过分依赖他人、回本的心理等。

大学生创业过程中可能遇到的阻碍并不仅此十点,在企业发展过程中,随时都可能有灭顶之灾。为此,大学生必须始终保持积极的心态,多学习,多汲取优秀经验,并且在此基础上结合自身既有的特长优势,只有这样,创业的步伐才会越走越远、越走越稳。

(三)创业风险的防范措施

1. 尽量基于所学专业知识进行创业

调查分析结果显示,大学生在本专业领域进行创业的成功率更高。同时,很多创业者也认为,"优先转入相关专业"是学校提供的最有效创业支持政策。这些都说明大学专业教育能够为大学生创业提供有力的知识和技能支撑;同时,大学生在所学专业领域进行创业也更容易成功。因此,在其他条件相同的情况下,大学生最好选择与专业相关的领域进行创业。

2. 积极争取社会各方的帮助

大学生创业面临的最主要困难是资金约束。然而，虽然政府对大学生创业者提供了创业担保贷款，但非常可惜的是，有相当一部分创业者因为不了解相关政策而没有申请到贷款。此外，国家有关产业政策对大学生创业实践也有着重要的产业导向和指引作用。因此，大学生创业者应密切关注国家和学校有关创业的扶持政策和产业政策，积极争取来自政府、高校和社会各界的帮助，提高创业绩效。

3. 积极寻找创业机会

利用互联网和高科技改善人类生活是创业的热门领域。未来十个存在重大创业机遇的领域包括互联网服务行业、教育和培训行业、健康管理行业、银色产业、信息安全服务行业、虚拟现实与增强现实行业、泛娱乐行业、物联网行业、绿色环保行业、创业支持与服务行业等，这些领域很可能代表了未来创业的发展趋势，大学生创业者有必要密切关注这些热门领域的创业机会，顺势而为，成为时代的弄潮儿。

4. 慎重决定创业

虽然大学生创新创业实践对于经济和社会发展具有重要的宏观意义，但大学生创业者由于相对缺乏资金和经验，有较高的个体创业风险。因此，大学生创业者有必要审慎评估创业风险，慎重做出创业决策，应事先制订应对创业失败的预案。

模块三

创新创业实践模拟模块

第七章　创新类项目设计和实施

第一节　创新项目选题确定基本步骤

一、研究现状分析

创新项目选题是由所选择主题决定的，主题是对创新方向和应用领域的指导性描述或说明。它可能涉及一个或多个领域，而选题是在主题的指导下选定具体的研究内容或创新方向，由于主题非常广泛、面大，选题要求详细具体明确，具有可实践性特点。提出明确的创新主题并阐述理论和现实意义，能够帮助创业者理清研究方向并预测研究价值，因而具有十分重要的现实意义。更简单地说，就是要明确在哪个领域或方向上进行创新。

现状分析主要是围绕项目主题开展相关文献资料查阅，了解目前国内外在此研究领域或方向研究中的发展现状，已经完成的项目和作品做了什么，做得如何，达到什么技术水平，以及存在哪些技术不足之处，哪些是目前急需解决的问题，哪些是目前尚不能解决今后条件成熟后可以解决的问题，为自己开展课题研究提供一个背景和起点。同时对目前解决的问题或项目中采用了什么技术路线和方法手段进行深入的研究分析，也可为自己的研究项目提供技术和方法的支持，也有利于为自己的项目找到突破口和创新处。现状分析流程，基本上就是先分门别类地梳理一下相关研究及其成果，注意最好是条理化、分门别类，这本身就是一项研究。分类是最基础性的研究工作。然后对这些研究和成果进行评论，共同点、不同点、优点、缺点，然后逐一归类进行总结。现状分析可从问题调研、工况调研两方面着手。

（一）问题调研

问题调研是创新项目选题的"敲门砖"，调研活动应贯穿于项目的始终。问题调研的主要内容及评论要点如下。

1. 方向

了解项目主题的领域，应尽可能详细地列出所涉及的学科、区域、企业及人员等。

2. 问题与计划

应预先准备好通过调研想要了解清楚的问题，而且要有可行的人员安排与时间计划。

3. 工作环境

对于应用性较强的研究而言，在选题时需考虑未来研究成果将来实施及应用现场的环境情况，这类研究应用现场与课题的开展有密切的关系，不考虑应用现场的科研成果是很难获得成功的。

4. 交流与讨论

注重与现场一线工作操作和技术人员的交流和讨论，他们的观点和意见极具参考价值，他们对项目存在的问题或不足之处的描述是非常宝贵的技术资料。

5. 信息记录及新问题

对已经了解到的有价值的信息要及时做好记录，同时，在调研过程中会有预想之外的问题出现，即新问题，这些新问题往往与课题有重要的关系，更应该调研清楚，为下一步的课题研究提供有价值的依据。

（二）工况调研

工况调研是科技制作类创新项目的必修课，客户是最终的使用者，必须获得使用者的认可才算是一个成功的创新项目。工况是指对项目中所涉及的技术、设备等实际工作状况进行深入细致的调查。

1）以技术或设备的使用者，即以用户的身份来观察、想象和体验实际问题及相关情况，这一点也是课题最终成败的关键。实践经验表明，没有充分考虑真实用户的要求与感受的科研成果是难以想象的。

2）项目完成的主要工作任务、具备的功能要求和达到的技术水平。

3）行业用户目前任务状况，是指与本项目相同或类似的在国内外同行中实施的情况、技术水平和价值状况，这些对于项目开展和实施有莫大的帮助。

4）项目目前存在的问题，指项目用户当下在技术及功能方面存在的问题，包括同类产品性价比等问题。

5）客户期望，客户对项目技术、功能和性价比等的预期目标。

二、提出研究假说

提出研究假说是项目研究步骤中的重要环节，它直接决定了项目是否具有创新性，是项目能否实施的关键环节。项目选题的确定是项目实施过程中最重要的事情，对项目的各个方面都有重大的影响，如果决策失误，造成的损失也是最大的，因为那意味着前期的所有准备和后续的所有投入都将付之东流。项目的决策不能只是个概念，要有具体详细的步骤、工作内容和目标、采用的技术路线和需要的软硬件基础条件，因此，仅仅在思想上强调它的重要性是远远不够的，要在创新活动中不断地总结具有可行性的思路。因此，在项目的确定过程中，要动员所有项目人员积极参与，查阅尽可能多的相关文献资料，从各个角度全方位进行归纳总结分析，形成项目的研究思路。

第二节　研究方案的确定

一、研究方案的设计

要做到有序、有控，确保项目的质量。确定了项目主题后，为顺利完成项目，必须制定相应的研究方案。研究方案是合理组织项目研究活动的必要条件，是为完成项目研究任务而详细编制成的"施工蓝图"。在编制研究方案时，不仅需要认真考虑项目研究的现实基础、研究方法、研究条件、程序步骤，还应充分预计到可能遇到的问题与困难，并应预留充足的时间安排。研究方案的制订过程中，还应进行反复认证、讨论，广泛征询指导老师、同学的建议，多交流、多讨论，形成翔实的研究方案。

（一）项目名称

名称是研究内容的高度概括，要能反映整个研究的最主要的特征。着重考虑题目名称与项目内容，尤其是与项目的研究论点之间的关系。

（二）选题依据

选题依据即项目研究的目的与意义。在方案中要明确扼要地阐明项目研究的目的、研究的出发点以及项目的理论价值和现实意义。预期项目可在哪些方面有所突破、有自己新的见解或能在实际中解决哪些问题，借以说明项目研究的价值。

（三）研究的内容

研究需完成的主要任务，只有确定了研究的任务，才可能使研究工作集中优势兵力，有的放矢地进行，围绕任务准备所需采用的资料、设备等。明确选题研究任务，做到有所为有所不为，以避免徒劳无益的劳动。

（四）研究的步骤、方法和时间进程

项目研究必须有详细的安排计划，使项目成员都能做到心中有数。研究的步骤、方法和时间进程都是确保项目实施的具体保证。没有这些具体的措施安排、时间保障，方案就会落空。因此，在确定研究步骤时要注意符合该课题的性质，在选择研究方法时更要兼顾项目要求和成员的特长以及可能提供的研究条件。在规划时间进程时，要注意留出一定的备用时间，以应付那些原先预料不及的特殊情况的产生，做到有备无患。

（五）研究的条件

开展项目需要一定的人力、物力、财力及设备等研究条件来保障和支撑。离开了必需的研究条件，项目是无法进行的。因此，在项目方案中，对开展研究需要哪些设备、设施，需要多少物质材料，需要多少研究经费等都必须事先分类分项做出估算。

（六）指导力量配备

学生创新研究，大多是科研新手，要使项目取得成功，指导老师力量的配备是至关重要的。俗话说"名师出高徒"，高质量的指导老师对项目研究往往起着关键性作用。必须选择对研究领域熟悉、有真才实学的教师作为指导老师。实践表明，指导老师不仅能对学生在项目研究的方法上给以指导，还能通过言传身教，使学生养成良好的科研意识、规范的科研行为、严谨的科研态度、百折不挠的科研意志、崇高的科研素养等，起到潜移默化的作用。

（七）项目预期研究成果

开展项目研究的最终目标是取得一定价值的研究成果。若对研究成果没有明确的预期，就会使项目失去本身的意义，进入盲目状态。当然，对研究成果的预期应当是恰如其分的，通过项目成员的努力能达到的。预期时，将各种困难充分考虑进去，将目标设定得高些，具有一定的挑战性。

研究方案主要包括上述几个方面内容，但在实际实施过程中，会出现一些预料不到的情况，这时就需要及时对方案进行必要的修正。

二、研究方案的优化

对项目研究方案进行比较，在充分论证的基础上，从中选择最佳的方案，这种过程叫作方案优化。方案优化是在对项目研究内容 7 个方面进行深入了解认证的基础上进行的，是对项目研究方案、设备配置、研究内容、技术方法路线、研究进度等方面进行的必要调整。优化方案应切实可行，一切从实际出发，目的是要保证方案各个方面都达到预期的效果，以最熟悉的手段和方法，顺利完成项目的各项工作。优化主要有以下内容。

1）明确优化的内容、优化的依据、预计效果等，另外，要保证项目优化的安全性、科学性，实施过程中出现的新问题、新情况，及时沟通、调整解决。

2）优化是满足各个方面要求的统一整体，是不可分的，应全盘考虑。新技术、新方法和现有各种经验积累，每项内容都可以用多种方法完成，存在着多种可能方案，所以在决定方案时，应多方分析比较、全面权衡，选择出最好的方案。

3）方案的评价、甄选是一个复杂的决策过程，无论在技术方面还是人员组织方面，通常都有许多可行的方案进行选择，选择优化原则要坚持技术分析与经济分析相结合、定量分析与定性分析相结合、动态分析与静态分析相结合。

三、研究方案的可行性分析

可行性分析可包括：理论上可行、有一定实验基础、课题组成员配置合理、技术方法成熟、实验场地设备有保障这几部分。

可行性分析在一个项目设计中有着十分重要的作用，不管你的方案设计得如何完整，倘若不能付诸实施，那么这个方案便是无用的，为此我们需要达到四个基本的指标。

1）技术指标和措施。包括需要的材料来源、研究条件的要求、研究方法手段、设备技术参数要求、研究流程及具体操作程序和实施方案等。

2）效益指标，包括社会效益、经济效益和生态效益。效益高低是衡量科研课题设计价值的客观指标之一，所以要认真计算投入与产出的经济效益。

3）项目进度计划指标，要长计划短安排。对每一阶段应完成的指标，要有明确要求，以防项目不能及时完成而错过项目要求期限。

4）科研课题设计的规模与选点，应根据研究内容来确定，但要事先做好调查研究。要考虑自然环境条件、实验环境条件、成员分工特点和交通水电等条件。

第三节 研究方案的实施

一、项目经费的来源

项目经费来源主要有三个方面：一个是自筹资金；二是通过项目立项获得各种财政专项资金；三是学校用于学生实践项目的专项资金。

项目经费预算要按国家科研类项目进行统一编制，包括以下方面：①设备费，即购置设备费、试制设备费和设备改造费用；②材料费；③调研差旅费，外出参观学习、考察等费用；④各种会议费，开题论证会、研讨会、成果鉴定会、专家评审会等费用；⑤专家咨询、报告费；⑥测试加工费；⑦出版文献，打印资料费；⑧管理费及其他费用。

二、研究方案的实现

项目研究方案确定后的实施，是研究项目能否顺利进行和成功完成的重要保障和依据。项目研究包含了一系列独特的、复杂的并相互关联的活动，这些活动必须在特定的时间、预算、资源限定内，依据明确的方案内容来完成。项目实施方案则将根据项目所实现的目标效果、项目前中后期的流程和各项阶段性目标要求来指导项目的顺利进行。

三、实验数据的处理和分析

实验数据的处理和分析，是按照研究内容进行相关实验，取得大量实验数据，对收集的实验数据以一定的物理模型为基础，以一定的物理条件为依据，通过对数据的整理、分析和归纳计算，提取有用信息和形成结论而对数据加以详细研究和概括总结的过程。这一过程也是质量管理体系的支持过程，是通过实验数据分析帮助人们做出合理判断，以便采取适当行动，通过反复修正实验方法和实验参数，以获得理想的实验结果的过程。

实验数据分析处理方法主要有以下几项。

1）列表法，记录数据时，把数据列成表格。
2）图示法，将数据之间的关系或其变化情况用图线直观地表示出来。
3）逐差法，充分利用测量数据减小测量误差。
4）线性回归方程法，根据实验数据用函数解析形式求出经验公式，既无人为因素影响，也更为明确和快捷，这个过程称为回归分析。

第八章　创业企业筹备

没有调查就没有发言权。市场调查是企业经营决策的前提。通过市场调查，可以发现一些新的市场需求和机会，开发新的产品去满足这些需求；可以及时掌握竞争对手的动态，针对竞争对手的策略做到知己知彼，百战不殆。因此，不难理解为什么一些成功的企业更加注重市场调查。

第一节　市场调查

一、市场调查的含义

市场调查是指运用科学的方法，对企业营销活动的有关信息资料有目的地进行收集、整理、分析，撰写调研报告，为企业营销管理者正确决策提供科学依据。市场调查是企业开展经营活动的前提，它有助于企业发现和利用市场机会，制定正确的营销战略，开发新产品，开拓新市场，使企业在竞争中占据有利地位。

菲利普·科特勒将市场调查定义为：市场调查是系统地设计、搜集、分析和提出数据资料，以及提出与公司所面临的特定的营销状况有关的调查结果。根据市场信息的范围不同，市场调查有狭义与广义之分：狭义的市场调查是以消费者为对象，用科学的方法收集消费者需求，对消费商品的意见、购买动机等有关信息进行分析研究。广义的市场调查对象不仅包括消费者，而且包括市场营销的一切活动，如企业经营环境、竞争对手、产品、定价、渠道模式、广告、包装等。

二、市场调查的内容

市场调查的内容十分广泛，几乎涵盖营销管理活动涉及的全部领域，企业可围绕调查目标进行取舍。下面主要介绍市场调查通常涉及的内容。

（一）宏观营销环境调查

宏观营销环境是企业生存和发展的基础。宏观营销环境调查的主要目的是发现市场机会和可能产生的威胁，以便把握环境变化带来的机会，避免或减轻环境变化造成的不利影响。宏观营销环境调查的具体内容包括政治法律环境、经济环境、人口环境、技术环境、自然环境、社会文化环境等环境因素。一般而言，企业长期战略发展规划或经营方向发生重大变化时，都必须对宏观营销环境进行调查，通过对环境分析，把握环境变化的趋势，增强企业对环境的适应能力。

（二）市场需求调查

企业的一切活动都是围绕着消费者进行的。消费者需求调查在企业营销调查中是最重要的内容。消费者需求调查包括目标市场选择调查、顾客购买动机调查、顾客购买影响因素调查、顾客购买决策过程调查、消费者需求量调查、消费者需求结构调查、消费者购买行为调查、消费者购买力调查、消费者支出模式调查、消费者满意度调查等。进行市场需求调查的主要目的是更好地满足消费者需求，及时调整企业经营管理决策来适应不断变化的市场。

（三）企业营销策略调查

1. 产品调查

产品调查的目的主要是支持企业的产品发展战略决策。产品调查的内容主要包括产品生命周期调查、新产品开发调查、产品实体调查、品牌价值和品牌忠诚度调查、产品包装调查、售后服务调查等。

2. 价格调查

价格调查的主要目的是支持企业的定价战略决策。价格调查的内容主要包括定价策略的市场效应调查、消费者对产品价值的认知调查、产品需求价格弹性调查、竞争产品定价水平调查、消费者对价格升降变化的理解和反应调查等。

3. 渠道调查

渠道调查的目的主要是支持企业的分销战略决策，使分销渠道达到最优组合。渠道调查的内容主要包括渠道模式调查、经销商和零售商调查、渠道激励与冲突调查、渠道绩效调查以及运输和仓储调查等。

4. 促销调查

促销调查的目的主要是支持企业的促销战略决策，使促销组合达到最佳，以最少的促销费用达到最大的促销效果，并就出现的问题及时对促销方式进行调整和改进。促销调查的内容主要包括广告效果评价、人员推销以及优惠、赠品、有奖销售等促销方式对销售额的增加幅度和市场占有率变化的影响等。

（四）竞争者调查

竞争者调查的目的主要是支持企业营销的总体发展战略，做到知己知彼，发挥竞争优势。调查主要是侧重于本企业与竞争对手的比较研究，其内容主要有了解行业的竞争者状况及变化趋势；了解主要竞争者的战略目标、核心能力、市场份额、营销策略等；识别企业的优势和劣势，判断出本企业所具备的与竞争对手相抗衡的条件或可能性，确定企业的竞争策略，以达到以己之长克彼之短的功效。

三、市场调查的方法

（一）文案调查法

文案调查法是一种间接调查方法，是指调查者通过收集企业内部和外部的经他人调查、记录和整理所积累起来的二手信息资料的一种调查方法。这些信息以文献性信息为主，具体形式有印刷型信息、视听型信息、计算机信息库和计算机网络信息等。

文案调查法有许多优点，既能节省时间，又能节省费用，而且调查的保密性强，实施起来也比较容易。但文案调查法也有局限性，譬如二手资料的时效性有限，而且资料不够全面，容易影响决策的准确性。

（二）观察法

观察法是一种直接调查法，是指调查者亲临调查现场，凭借自己的眼睛或摄像录音器材，记录正在发生的市场行为或状况，以收集第一手市场信息的一种实地调查方法。

观察法的优点：观察调查通常是观察处于自然状态下的被调查对象，而且是在调查对象不知不觉的情况下进行的，因此所获得的第一手资料是最接近平时状态的，真实性、准确性都很好。

观察法的缺点：通常只有行为和自然的物理特征才能被观察到，因而仅通过观察无法确切地了解到人们的动机、态度和想法等内心活动；如果被观察的行为不经常发生，那么观察的成本较高，时间也较长。所以，观察法比较多地用于店铺调查、客流量调查等一些偏重于表象的调查。

（三）实验调查法

实验调查法是一种最科学有效的直接调查方法。实验调查法要求调查人员根据调查目的，事先选定某一个或几个销售因素，人为地改变或控制这些因素，观察它们对营销活动中其他因素的影响过程和影响效果，搜集第一手信息的方法。

实验调查法的优点：得到的信息能比较客观地反映实际情况。实验调查法可以在实验室进行，也可以在销售现场进行。

实验调查法的缺点：由于很多因素无法进行人为控制，而且市场变化的影响因素错综复杂，所以实验结果不可能像自然科学那样准确无误；另外，实验的市场条件不可能与其他市场条件完全相同，所以根据局部的实验结果，进行市场推广具有一定的风险性。

（四）访问调查法

访问调查法是实地市场调查运用最为普遍的方法，它是由调查员直接同受访者接触，通过提问和回答，实现信息沟通，掌握第一手市场信息。访问法的主要方式有以下几种。

1. 入户访问

入户访问是由访问员进入经抽样选定的消费者家庭中，与受访者直接面谈从而收集有关信息的一种调查方法。访问要按照问卷中的问题依次提问，受访者则针对问题做出回答。

2. 街头拦截访问

街头拦截访问是指在某个场所（如商业区、商场、街道、医院、公园等）拦截在场的一些人进行面访调查。这种方法常用于商业性的消费者意向调查。例如，在商场的化妆品柜台前拦截女性顾客询问她们对各种化妆品的偏好以及购买习惯、行为，等等。

3. 定点访问

定点访问是将街头拦截访问符合调查项目要求的受访者，经过筛选，请他们进入一个不受干扰的场所，如商场办公室、临街的机关、学校的办公室、会议室等进行调查访问。调查大多采用问卷作为主要工具，在产品实体测试、品牌包装、价格等测试中则需要增加一些辅助工具和设施。

4. 电话访问

它是指通过电话询问的方式从被调查者那里获取信息的方法。主要是在企业之间，如信息中心、调研咨询公司等借助电话方式向企业获取信息，也可以是通过电话向消费者进行询问调查。优点在于调查费用低、时间短；缺点是调查的随机性大。

5. 邮寄调查

用邮寄的方法将印制好的调查问卷寄给被选中的调查对象，由其根据要求回答填写后寄回。优点在于调查空间范围广、受干扰因素少、费用低；缺点是信息回收率低、所花的时间长、结果失真度高。

第二节　完善创业构思

一、了解你的顾客

顾客是企业的根本，如果不能以合理的价格向顾客提供他们需要和想要的产品，他们就会到别处去购买。对企业产品感到满意的顾客会成为回头客，他们会向自己的朋友和其他人宣传你的企业。让顾客满意就意味着会给你带来更多的销售额和更高的利润。

顾客实质上就是企业营销过程中直接面对的市场类型。根据顾客的主体及其购买目的的不同，企业面对的市场类型也不同。一般可以分为以下几种市场。

1. 消费者市场

消费者市场是指由购买商品或服务用于消费的家庭和个人构成的市场。

2. 生产者市场

生产者市场是指由购买商品或服务用于进行再生产活动的其他生产者构成的市场。

3. 中间商市场

中间商市场是指基于盈利目标而购买商品或服务用于转售的经济组织构成的市场。

4. 政府市场

政府市场是指由为提供公共服务而购买商品或服务的政府及其他非营利机构构成的市场。

5. 国际市场

国际市场是指商品或服务的外国购买者，包括外国的消费者、生产者、中间商及外国政府。这是从消费者所处的地理位置进行的划分。

不同的市场类型具有不同的购买行为，因此，要求企业必须根据不同市场类型的行为特点结合企业自身的优势进行适当的市场定位，以不同的方式提供不同的产品或服务。

二、了解你的竞争对手

竞争者是指可能对企业的市场营销活动构成威胁的其他企业。在以竞争为特征的市场经济中，企业会面临许多竞争者，企业市场营销成功与否不仅取决于企业自身的营销活动，在很大程度上还要受到竞争者的制约，竞争者是企业市场营销活动中一个十分重要的环境要素。企业在市场营销活动中主要面临以下四种类型的竞争者。

1. 愿望竞争者

愿望竞争者是指满足购买者当前存在的各种愿望的竞争者。比如一位消费者有对电视机、电冰箱、洗衣机、微波炉等商品的需要和购买愿望，但因条件限制又不能同时购买这些商品，只能在其中选择某种商品，这也就意味着购买者购买了其中的某一产品就可能放弃购买其他产品，所以对于电视机、电冰箱、洗衣机和微波炉的生产商来说，他们之间就存在着一种竞争关系，这些产品的生产商就互为愿望竞争者。

2. 平行竞争者

平行竞争者是指能够满足消费者同一需求的各种产品或服务的竞争者。例如，铁路运输与航空运输之间就具有功能上的替代关系，它们都能满足顾客外出旅行或货物运输的需要，它们之间就存在着一种竞争关系，也就相互成为各自的平行竞争者。

3. 形式竞争者

形式竞争者是指能够满足消费者的同一需要，但在规格、型号、款式等方面存在差异的同类产品或服务的竞争者。如彩色电视机有模拟信号图像与数字信号图像之分，不同的电视机生产厂商之间就互为形式竞争者。

4. 品牌竞争者

品牌竞争是指满足相同需求的、规格和型号等相同的同类产品的不同品牌之间在质量、特色、服务、外观等方面所展开的竞争。因此，当其他企业以相似的价格向同一顾客群提供类似产品与服务时，营销者将其视为竞争者。如 TCL 彩电和长虹彩电之间，就互为品牌竞争者。

在以上四种类型的竞争者中，前两类属于不同行业间的竞争，而后两类则属于同行业竞争。同行业竞争表现得较为直接，竞争对手较为明确；而不同行业间的竞争则不如同行业间的竞争表现得那么直接和明确。但真正具有战略眼光的营销者在辨识竞争对手时不能只将眼光局限在同行业范围内，而应全方位地考察市场态势，发现新的市场机会，扩大市场营销。

第三节　企业的组织形式

一、企业的类型

（一）企业的概念

企业，是指以盈利为目的，从事商品生产或者服务，独立核算的经营实体。从法律的角度看，企业是市场主体，也是经济法律关系的主体。企业具有以下法律特征。

1. 企业是经营实体

经营实体，是指通过营业获取利润，在一定程度上独立于成员的经营实体。经营实体与其他社会组织，如国家行政机关的职能部门、事业单位和社会团体等，在设立宗旨、活动方式、作为经济法律关系主体的民事权利能力方面，具有本质区别。

2. 企业以盈利为目的

企业经营旨在获取利润，并将所获利润分配给投资人。企业不是以经营和管理为目的的，经营和管理只是企业达到盈利目的的手段。

3. 企业一般实行独立核算

这是指企业应当依法独立设置账簿、编制财务会计报告、计算盈亏，不与投资人的财产混淆。企业是市场主体，实行独立核算是应当的。但是个人独资企业由于企业与投资人身份的合一性，不强调独立核算。

4. 企业必须依法设立

这是指企业必须按照法律规定的设立条件和设立程序组建。企业依法设立是国家对市场经济进行宏观调控的需要，也是法律保护企业合法权益的需要。

（二）企业的分类

1）根据投资者人数及其承担民事责任的限度，企业可以分为个人独资企业、合伙企业和公司。个人独资企业是由一个自然人投资设立，投资人对企业债务承担无限责任的企业。合伙企业是由两个以上自然人、法人或者其他组织投资设立，投资人对企业债务承担无限连带责任或者有限责任的企业。公司在我国是指由自然人或者法人投资设立、投资人对企业债务承担有限责任或者股份有限责任的企业。

2）根据企业财产所有制的性质，企业可以分为国有企业、集体企业、私有企业和混合所有制企业。国有企业也称全民所有制企业，是公有制企业中国家所有或者称全民所有的企业，企业财产属于全民所有。根据《中华人民共和国全民所有制工业企业法》设立的企业，现在大多已改建为公司了。集体企业是公有制企业中集体所有的企业，企业财产属于集体单位所有，根据《中华人民共和国城镇集体所有制企业条例（2016）》和《中华人民共和国乡村集体所有制企业条例》设立，现在已比较少了。私有企业是自然人（公民）私人所有的，如个人独资企业。混合所有制企业是各种所有制混合的企业，从法律上说，它是不同所有制主体共有的企业。

3）根据投资人的国籍，企业可以分为内资企业和外商投资企业。内资企业是由中国国籍的投资人投资设立的企业。外商投资企业是由外商投资设立的企业，包括中外合资经营企业、中外合作经营企业和外资企业。

4）根据企业的法律地位，企业可以分为法人企业和非法人企业。法人企业，是指具有法人资格（地位）的企业，如公司、全民所有制企业、中外合资经营企业等。非法人企业，是指不具有法人资格（地位）的企业，如个人独资企业、合伙企业等。

5）根据企业的信用基础，企业可以分为人合性企业、资合性企业和人资兼合性企业。人合性企业的信用基础是投资人的个人信用，如普通合伙企业，人合性企业投资人之间的关系比较紧密，外人加入不易。资合性企业的信用基础是由投资人出资构成的企业资本，如股份有限公司。人资兼合性企业的信用既依靠投资人的个人信用，也依靠投资人出资构成的企业资本，如有限责任公司。

二、创业企业组织形式的选择

根据我国法律的规定，创业者可以选择股份有限公司、有限责任公司、合伙企业、个人独资企业等形式。由于创立的新企业一般都是小型企业，而股份有限公司的注册条件要求较高，不为一般的创业者所采用，有限责任公司、合伙企业、个人独资企业、特许经营是我国当前创立新企业最常见的法律形式。

（一）个人独资企业

个人独资企业是由一个人所有，并由其经营管理的企业，是由一个自然人投资，财产为投资者个人所有，投资者以其个人财产对企业债务承担无限责任的经营实体。这就意味着投资者个人享有全部的收益权并承担企业的所有债务和其他义务。投资者负有无限责任——用企业资产和个人资产为企业的所有债务承担法律上的责任。假如企业不能偿还债务，投资者将变卖私家车、房产、收藏品，甚至一切可以偿还债权人债务的资产。

建立一家独资企业，投资者只需具备如下条件：是具备完全民事行为能力的自然人，并且不是法律、行政法规禁止从事营利性活动的人，有合法的企业名称，有投资者申报的出资，有固定的生产经营场所和必要的生产经营条件，有必要的从业人员。具备这些条件后，投资者就可到所在地工商行政管理登记机关申请登记，经核准，领取营业执照后，方可营业。

1. 个人独资企业的优点

个人独资企业的优点：①易于成立。与其他的法律组织形式相比，个人独资企业的成立手续较简单且费用低。②利润独享。所有者不必和别人分享企业利润。③绝对控制权。在企业运营中不必征询共同所有者或合伙人的意见。④灵活性强。能够根据企业的需要当机立断,调整经营决策。⑤免除了企业的税收。独资企业不具有法人资格,企业以个人而非以企业作为纳税人,无须向社会透露企业的财务报表信息,只缴纳个人所得税。

2. 个人独资企业的缺点

个人独资企业的缺点:①无限连带责任。企业主个人对企业所有债务负责。当投入企业的资产不足以抵偿债务时,企业主的个人财产也将被追索。②缺乏连续性。由于所有者的疾病或死亡,企业可能削弱或倒闭,企业生命期是有限的。③难以获得发展资金。独资企业的资本一般为个人积蓄、企业利润的再投资及民间借贷,较难筹集到大笔资金用于企业扩张。④有限的管理能力。由于企业是"家长式"决策模式,仅凭一个人的知识、能力及专长,将限制企业的发展方向和空间。

由于以上原因,个人独资企业时常呈现出创建快、存活短、发展慢的态势。这一法律组织形式一旦沦为企业发展壮大的绊脚石,就势必要转化为其他更有利的法律组织形式。

(二)合伙企业

合伙企业是两个或两个以上的个人,为了获益而作为共同的企业所有者而形成的企业。合伙企业是依照《中华人民共和国合伙企业法》设立的、由各合伙人订立书面合伙协议、共同出资、合伙经营共享收益、共担风险,并对合伙企业债务承担无限连带责任的营利性组织。每位合伙人可以用货币、实物、知识产权、土地使用权或者其他财产权出资,也可以用劳务出资。对出资的评估作价可以由合伙人协商确定,无须验资。合伙企业不是法人,它与个人独资企业一样要承担无限责任,由合伙人分别缴纳个人所得税。

按每个合伙人所负担的责任差别,合伙企业分为一般合伙和有限合伙两种形式。一般合伙人每人均可代表企业,以企业的名义签订合同。每人都负有无限责任,即当企业的资产不足以抵债时,每个合伙人都有连带责任,要以自己的个人财产承担企业的债务。而有限合伙企业只有一个合伙人负有无限责任,其他人则负有限责任,但企业只能由负无限责任的合伙人经营,其他合伙人不得干预。有限合伙人类似于一般投资者,他们不参与企业经营,仅以自己投入的资本对企业的债务负责。

合伙协议是调整合伙关系、规范合伙人的权利义务、处理合伙纠纷的基本法律依据,对全体合伙人具有约束力,是合伙企业存在和活动的法律基础。通常合伙协议书应当载明以下相关事项:①合伙企业的名称和主要经营场所的地点;②合伙的目的和合伙企业的经营范围;③合伙人的姓名及其住所;④合伙人的出资方式、数额和缴付出资的期限;⑤利润分配和亏损分担方法;⑥合伙企业事务的执行;⑦入伙与退伙;⑧争议解决办法;⑨合伙企业的解散与清算;⑩违约责任。

1. 合伙企业的优点

合伙企业的优点:①容易成立。与成立有限公司相比,合伙企业创建程序和费用都较少,但多于个人独资企业。②共享报酬。合伙人直接分享利润,有助于激励每位合伙人尽心尽力地工作。③易于成长壮大。合伙企业把不同个人的资本、技术和才干集聚起来,形成比独资企业更强、更有创造力的经营实体。④灵活性强。合伙企业能针对市场的需求变化，快速做出是否投资的决策。⑤可能的税负优惠。大部分合伙人都以个人作为纳税人，从而规避了以有限公司作为纳税人的高额税费。⑥有限合伙人只承担有限责任。

2. 合伙企业的缺点

合伙企业的缺点：①至少有一个合伙人负无限连带责任。②缺乏连续性。任何一个合伙人患病或死亡或撤资，合伙企业就有可能解体。但也有可能由其他合伙人继续维持企业运转，或者再吸纳新的合伙人加盟，成立新的合伙企业。③融资较困难。比个人独资企业筹资要容易些，通常合伙人的出资数额决定了合伙企业所能募集到的总资本。④受制于某一合伙人的行为。一个主要合伙人的擅自决断可能会给企业带来灾难性的合同或债务，同时连累其他合伙人。

（三）有限责任公司

有限责任公司又称有限公司，是指股东以其出资额为限对公司承担责任，公司以其全部资产对公司债务承担责任的企业法人。有限责任公司是目前最常见的企业法律组织形式。创业者常常选择有限责任公司作为新企业的法律组织形式。

1. 有限责任公司的优点

有限责任公司的优点：①有限责任。股东以出资额为限对公司债务承担有限责任，公司的债务责任与股东个人财产无关。②股权转让。公司股东之间可以相互转让其全部或者部分股权，也可以转让给感兴趣的非股东买家。③永续性强。公司能够永续经营，即使所有权转移仍能保持其法人地位，能够保持经营的连续性。④大额融资较容易。有限公司可以通过发行债券、股票，或以企业资产、股东个人担保来获得公司发展的短期借款。⑤企业内生能力增强。有限公司可充分整合大股东、职业经理人等各方面的资源优势，以提高企业的资产专用性，增强企业发展的内生能力。

2. 有限责任公司的缺点

有限责任公司的缺点：①创建费用较高。创建有限公司存在验资、聘请员工、劳保福利等花费。②双重税负。所得税要在公司利润和股东个人所得两个环节征收。也就是说，公司在经营活动中获得的净利润要缴纳企业所得税，股东分红所得还要缴纳个人所得税。③代理成本增加。企业经营权与所有权的分离，给经理利用职权为自己和职工谋利而损害股东利益带来监管成本。为加强对经营者的监督和激励，势必加大企业的代理成本。④政府监管较严。诸多法律法规的出台用以规范企业经营行为。

以上简要地介绍了三种企业法律组织形式的优势和劣势。实际上，创业者对企业法律组织形式的选择，往往依赖于创业者想达到的目的以及这些形式的何种特点对创业者更适宜、更重要。创业者可以从企业的设立条件，创办者与企业的权利、义务及责任等方面进行比较，以便于创业者结合自身的创业条件和创业环境等情况，以及个人财产对承担有限责任或者无限责任的考虑，选择最适合自己创业的企业法律组织形式，这是创建新企业时不可回避的重要事务。

（四）特许经营

特许经营是指特许经营权拥有者以合同约定的形式，允许被特许经营者有偿使用其名称、商标、专有技术、产品及运作管理经验等从事经营活动的商业经营模式。实质上，特许经营是一种分销体系。在这个体系中，加盟店支付加盟费和特许权使用费给连锁加盟总公司，以获得使用特许人的店号、商标、销售它的产品，以及在许多情况下使用它所开发的系统和商业模式的权利。

特许经营已成为一种普遍的经营形式，基本覆盖了商务部《商业特许经营业种分类》所涉及的7大类50个细分业种，包括零售业、住宿业、餐饮业、居民服务业、教育培训业、中介服务业以及其他商业服务业等。

1. 特许经营的优点

（1）人员培训

加盟商能够获得特许总公司在开业前提供的有关经营及销售等技术秘诀的训练，开业后还会定期得到特许人经营管理顾问的帮助，从而节省时间、资金、心理等方面的成本。对于没有经商经验的创业者来说，可以减轻焦虑感，在较短时间里由门外汉变为内行。

（2）品牌声誉

新开业的加盟店承袭了连锁系统的品牌声誉，使潜在顾客可以信任此加盟店与总公司拥有同等品质的产品。相比之下，独立创办的企业不仅要花费数年时间在当地建立良好声誉，而且其声誉传播的市场半径很有限。

（3）管理援助

由于连锁加盟总公司统筹处理促销、进货、会计以及新产品研发，使加盟商能够聚精会神专心做好销售工作，可以比独立创办的企业节省一些管理费。

（4）低采购成本

由于连锁加盟总公司拥有强大的采购与分销能力，能够通过谈判取得所需商品的满意价格，然后将这些商品供应（分销）给加盟商，使其获得大批量采购的折扣返利，有助于加盟商维持较低采购成本，因而其低成本的竞争优势明显强于单个企业。

（5）资金帮助

尽管连锁加盟总公司一般不借款给未来的加盟商，但经常间接地帮助它们与银行、投资者以及其他资金来源牵线搭桥，融通创业资金的不足。

（6）商业模式

由于连锁加盟总公司的成功商业模式已经被先开业的诸多分店的经验所丰富和完善，后进入的加盟商能够获得后发优势，只要遵照这些经营及销售的技术秘诀，成功的可能性就会增大。相比那些独立经营的小企业主，他们必须试错性地学会驾驭企业，不得不耗费大量的精力，挣扎在失败的边缘，慢慢使企业"缓过气"——使经营恢复正常。

2. 特许经营的缺点

（1）特许经营费

商业活动中，经常会发生"只有错买的，没有错卖的"情形。经营规模越大、经营得越成功的特许者，其特许经营费也越高。而规模较小或还没有取得巨大成功的特许者则收费较低。创业者在决定是否采用特许经营路线时应明确特许经营费的种类（初始费、持续费和不定期费用）、金额和支付方式，权衡特许费的机会成本。不要让特许经营的优点掩盖了它费用巨大的事实。虽说特许经营费从几千元到几万元不等，但与特许经营有关的租赁场地费，店面装修费，开业的原料、设备及产品费，融资利息，员工工资，保险费，营业执照费等成本却是巨大的。

（2）特许者的控制

特许者通常对营运进行标准化、专业化的严格控制，以使各特许经营商达到一定程度的统一，使加盟商的自主性、创新性和灵活性受到管制。如果加盟商不遵守特许者的规定，他们就会在合同到期时收回特许经营权，不再续签。

第四节　创业企业融资

一、创业资金来源

（一）创业者的自有资本

几乎所有的创业项目都是从个人资金起步的。这是因为，一方面，个人资金的成本最为低廉，提供个人资金有助于创业者保持对企业的经营控制权；另一方面，在试图引入外部资金，尤其是银行、私人投资者或风险投资家的资金时，创业者个人资本的投入为外部资本提供了最基础的保障。

对许多创业者而言，他们抱着自行解决所有融资需求的想法，创建属于他们自己的企业。虽然自我融资是获取创业资金的一种途径，但它不是解决融资问题的根本方法。创业者一般会发现，有投资资本或借贷资本融入新创企业的生产运营，远比没有这些资本参与时的运营要轻松得多。因为创业者个人的资金总是有限的，特别是对那些面临漫长的产品开发周期、前期需要大量资金的新创企业来说，几乎是杯水车薪。

（二）亲朋好友的资本

家庭成员和亲朋好友不仅是创业的重要人脉资源，还是新创企业获取创业资金的重要渠道。特别是在我国，以家庭为中心、以信任为基础形成的社会网络关系（即社会资本），对包括创业融资在内的许多创业活动有着十分重要的促进作用。创业者与家庭成员和亲朋好友之间由于亲情的维系，其能力和品行被认可，较容易通过人脉资源获得创业融资。创业者在创业初期往往缺乏正规融资的抵押资产，缺乏社会筹资的信誉和业绩，因而依靠创业者的人脉关系来获得创业所需的资金成为常见的融资方式。

（三）银行信贷资本

银行信贷资本是银行以信贷方式积聚和分配的货币资本，以"营利性、安全性、流动性"为基本原则，是新创企业的重要资金来源。我国除了为配合国家科技发展计划、针对技术创新的科技贷款外，面向处于种子阶段、起步阶段新创企业的信贷资本比较少。当企业在市场上已经存在一段时期、具有一定经营规模以及稳定的经营项目时，可以向银行申请信贷资本。

（四）非银行金融机构资本

非银行金融机构主要有租赁公司、证券公司、创业投资公司等。它们的业务包括融资融物、承销证券、发行债券以及向企业提供资本和专业化服务。对于处于起步期、成长期的中小企业而言，随着我国金融体制改革的不断深入，非银行金融机构将能够为其提供范围更广的融资方式。

（五）其他企业资本

企业在生产经营过程中，往往会形成部分暂时闲置的资本，有的企业出于提高资本使用效率、拓宽经营范围、进行战略性投资等目的，直接对新创企业进行投资，或者对技术成果转化提供资本支持，或者独资（或者与社会其他资本联合）设立创业投资机构。

（六）民间资本

随着我国政府对民间投资的鼓励与引导，以及国民经济市场化程度的提高，民间资本获得了越来越大的发展空间。目前，我国民间投资不再局限于传统的制造业和服务业领域，而是向基础设施、科教文卫、金融等领域"全面开花"，对正在为找钱发愁的创业者来说，这无疑是"强心剂"。民间资本具有投资操作程序较为简单、融资速度快、门槛较低等特点。

二、新创企业的融资类型

（一）债权融资与权益融资

根据资金供应方是否拥有企业所有权，创业融资可以分为债权融资与权益融资。

债权融资是指利用涉及利息偿付的金融工具来筹措资金的融资方式，主要包括银行贷款、民间借贷等方式，其偿付依赖于企业未来的销售收入与利润。由于债权人并不直接参与企业的经营运作，出于保障资金安全的需要，往往要求有诸如厂房、设备、地产、汽车等资产作为抵押品。采用债权融资方式，创业者可以在所得税前支付债务利息，从而享受避税利益。然而，由于面临定期支付利息、到期偿还本金的压力，在资金使用上可能受到债务契约限制。一般而言，短期债务（期限少于一年）筹措的资金主要充当流动资本，用于购置货物、垫付应收账款、融通经营资金，资金的偿还主要利用当年的销售收入和利润；长期债务（期限长于一年）筹集的资金则用于置办固定资产，如设备、建筑物、房产等，并且需要以资产的部分价值（通常占总价值的 50%~80%）作为贷款抵押。不过，债权融资使得创业者能够保有企业较多的股份，从而在权益上获得更大的回报，特别是利率低迷时。

权益融资是指为了筹集资金，向其他投资者出售企业所有权的融资方式，即用所有者权益来交换资金。采用这种方式融通资金，可以避免债权融资中还本付息的硬性约束，有利于为创业项目筹措长期的固定资金。作为回报，出资者以股东身份分享企业利润，并按照预先约定的方式获得资产的分配权利。但是，追加权益融资会使创业者所占的企业股份比例下降，造成控制权的稀释。权益资本的筹集主要有自有资本、亲朋好友、风险投资公司等渠道来源。

权益融资相对于债权融资来讲，风险大，资金成本也较高，同时需承担一定的发行费用。不过，企业融资成本包括会计成本和机会成本。相对于会计成本，机会成本是企业决策行为的主要依据。从目前国内情况看，企业通过银行贷款所花费的机会成本是较高的。如企业根据对未来市场变化的预期，制订了相应的产品开发计划，但其所需资金往往受贷款规模的限制，等到银行逐级申报增加贷款规模批下来以后，市场情况已经发生了变化，使企业失去一次捕捉巨大商机的投资机会。可见，商业银行贷款的"时滞"增加了企业债权融资的机会成本。同样，债权融资的限制条件多，对创业者来说也有其不利的一面。

总体来看，使用债权融资还是权益融资，关键看获得资金的可能性、企业资产以及当时的利率水平。

（二）内部融资与外部融资

新创企业获取资金的渠道多种多样，其资金既可以从内部筹集，也可以从外部筹措。内部融资是将企业自身的资金转化为投资的过程，主要包括留存的未分配利润、固定资产折旧和出售资产的收入；营运资本减少、应收账款回收、应付账款增加等也可以视为内部融资的手段。企业内部融资的方法很多。通常，企业在发展初期会将利润全部投入到经营中去，而不分配给股东，即企业的内部积累；有时候，企业还会出售使用率不高的资产来获得必要的资金；采用租赁而不是购买的形式获得资产使用权，也能够有效地节约资金，降低追加融资的频率。短期内部融资则主要依赖营运资本的有效管理：一是尽量减少不必要的存货和现金；二是加强应收票据或应收账款的回收；三是尽量争取供货商的延期付款条件。

外部融资是指企业从外部筹集资金。这时，企业需要发行债务或权益凭证，吸引外部投资者提供资金。外部融资可以采用债务融资方式，也可以采用权益融资方式。

相对而言，内部融资不需要企业实际对外支付利息或股息，不减少企业现金流量，也不伴随融资费用发生，因而成本远低于外部融资，成为企业首选的融资类型。内部融资能力大小还取决于企业利润水平、净资产规模和投资者预期等因素。当生产和经营规模扩大到一定程度，内部融资不能满足资金需求时，企业必然会转向外部融资。

（三）直接融资与间接融资

直接融资是直接从社会上（如企事业单位、居民等资金剩余者）筹集资金，一般来说，是通过发行债券、股票以及商业信用等形式融通所需资金。直接融资的优点：资金供求双方联系紧密，有利于资金快速合理配置和使用效益的提高，而且筹资的成本降低，有利于获得较大投资收益。其缺点在于：融资双方在资金数量、期限、利率等方面受到的限制多；融资使用的金融工具的流通性较间接融资的要弱，兑现能力较差，且直接融资的风险较大。

间接融资是指企业向金融中介机构（如商业银行、信用中介、储蓄机构等）申请贷款，从而取得资金的方式。间接融资的优点：灵活方便、安全性高、融资规模大。其缺点：资金供求双方的直接联系被割断了，在一定程度上会降低投资者对企业生产的关注与筹资者对使用资金的压力和约束力，且筹资成本较高。

直接融资和间接融资，既有区别又有联系。在现代市场经济条件下，直接融资一般是企业以发行证券的形式在资本市场上公开进行融资活动，其发行的证券代表着一定的财产权（如股票）或债权（如国债、企业债券），这些有价凭证一般可以在市场上公开交易。筹资者发行证券往往是以自身的财产、信誉、盈利前景等为保证进行的。在发行证券之前，必须进行资产评估、会计审计、律师公证等工作；证券发行之后，筹资者必须定期进行充分的信息披露，政府对证券市场进行严格的管理，贯彻公开、公正、公平、诚实守信的原则，保护广大投资者的利益。这样的直接融资具有筹资范围广、规模大、可以连续筹资、具有社会宣传效应等特点。但是，初创期的企业知名度不高、盈利前景不明朗，很难具备面向社会发行证券的资格和条件；其直接融资主要表现为绕开金融中介，直接寻求民间资本的支持。新创企业的间接融资主要是向银行申请贷款，这种融资方式虽然成本相对较低，但可能遇到抵押担保品不足的困扰。

总体而言，创业融资没有免费的午餐。在融资渠道和方式的选择上创业者需要根据自身情况慎重选择，在考虑资金获得途径的可能性基础上，尤其要考虑融资的财务成本和融资对企业控制权的影响。

三、融资成本

融资成本是创业者为取得和使用资金而付出的代价，包括筹资费用和用资费用。筹资费用是筹措资金时发生的一次性支出，如贷款时向银行支付的贷款手续费、各种证明材料的制作费用；发行证券时的印刷费、发行费、律师费、公证费等。用资费用是因使用资金而产生的费用，是融资成本的主要内容，例如，债权融资中支付的利息、股权融资时向股东支付的股利等。融资成本是选择融资渠道的重要依据之一。

（一）不同类型融资成本大小比较

一般来说，在各种融资渠道中，融资成本从小到大依次是内部融资、债权融资、权益融资；而在债权融资中，短期融资的成本又低于长期融资。其原因主要有以下几点。

1）使用内部积累资金，可以避免对外筹资的各项手续费用，也不会伴随明显的用资费用。

2）采用举债方式融资，企业定期支付的利息可在所得税前作为费用扣除，与权益筹资情况下支付股东红利相比具有避税利益。

3）权益融资的成本实际就是股东投资的期望报酬；由于利润分配权利位于债权人之后，股东承担的风险大于债权人，因而会要求得到比债权人更高的投资回报，造成权益融资成本高于债权融资。

4）当企业采用举债方式筹资时，债务期限越长，经营产生变数的可能性越大，债权人收回本息的风险越大，要求的债务利率就越高。

对融资成本特别敏感的创业者，应按照成本由低到高的顺序安排融资，即优先使用自有资金或内部融资，然后考虑债权融资，最后才是权益融资。

（二）创业融资策略

新创企业采用何种方式融资，与企业发展阶段有关。在不同的发展阶段，企业面对着不同的融资背景、融资环境和融资机会。一般而言，产品从投入市场到最终退出市场要经历产品的种子期、创业期、成长期、成熟期和衰退期五个阶段。在产品生命周期的不同阶段，产品的市场占有率、销售额、利润额是不一样的，致使新创企业的融资需求也有所不同。新创企业的融资需求，主要出现在前四个阶段，而融资难问题则突出表现在前三个阶段。

1）处于种子期的新创企业，在研发方面需要持续地投入，研究成果出现的时间和结果不确定，商业目的不明确，专利申请前成果还容易被外界共享，因而投资成功率最低；而且由于没有过去的经营记录和信用基础，几乎无法得到商业银行的贷款。新创企业在种子期的技术不成熟、产品无市场、管理无经验、生产无规模，因而风险很高，敢于投资的机构和个人非常少。不是出于对创业者的极度信任，对此项技术或产品非常了解，几乎很少有人愿意冒此风险。这时，创业者的融资希望主要在于利用自有资金、亲朋好友资金、获得政府基金资助，或得到创业孵化器、风险投资者的权益融资支持。

2）进入创业期后，新创企业需要着手筹备各项生产设施、生产材料、后续研发和初期销售，因而现金流出仍然远大于现金流入。由于缺乏经营、信用记录，在缺乏担保的情况下，申请商业银行贷款也比较困难；非营利性机构如政府基金在这一阶段往往不提供资金支持。这时，风险投资或设备租赁将成为新的选择。

3）处于成长期的新创企业，其融资手段相对丰富。在企业生命周期早期关闭的融资来源在后期可能会敞开。这一阶段，企业的技术风险已基本消除，但市场风险和管理风险有所加大，资金需求相对前两个阶段有所增加，主要用于扩大生产、增加营销投入和开拓市场、研制二代产品、注入新的资金等。这一阶段，企业可以利用供应商提供的商业信用（延迟付款）、前期未分配利润等筹集或利用资金，也可以利用商业合同、既有资产向银行申请贷款，现金流比较稳定的企业甚至有可能取得银行的信用贷款，因此，这一时期是举债筹资的良好时机。对处于成长阶段的企业而言，融资来源包括：核心管理层的投资、创始人贷款、家人和朋友、天使投资人、资产贷款（如应收账款、库存或设备）、设备租赁等。

4）进入成熟期的新创企业，已经具备一定的品牌效应，技术成熟，现金流比较稳定，资信能力有所提高，融资选择也更为丰富。除了采用成长期的各种融资手段，企业可以考虑通过公开发行债券或股票的方式进行直接融资，以满足增长的资金需求。符合条件的企业可以争取在中小企业板或创业板上市。

第五节 企业的设立与管理

一、企业设立的流程

（一）企业名称的预先核准

1. 企业名称构成要素

一般而言，企业名称是由"行政区划+商号+行业+法律组织形式"依次构成的，应使用符合国家规范的汉字，不得使用汉语拼音字母、阿拉伯数字。如"杭州画趣信息技术有限公司"，"杭州"为行政区划，即确定在中国的哪个省、市或者县创建一个新企业；"画趣"为商号，主要解决创建的新企业区别于其他企业的标识问题；"信息技术"主要传递企业经济活动性质（即从事什么行业或经营什么行当）；"有限公司"为法律组织形式，主要传递企业投资人法律责任的信息。

（1）行政区划

企业名称中的行政区划是指企业所在地的省（包括自治区、直辖市）或者市（包括州）或者县（包括市辖区）行政区划名称。也就是说，创业者一旦决定选择某个城市创办一家企业，企业名称中的行政区域就确定了，即使将来想改，也只能以成立子公司的名义另择某一城市创办一家有独立法人资格的公司。

（2）商号

企业名称的区别主要体现在商号上。商号作为企业的标识，代表着企业产品的一种形象。睿智的创业者给自己的企业起一个好名字，不仅预示着企业的成长和发展有好兆头，而且该名字还可以直接注册为产品的商标，成为企业的无形资产。例如，马化腾给公司起名为"腾讯"，可谓独具匠心。"腾"字一方面使公司与其本人密切相关，另一方面有腾飞、发达的意思。"讯"字缘于原工作单位"润讯"对马化腾的影响。英文名"Tencent"则参考了著名的通信公司朗讯（Lucent）。后来，腾讯公司在香港上市，"Tencent"被香港人称为"十分钱"（ten cent），恰好那时腾讯公司是短信内容提供商，用户所发的短信，腾讯收费一角钱一条，正好十分钱，很是贴切、形象。因此，给企业起名也蕴含着较深的学问。俗话说，千金易得，好名难求。何为好名？好名字要做到：新颖、典雅、含蓄、响亮。由于文字的发展也遵循着成本最小化的规律，给企业起名，切忌生僻古怪和谐音不雅，力求做到易认、易记、易写、易读、易懂。考虑到企业成立后的商标注册事宜，最好能够把企业的商号与商标二者合一。

（3）行业

一般而言，创业者应根据自己的经营范围或经营方式确定企业名称中的行业或经营特点的字词。创业者选定的字词应当具体反映企业生产、经营或服务的范围、方式及特点。依据国家工商行政管理总局颁布的《企业名称登记管理实施办法》的规定："企业经济活动性质分别属于国民经济行业不同大类的，应当选择主要经济活动性质所属国民经济行业类别用语表述企业名称中的行业。"当然，企业为反映其经营特点，可以在名称中的字号之后使用国家（地区）名称或者县级以上行政区划的地名。例如，广州××四川火锅有限公司，深圳××巴西烧烤有限责任公司。这些地名就不视为企业名称中的行政区划，这类字词（如"四川火锅""巴西烧烤"等）均属企业的经营特点。同时，给企业起名时，不得有明示或者暗示有超越其经营范围的业务之嫌。

（4）法律组织形式

目前，我国企业使用的法律组织形式大体有两类：法人公司类和其他企业类。其中，法人公司类有"有限责任公司"和"股份有限公司"。创业者一般以"有限责任公司"作为新创企业的法律组织形式，而创办独资企业或合伙企业一般以"厂""店""馆""所""社""堂"等字词冠名，以区分两类不同企业的法律组织形式。

2. 企业名称预先核准方法

明确了企业名称的构成要素后，创业者需进行名称的预先核准。按照《企业名称登记管理实施办法》的规定，按照企业名称预先核准提交材料的规范要求，拟把自己起好的企业名字予以核准，可按以下方法进行。

1）准备好全体投资人签署的"企业名称预先核准申请书"。

2）准备好全体投资人签署的"指定代表或者共同委托代理人的证明"及指定代表或者共同委托代理人的身份证复印件（本人签字）；并标明具体委托事项、被委托人的权限、委托期限。

3）直接到工商行政管理机关办理企业名称预先核准的，工商行政管理机关一般当场就可以对申请预先核准的企业名称做出核准或者驳回的决定。予以核准的，发给"企业名称预先核准通知书"；予以驳回的，发给"企业名称驳回通知书"。通过邮寄、传真、电子数据交换等方式申请企业名称预先核准的，按照《企业登记程序规定》执行。

（二）营业执照的申办程序

1. 企业登记材料的准备

创业者要创办一家有限公司，需按有限责任公司设立登记提交材料规范的要求，认真备齐以下材料，然后到所在地的工商行政管理局企业登记注册处正式提交申请。具体材料如下。

1）公司法定代表人签署的"公司设立登记申请书"。

2）全体股东签署的"指定代表或者共同委托代理人的证明"及指定代表或委托代理人的身份证件复印件；标明指定代表或者共同委托代理人的办理事项、权限、授权期限。

3）全体股东签署的公司章程。

4）股东的主体资格证明或者自然人身份证件复印件。

5）股东首次出资是非货币财产的，须提交已办理财产权转移手续的证明文件。

6）董事、监事和经理的任职文件及身份证件复印件；法定代表人任职文件及身份证件复印件。

7）住所使用证明。

8）"企业名称预先核准通知书"。

9）公司申请登记的经营范围中有法律、行政法规和国务院规定必须在登记前报经批准的项目，还须提交有关的前置审批文件或许可证书复印件。

2. 登记机关的审查、受理和决定

审查是注册审批工作的关键环节，主要由工商行政管理机关来完成。在审查过程中，申请材料不齐全或者不符合法定形式的，企业登记机关会当场或者在5日内一次告知申请人需要补充的全部内容。如果企业登记机关做出不予登记决定，会出具"登记驳回通知书"，注明不予登记的理由。一般而言，申请人或者其委托的代理人到企业登记机关提交申请予以受理的，会当场做出准予登记的决定，并出具"准予设立登记通知书"，告知申请人自决定之日起7日内，领取营业执照。

3. 营业执照的颁发

营业执照是企业法人营业执照的简称，是企业合法经营权的凭证。公司营业执照载明了公司的名称、住所、注册资本、经营范围、法定代表人姓名等事项。营业执照分正本和副本，二者具有同等法律效力。正本应当置于公司住所或营业场所的醒目位置，营业执照不得伪造、涂改、出租出借、转让。

（三）企业印章刻制的有关规定

企业印章又称企业公章，是指刻有企业规范名称的印章，主要包括企业规范名称章以及冠以规范名称的合同、财务、税务、发票等专用章。企业印章非常重要，它盖在文件、合同、票据等书面材料上就代表着企业的意志，具有法律效力。国家对公司公章的权威性也给予保护，企业没有按照国家有关规定刻制、使用和保管印章，给他人造成损害的，应承担相应的法律责任。因此，企业印章必须依法刻制、妥善保管和正确使用。

1. 新创企业印章刻制规定

新创企业刻制印章，须凭工商部门的"刻制公章通知书"和营业执照副本、公章样式等材料到公安机关指定的刻字社（部、门市）刻制公章。企业规范名称章只能刻制一枚，若有必要，可再刻制一枚规范名称的钢印；合同专用章、财务专用章、发票专用章可以刻多枚，但每一枚须用阿拉伯数字予以区分。

刻制企业内设机构章、法定代表人章、财务会计出纳专用章的，可直接凭本企业的介绍信、营业执照副本及所刻人名章的居民身份证到刻字社刻制。企业内设党、团、工会等机构，按有关组织法的规定，须报经上级机关批准后，持有关批准文件到公安机关指定的刻字社刻制印章。

2. 企业重新刻制印章规定

因变更名称或印章损坏等原因，需要重新刻制公章和其他业务专用章的，拿营业执照副本和企业公函到公安机关办理准刻手续。企业应将旧印章送公安机关指定的刻字社销毁后，方可启用新的印章。

企业公章或业务专用章丢失，需要重新刻制的，应先在公开发行的报刊上刊登印章丢失作废公告，公告刊载后，企业持公告及营业执照到原批准刻制的公安机关办理印章丢失备案登记和补刻印章的准刻手续。重新刻制的印章在式样等方面应当与丢失的印章加以区别。

（四）组织机构代码证的申办

组织机构代码是国家质量技术监督部门根据国家有关代码编制规则编制，赋予国家机关、企事业单位、社会团体及其他组织机构在全国范围内唯一的、始终不变的法定标识，其作用相当于身份证号。组织机构代码书包括正本、副本和电子副本（IC卡）。目前，组织机构代码已在工商、税务、银行、公安、财政、社会保障、统计、海关等40多个部门广泛应用，成为连接各行政职能部门之间信息管理系统的桥梁和不可替代的信息传输纽带。

办理组织机构代码要选择相应的代码中心进行办理。具体的规定是不同行政级别批准成立的公司到其相应的代码中心办理代码证书。如经市级工商行政管理机关批准成立的公司，就到市代码中心办理代码证书。新创企业应自成立之日起30日内到所在地的质量技术监督部门申办组织机构代码，申请时须准备好以下材料。

1）填写好组织机构代码申请表。
2）提供企业法定代表人的身份证原件及复印件。
3）提供委托书、委托人身份证原件及复印件。
4）提供营业执照副本原件及复印件。

质量技术监督部门在受理申请后将对申请企业提交材料的真实性、合法性、有效性进行审核，符合条件的核准登记，发给代码证书；不符合条件的，退回申请或告知补齐有关资料。

（五）税务登记申报的一般程序

税务登记是纳税人履行纳税义务向税务机关办理的必要的法律手续，是税务机关依据税法规定对纳税单位和个人的生产经营活动进行登记管理的一项制度。依法纳税是企业的基本义务。新创企业须在领取营业执照之日起30日内申办税务登记，取得税务登记证。纳税人应把税务登记证悬挂在营业场所，亮证经营。

我国税务登记实行属地管理。新创企业应当到生产、经营所在地或者纳税义务发生地的主管税务机关申报办理税务登记，如实填写税务登记表，并按照税务机关的要求提供有关证件、资料。申报税务登记须准备以下资料。

1）填写好"税务登记表"并加盖公章。
2）提供营业执照（副本原件、正本复印件）。
3）公司章程复印件。
4）法定代表人的身份证原件及复印件。
5）财务负责人会计证、身份证复印件。
6）组织机构代码证书副本原件及复印件。
7）生产经营场所的所有权证明或租赁合同。
8）主管税务机关要求提供的其他资料。

主管税务机关对纳税人的申请登记报告、税务登记表、营业执照及有关证件审核后，即可准予登记，并发给税务登记证。新创企业在领取税务登记证件后，就可以向主管税务机关申请领购发票。

(六) 银行账户开设的基本程序

企业银行账户是企业为办理存贷款业务和进行资金收付活动在银行开设的户头。根据国家现行有关制度的规定，每个独立核算的经济单位之间的资金往来，除了按照规定可以使用现金的以外，均须通过银行办理转账结算。

新创企业一般都要开立银行结算账户。银行结算账户是指银行为存款人开立的办理资金收付结算的人民币活期存款账户，按用途分为基本账户、一般账户、临时账户和专用账户。其中，基本账户是企业办理日常转账结算资金收付和现金收付的账户，企业工资、奖金等现金的支取，只能通过此账户办理。企业只能在银行开立一个基本账户。一般账户是存款人因借款或其他结算需要，在基本存款账户开户银行以外的银行营业机构开立的银行结算账户。一般存款账户用于办理存款人借款转存、借款归还和其他结算的资金收付。该账户可以办理现金缴存，但不得办理现金支取。一般账户与基本账户不得开在同一行。开设银行账户的基本程序如下。

1）填写"开户申请书"，即企业要在银行开立账户，须向选定的开户行提出申请，填写"开户申请书"。

2）提交企业法人营业执照正本原件及复印件。

3）提供法定代表人身份证原件及复印件。

4）提供企业组织机构代码证正本原件及复印件。

5）企业税务登记证正本原件及复印件。

6）经办人的身份证原件及复印件。

7）提交预留在银行的印鉴卡，并加盖今后签发支票凭证时使用的印章。

8）开户银行审查，即开户银行对开户企业提交的开户申请书、有关证明、印鉴卡等文件，根据银行有关规定进行审查。经审查同意后，银行确定账号、登记开户、发证，企业就可以领取有关现金及转账支票，开展各种往来结算业务。

二、初创期企业管理的原则

初创期企业管理的首要目标是让企业在市场中生存下来，让消费者认识和接受企业的产品，尽快使新产品开始盈利并进入良性循环。初创期企业要遵循四个原则。

1. "生存第一"原则

初创期的企业，首要任务就是把自己的产品卖出去，挖到第一桶金，从而在市场上找到立足点，使自己生存下来。这一阶段，新创企业要满足顾客的需求，因为企业正是为了满足需求才产生的。"告诉我你能推销出去多少现有的产品"是这一时期的管理要务。生存摆在第一位，一切围绕生存来运作，一切危及企业生存的做法都应避免。

"生存第一"原则要求创业者把满足顾客的需求放在第一位，"顾客是上帝"，是企业生存和发展的"衣食父母";只有不断满足顾客的需求,才能赢得顾客回头率。因而,在这一阶段,包括总经理在内的大多数人都要行动起来,去做销售。所有的人都必须去推销产品,这是新创企业实现销售赚得利润并生存下来的首要举措。把盈利作为公司管理绩效的唯一考核指标,是因为只有开始持续地盈利,才能证明新创企业找到了生存的招数,探索到了新的成功的商业模式,这是新创企业管理的本质所在。这一阶段,最忌讳提出不切实际的扩张目标,盲目铺摊子、上规模,结果是导致现金流枯竭。虽然初创期企业亏损与盈利交替,但直到最终持续稳定地盈利,才算是度过了创业的"婴儿期"。

2. "现金为王"原则

现金对企业的重要性,就像血液之于人一样。企业可以承受一时的亏损,但不能忍受片刻的现金断流。企业成长需要现金,现金不仅能促进当前的成长,还能为未来的成长做准备。通过增加现金流,企业在成长过程中能更好地避免现金危机,并且避免遭遇难以对付的债权人或投资者的支配。新创企业甚至应该为未来的成长自筹资金,以减少对风险资本的依靠。货币就像人的神经中枢,没有了它,其他器官功能就会失灵。一旦企业出现负现金流,将会发生偿债危机,可能导致破产。自由现金流的大小直接反映企业的赚钱能力,它是初创期和成长期企业管理的重点。

毫无疑问,让创业者最开心的事莫过于看到企业有正的现金流。基于创业管理的要求,创业者和企业部门经理一方面必须锱铢必较,像花自己的钱那样花企业的钱,千方百计增收节支、加速资金周转、控制发展节奏;另一方面可采用"早早收账,迟付账"的方法来实现正现金流。如采用获得顾客的部分预付款、对提前支付的顾客提供折扣、实施严格的收账政策、出售或转让应收账款、与供应商协商优惠的付款条件等策略,来实现企业的正现金流。

3. "分工协作"原则

新创企业尽管在初创期就建立了正式的组织结构,但并不是僵化地按部就班地运行。典型状况是,既施行按部就班的分工模式,又有齐心协力做好当前最急、最紧、最重要事情的团结协作机制。这种看似的"混乱",实际是一种高度"有序"的状态。每个人都清楚组织的目标和自己应当如何为组织目标做贡献,没有人计较得失,没有人计较越权或越级,相互之间只有角色的划分,没有职位的区别,这就是团队精神。即使将来事业发展了,组织规范化了,这种精神仍然是企业文化的重要组成部分。这种在初创期形成的既分工又协作的管理模式,是创业者将来领导大企业高层管理班子的基础。

4. 事必躬亲原则

凡经历过创业的人都有下列体验:直接向顾客推销产品,亲自参与商业谈判,到车间里追踪顾客急需的订单,在库房里装卸货物,催讨货款,策划新产品营销方案,制订薪酬计划,被人蒙骗过,被顾客当面数落刁难过,等等。这是创业路上会经常遇到的事。因此,初创期的创业者切忌做"甩手掌柜",要有事必躬亲的精神,对企业经营过程中的每一个细节做到心中有数、了如指掌,只有这样才能使企业平安成长起来,越做越大。当然,企业进入成熟期后,仍然事必躬亲,不能实现有效授权,反而会成为一种企业病态。

三、新创企业的人力资源管理

企业的发展离不开人才。企业的竞争归根结底是人才的竞争，招揽人才、开发人才是企业安身立命的法宝。研究表明，在企业初创期，创业者的问题主要涉及时间管理、目标设定、绩效衡量这些领域。随着企业进入成长发展阶段，合格的人才、再培训、激励成为创业者关注的焦点。你没有甄选到合适的员工、没有对员工实施必要的培训、没有对绩效进行评价，或者组织文化不支持这种做事方式，你注定会失败。新创企业在人事管理方面易犯的错误主要有：一是用人不当，让不合适的人员继续留在企业；二是薪酬设计不合理，无法吸引和留住生产能力强的人。因此，成长期企业的人力资源管理环节要着力做好员工甄选、薪酬激励、绩效管理及岗位培训等工作。

（一）员工招聘

遴选高素质员工，是企业人力资源管理的核心。招聘工作远不是登个广告，然后等待应聘者到人力资源办公室面试那么简单。有效的选人措施一般有五个步骤。

1）进行工作分析与工作者分析。
2）确定录取分数和可能接受的最低能力水平。
3）招募应选者。
4）实施选人技术。
5）使选人程序有效化。

为某一项工作招聘员工，要确定的第一件事是这个工作是什么样的。只有对工作进行认真分析，才能了解我们实际上希望员工做的是什么工作。一旦了解了做好某项工作的要求，就可以确定适于这一工作的员工需要具备的技巧、能力以及个性特点。通常根据职位的特征向应聘者实施不同的选人方法。目前最常用的选人方法主要有职位申请表、个别会谈、推荐信、心理测试、结构化面试、模拟生产能力信号测试等。从企业招聘者的角度看，由于测试是针对"适合干什么或不宜干什么"的具体工作情况开展的，因而对应聘者在签约前进行工作能力摸底审查，可以减少招聘风险——因为把不合适的人选在招聘环节就淘汰出局，远比聘任后再辞退的成本和风险都要小得多。

特别是在招聘技术或业务的核心人员时，不仅要考察他的岗位技术能力，还要考察他的稳定性。主要做法：从过去的经历来判断其稳定性。比如，他是否经常换单位？他换单位的原因是什么？是因为个人发展，还是因为待遇？他是否结婚？是否打算长期在这个城市待下去？如果将这些问题都搞清楚了，对这个人能否在公司长期干下去基本就有了定论。

（二）薪酬设计

由于薪酬设计不合理，新创企业常会出现"想留的人留不住，想招的人招不来"的现象。因此，有关员工的薪酬待遇问题，也是创业者必须谨慎对待的一项管理工作。效率工资理论告诉我们，工资与生产率之间是相互依赖的。高工资可以增加求职者被解雇的机会成本，抑制跳槽频率，从而诱导员工努力工作。

初创期的企业，若要减轻或防止员工离职对企业运转带来的不利影响，就应把关键岗位的工资定得高于市场平均工资。因为当另一家同等规模的企业中同等岗位的待遇高于本企业待遇的20%时，就有可能会因为待遇问题引起人员从低待遇企业向高待遇企业流动。所以，在制定企业的薪酬制度时，一定要参考本地区同行业其他企业的薪酬待遇，使本企业的薪酬等于或略高于同行业的平均待遇，将有利于企业留住核心员工。同时，企业还应为员工提供福利、社会交往、保障、认可以及晋升机会等其他薪酬，使员工对公司产生忠诚感和信赖感。

事实上，选择较高的工资是雇用和留住高素质员工的一种有效手段。其好处是：既催化了雇员努力工作的主观能动性，使其体验到与众不同的荣誉感和责任感，又能使雇主"萃取"到高素质员工。最恰当的、最符合股东利益的薪酬设计原则：将企业的工资、奖金及其他奖励水平设定在企业可比群体的平均水平之上，这有利于企业吸引、留住和激励高水平的管理人才。基于绩效的薪酬战略就是一项采用忠诚度的经营战略，其意义在于：吸引员工，留住员工，承认和奖励员工，激励员工，服务员工。

（三）绩效管理

绩效管理是人力资源引擎的润滑油。持续提升团队成员的绩效和保持旺盛的士气，离不开良好的绩效管理和奖励机制。定期对团队及其成员进行绩效考核，不仅可以让组织或团队领导随时监控团队及成员的绩效状况，并以此提供相应的资源支持和绩效辅导，还可以依据考核结果及时给团队及成员以奖励，以激发他们的热情，向更高的绩效标准迈进。

新创企业应建立以团队为基础的绩效管理和薪酬体系。在绩效管理体系中，除了考核团队本身的绩效，还需要通过增加周边绩效评价指标和流程上下游的评价指标，强化部门和岗位之间的团队支持和协作，以确保组织内部能够给团队运作提供足够的支持。对于团队成员不仅要考察其业绩，还要对其领导力建设进行评价，因为团队中并非只有经理头衔的领导者才需要具备领导力，团队成员往往需要进行自我管理，领导者所需具备的沟通、协调、计划等能力也是任何一个团队成员所必需的，对团队成员领导力的培养，有利于更多具备领导才能的人脱颖而出，为企业发展储备人才资源。以团队为基础的薪酬激励机制，不仅要求公平合理，有效激励成员，而且要以提高团队凝聚力为目的，把团队的整体绩效和个人绩效结合起来。

（四）培训

新创企业要在竞争中立于不败之地，制订改进员工劳动素质的培训计划也很重要。员工培训是提高企业人力资源管理绩效的关键举措。成长战略导向的新创企业需要不断评估当前劳动力的优缺点，并采取措施弥补缺点。

新员工的入职培训很重要，企业应该让新员工在组织里感到轻松自在。许多新员工在刚开始工作的前几天都感到茫然、紧张，不知从哪里入手，为了帮助他们克服这种感觉，企业主或经理应该带领他们参观公司，把他们介绍给即将共事的同事，并说明他们的工作如何与企业的整体任务相匹配。

初创期的企业培训工作，最好由企业主亲自对新进员工进行岗位培训；规模稍大的企业培训工作，可分别由企业各职能部门的领导负责实施岗前培训工作，即生产部经理负责一线新员工的培训，销售部经理负责新销售员的培训，办公室主任负责新文员的培训。培训方法很大程度上取决于工作的种类和所需的技术，但通常要用到以下五种培训方法。

1）以会代训。由企业的领导者来主持会议，通过会议对重要的想法进行有针对性的辅导，这是企业培训中高层管理人员的常见方法。新企业的创建者应该把团队培训纳入整个培训体系中，有计划地对团队成员所需要的技能及团队协作、沟通能力进行培训。

2）专题讲座。向受训者提供基本政策和程序性工作信息的培训方法。

3）角色扮演。表演特定的场景，这尤其有助于培训销售人员如何推销、主管如何管理下属。角色扮演包含了观察和从实践中学习。

4）自我培训。利用事先准备好的培训资料，员工结合自身情况进行自我学习，这种自我培训方式花费不多。

5）在职培训。在职培训是小企业最常用的培训方法，主要用于具体的工作培训，如展示如何操作机器。还可以采取"请进来，送出去"的在职培训模式，也可以采取"传、帮、带"的方式来实施培训。

总之，随着新创企业的成长和发展，创业者需要进一步开发和改善有效人力资源管理的全部职能。高素质员工的福利、培训、薪酬，都是未来人力资源管理的关键问题。鼓舞员工士气、提高工作满意度、吸引和留住高素质的员工，是企业人力资源管理的永恒主题。

四、创业初期营销管理

（一）寻找目标市场

成功的创业者之所以成功，关键因素是他们找到了目标市场，识别了市场上消费者的真实需求，并且能够提供相应的产品或服务来满足消费者的需求，解决他们的困扰。

1. 识别真实需求

如果现有的产品或服务中存在着未解决的顾客问题且又没有解决方案，而新产品或服务能够更好地解决消费者的问题，那么相对于现有的产品或服务，就有真实需求。

创业者判断真实需求一般应遵循四个步骤：首先，寻找消费者不满意或者未被解决的问题，这些都是消费者真实需求的信号；其次，提出解决这个问题的方案；再次，解决满足消费者的经济性需求，只有以消费者愿意承担并且创业者有盈利的价格向消费者提供所需要的产品或服务时，创业者才能获得真实需求，创业才有意义。最后，识别出可能替代已存在的或在不久很快就会出现的创业方案的其他一些方案。

2. 评估消费者的偏好

创业者在启动新事业时，通常需要从潜在消费者处获得相关信息。这时，需运用各种技术，比如焦点小组、调查研究，与现有消费者和替代品的消费者进行直接交流，与行业专家讨论、研究行业发展趋势等技术。

（二）市场动态

成功创业者在创建企业和投入新产品或服务之前，一定要充分了解、熟悉将要进入的市场，获得充分的信息，这样才能采取正确的市场战略。

1. 市场规模与成长

成长快的市场有利于新企业发展。通过满足潜在消费者的需求，新企业就可以实现快速增长，而且，市场的快速发展意味着存在大量的潜在客户，这有助于创业者利用规模经济来降低创业成本。

2. 把握市场时机

产品具有生命周期，产品生命周期对创业者开发新产品进入市场的能力有重要影响。与可选择的现有产品相比，新产品在质量、可靠性和业绩等顾客价值等方面都存在劣势，这就需要新企业不断改进产品性能，提高质量。这个不断改进的过程就是一个学习过程。一般来看，新产品业绩的发展模式呈"S"形，研究人员把它称为"S曲线"。

成功的创业者很清楚在"S曲线"的初始阶段，很多现有企业不会参与新产品开发的竞争。因为早期的新产品业绩少于现有企业产品的业绩，现有企业没有进行产品创新的动力。事实上，新产品的劣势使得现有企业的管理人员相信新产品不会得到消费者的青睐，因此也不用担心什么。还有一点就是，由于现有企业已经对原有产品进行了技术和人力资源方面的大量投资，因此它们总是倾向于改进现有产品，而不采纳新的产品。直到新产品的业绩超越了现有产品，这些企业才愿意进行产品变革，而此时，创业者已经遥遥领先了。

（三）获得市场认同

创业者向社会提供产品或服务，必须要有市场，能获得大量消费者的认同和喜爱。这就要求创业者做好市场调查，了解在特定的市场中，有哪些消费者，现有产品或服务仍有哪些困扰和不便？他们在什么时候希望接受产品的哪些特征？在有限的资源条件下，创业者通常必须专注于特定的消费群体，从而积累为这些消费者服务的专有技能。同时，新企业成立之前，创业者还要了解将要进入的市场中当前或未来的主导设计或技术标准是什么。

1. 新产品接受模式

新企业要真正成功，就需要让市场广泛接受这些新产品或服务。那么产品或服务如何才能获得广泛的接受呢？在大多数情况下，新产品或服务的接受过程往往遵循一种分布规律，最早接受新产品的消费者可称为创新者，他们的数量最少。跟随创新者接受产品的消费者可称为早期接受者，其后大众消费者开始接受这种产品，最后是较晚接受新产品的落后者，数量也较少。

创新者和早期接受者往往数量很少，虽然产品价格比较高，但是难以产生持续、丰厚的利润，获得大众消费者的认同才是新企业市场营销的关键所在。如何使消费者群体从早期接受过渡到早期大众呢？首先，创业者必须构建解决消费者需求问题的完整方案，而不是仅仅提供产品；其次，专注于某一个细分市场，这样才有能力提供这一市场的全套消费者需求方案；最后，向消费者清晰、有效地表达有关解决方案的信息，使消费者认识到这个新企业会成为满足这一特定消费者需求的领导者。

2. 抢在主导设计之前

许多市场具有主导设计。所谓主导设计是对于一种产品或服务来说，所有企业都采用的将产品或服务的各部分组合起来的一种方式。比如内燃机，这个设计被引入以后，所有的汽车制造商都采纳了这种设计，从来都没改变过。

产品演进过程对于创业者的创业时机非常重要。每当产业发生激进性的技术变革，新企业会纷纷进入，引起竞争。这个时候是新企业进入的最佳时机。此时不存在产品的主导设计，新企业不会因为必须采纳现有企业早有的技术标准而面临竞争劣势。更重要的是，主导设计一旦形成，企业间竞争的重点就转向效率和规模竞争，而在规模方面，新企业相对现有企业而言一般处于劣势。

3. 形成技术标准

在许多产业中，创业者生产的产品或服务必须符合一定的技术标准。所谓技术标准是指经营某种产品或服务所依据的广泛认同的基础。现代企业标准竞争是企业竞争的一个非常重要的方面。那么，如何使你的产品技术标准为整个行业所接受呢？创业者应该从以下几个方面做起。

首先，当新产品刚上市时，创业者应该采取低价渗透策略，比起高价来这样更能吸引消费者，能迅速占领市场，其产品就有可能成为本行业的技术标准。

其次，创业者应该建立与互补产品生产商的关系。互补产品是指一起发挥作用的产品，像录像电影与磁带录像机、计算机硬件与计算机软件等。

最后，创业者需要迅速进入市场而不是等到生产出最优的产品时再进入市场，否则，时间久了，消费者就会采纳别的产品作为技术标准，而此时再强行进入对创业者来说非常困难。

（四）人员销售

人员销售是指创业者通过与消费者直接互动销售产品或服务的活动过程。在新企业的起始阶段，最要紧的是劝说消费者购买新产品。因此，了解哪些活动会影响到新企业营销的有效性至关重要。成功、有效的人员销售必须达到以下目的：首先，激发消费者对新产品或服务的兴趣；其次，识别消费者购买这种新产品的要求；最后，正确解答消费者在使用新产品中存在的疑问。

（五）合理定价

对于新创企业而言，产品价格的制定必须始终围绕三个主要目标：维持经营、当期利润最大化和市场占有率最大化。新创企业在选择定价目标时，应结合本企业的实际情况，综合考虑市场需求量、企业产品的特点、企业实力与对手力量对比等情况，以一个目标为主，兼顾其他目标。

五、创业初期财务管理

财务管理是创业管理的一项基础性工作。处于初创期和成长期的企业往往将管理的重点放在经营上,而忽视财务管理,结果导致创业失败。因此,新创企业财务管理的重要任务是:以财务制度管理为核心,以成本控制为重点,建立产、购、销、存一体化的内部财务信息系统,重视企业财务的安全管理,并持续地改进,使财务管理为企业创造效益,为企业的发展壮大奠定良好的基础。新创企业财务管理最重要的四个方面是:核心资产的管理、融资资金的管理、应收账款的管理、财务管理制度的构建。

(一)核心资产的管理

企业资产有多种形态和特征。现金资产、存货资产、设备设施等都是企业的核心资产,必须加强管理。

一是加强资产单据的建账管理。单据不仅要完整还要严密。单据要一式几联,并明确各联的作用,尤其要注意单据的连续编号。要将每日的销售单据与收到的销售款项进行核对,做到职责分工明确。不相容职务必须分离,如会计管记账、出纳管现金,职务必清晰。

二是定期核对账物。现金是企业中流动性最强的一项资产,容易被挤占、挪用。出纳人员要经常进行对账工作,包括每日结算出现金的日记账余额,并与库存现金核对相符,定期与会计人员核对账目等。要严格执行现金突击盘点及与银行对账制度,及时发现和处理问题,定期盘存。存货也是企业的重要资产,占企业资产的比重往往很大。加强对存货的管理控制,要做好存货的入库、保管、出库等环节的记录,并要定期或不定期地盘存。至少每半年要盘点一次,做到账货相符。有条件的企业可以购买一套企业财务会计电算化的管理软件,以方便创业者了解整个企业的现金流、应收应付款及产、供、销的运转情况。

(二)融资资金的管理

处于初创期和成长期的企业,融资问题几乎成了创业管理的核心财务问题。成长初期的新创企业由于无法获得足够的股权资本,银行的信用也难以取得,因此必须借助其他可能的债权融资渠道和方式(如财务公司、代理商和租赁公司、应收账款融资、不动产抵押)。

新创企业在成长过程中易患上"融资饥渴症"。创业者满足于筹集到尽可能多的资金,其中易犯的错误是易忽视融资的风险管理。融资不仅有代价,而且蕴含着不同的风险。根据一些创业企业的融资经验和教训,创业融资管理应注意两个问题。

一是融资成本。企业面对的融资渠道不同,融资成本也不一样。过高的融资成本对创业企业来讲是一个"大包袱",会抵消新创企业的成长效应。因此,新创企业要学会在投资收益率和资金成本的权衡中做出最佳选择,寻求成本较低的融资组合。

二是要注意"焦油陷阱",即避免过度负债而造成的短期高投资收益率假象。新创企业的过度杠杆(负债)融资比成熟企业的过度杠杆融资更危险,因为新创企业对市场因素的变化具有较高的敏感性。从根本上来说,负债融资形成的资本结构不具有容错性,投资收益率短期可能增加,但是市场因素一旦变化(如商机变化、市场识别失误等),债务危机将毫不留情地淘汰一个看似发展良好的高负债的创业企业。

(三)应收账款的管理

在企业规模较小时,创业者往往只关心销售额,不太关心货款及时回笼的管理问题。因此,防范应收账款管理过程中的各种风险,减少坏账损失,加快企业资金周转,提高企业资金的使用效率,显得十分重要。有时,放弃一笔订单显然要比获得一个收不回货款的生意机会好得多。商业赊销业务所产生的应收账款以及企业经营中发生的各类债权,主要有应收销售货款、预付购货款和其他应收款,严格监督每笔账款的回收和结算,是这一时期管理工作的重点。

要特别注意的是,各种经济业务发生的原始凭证(如销售单、出库单等)一定得保存完整,并及时转交会计记账(这是财务工作的基础,若没有完整的原始凭证就不能做出真实的会计报表)。账簿可以提供每笔业务的信息。通过账簿记录可以更详细地了解各类账户的发生额及余额等信息。

(四)财务管理制度的构建

处于成长期的企业,规范有效的财务管理制度是确保企业健康发展的重要工具。要记住,制度是降低管理成本的有效工具。

新创企业的财务管理体系建设是一个逐步规范、逐步完善的过程。要求在明晰产权的基础上,明确董事会、财务经理、一般财务人员各自在财务战略制定和实施中的地位与职责,并形成内部牵制以及责、权、利相结合的激励性制度安排。另外,为防范企业财务风险,创业者在未找到可信任的出纳之前,最好亲自控制银行个人印鉴,这既有利于掌控现金流状况,又可以确保银行资金的收支安全。

创业者作为企业法定代表人,是企业财务工作的第一责任人。因此,创业者要自觉地学习财务管理的相关基础知识。只有懂规则、懂专业知识,才能有效进行财务管理和监督,避免因不懂规则而造成的不必要损失。

模块四

创新创业类竞赛模块

第九章 大学生科技创新类竞赛

第一节 大学生科技创新类竞赛概述

一、大学生科技创新类竞赛的内涵及意义

大学生科技创新类竞赛是指一类旨在培养大学生科技创新实践能力，提高大学生科学素养的专业性或综合性竞赛。如大家熟知的"挑战杯"全国大学生课外学术科技作品竞赛、全国大学生数学竞赛、中国大学生物理学术竞赛、全国大学生化工设计竞赛、微软"创新杯"全球学生科技大赛、"飞思卡尔杯"全国大学生智能车竞赛、全国大学生机器人大赛、全国海洋航行器设计与制作大赛、全国大学生水利创新设计大赛、全国大学生交通科技大赛、全国大学生光电设计竞赛、国际遗传工程机器设计大赛、中国"互联网+"大学生创新创业大赛、全国大学生数学建模竞赛等。

竞赛的主体是大学生群体，大学生科技创新竞赛的本质是一种创新实践活动，其内涵和功能随着时代和实践的发展而不断发生变化。随着大学教育理念的转变，尤其是创新教育、素质教育活动的蓬勃发展，以及学分制管理的逐步推行，"课内"与"课外"的"界墙"逐渐被推翻，大学生科技竞赛活动逐渐纳入新的教育教学体系中，成为课堂内外紧密结合的整体培养体系。

参加过科技竞赛的同学，不管最终成绩如何，都会收获满满。对于参与科技竞赛带来的形成性绩效中包括提高专业技能、提升综合素质、建立合作圈子、发现知识能力短板、知晓学科前沿和树立学术理想、拓展跨学科知识和增强专业兴趣等方面，而在终结性绩效中包括取得竞赛优异奖项、优先被国内外著名大学录取读硕士或博士研究生、获得研究生推免加分、被行业领先企业（机构）优先录用等。

大学生科技竞赛活动意义重大，影响深远，具体体现在以下几个方面：一是教育意义。从人才培养的角度看，它是一种重要的教学实践活动，是创新教育、素质教育的重要载体和平台。二是科技意义。从科技创新的角度看，大学生科技竞赛活动是整个大学科技创新体系乃至国家创新体系的重要组成部分，可以有效地促进科技进步与发展。三是经济意义。从经济发展的角度来看，竞赛成果的应用可以推动生产力的发展，产生直接的经济效益，经济意义在互联网经济条件下占有越来越重要的地位。四是文化意义。大学生科技竞赛活动属于校园文化活动的一个重要组成部分，并且是较高层次的大学生校园文化活动。五是社会意义。从社会进步的角度看，活动可以引导和推动社会的发展和进步，可以有效地促进科研体制和经济体制的改革。另外，大学生的科技创新可以对社会创新、创业起到积极的推动作用。

二、常见科技创新类竞赛分类与重要时间节点

常见的科技创新类竞赛及时间节点如表 9-1 所示。

表 9-1　常见的科技创新类竞赛及时间节点

序号	竞赛名称	适用专业	时间节点（每届时间略有调整，以官网时间为准）
1	"挑战杯"全国大学生课外学术科技作品竞赛	无专业限制	6月申报及评审，10月决赛
2	全国大学生节能减排社会实践与科技竞赛	无专业限制	4月报名，5～6月初赛，8月决赛
3	全国大学生数学竞赛	无专业限制，分数学专业组和非专业组	9月报名，10月初赛，次年3月决赛
4	全国大学生数学建模竞赛	数学相关专业	9月
5	全国大学生基础医学创新论坛暨实验设计大赛	医学类专业	6月
6	全国大学生基础力学实验竞赛	物理相关专业	5月报名，6月初赛，10月决赛
7	"英特尔杯"全国大学生软件创新大赛	网络、计算机相关专业	4月报名，5月初赛，6～9月复赛，11月决赛
8	"华为杯"中国大学生智能设计竞赛	无专业限制	3月报名，4～5月提交作品，5～6月初审，8月决赛
9	中国大学生iCAN物联网创新创业大赛	无专业限制	4～7月报名，8～9月初评，10月决赛
10	全国大学生机械创新设计大赛	无专业限制	5月预赛，6月初评，7月决赛
11	全国大学生机器人大赛	无专业限制	11月报名，5～8月比赛
12	全国大学生电子设计竞赛	无专业限制	5月报名，8月竞赛
13	全国大学生结构设计竞赛	无专业限制	9月报名，10月建模及评赛

科技创新类竞赛要求学生运用科学思维针对实际问题进行设计和应用，同时也对学科专业知识有统一的考查。参加竞赛有利于参赛者对所学知识进行综合提升和应用，同时学科研究类的竞赛注重参赛者的学术研究和表达观点的能力，有利于培养大学生的学习能力，对于制作类的竞赛，能够加强学生动手能力的培养和工程实践的训练，提高学生针对实际问题进行设计、制作的综合能力。

第二节　创新类竞赛项目设计与实施

一、参加创新类竞赛的基本步骤

参加创新类竞赛前请先准备好回答以下问题（不限于此）：①哪些竞赛项目适合自己；②如何组建与管理团队；③如何寻找指导教师；④如何发现本领域国际研究前沿；

⑤如何发现有趣的现实研究问题；⑥如何做研究；⑦如何处理竞赛中的突发情况；⑧如何进行竞赛项目管理；⑨如何完成参赛作品；⑩如何陈述和表达研究结果；⑪如何制作高质量的 PPT；⑫如何答辩；等等。

参加竞赛，建议分步走。比方说：第一步，参加学校内的竞赛，做个热身，组建一个团队；第二步，参加省级竞赛，提高自己和团队的能力；第三步，参加全国竞赛或国际竞赛，证明自己和团队的实力；第四步，利用竞赛成果进行创业或生产力转化，实现人生价值。

二、创新类竞赛简介

（一）"挑战杯"全国大学生课外学术科技作品竞赛

科技发明制作竞赛中，最重要的比赛是"挑战杯"全国大学生课外学术科技作品竞赛。"挑战杯"竞赛是"挑战杯"全国大学生系列科技学术竞赛的简称，是由共青团中央、中国科协、教育部和全国学联共同主办的全国性的大学生课外学术实践竞赛，竞赛官方网站为 www.tiaozhanbei.net。

"挑战杯"竞赛是由共青团中央、中国科协、教育部、中国社会科学院、全国学联和地方政府共同主办，国内著名大学、新闻媒体联合发起的一项具有导向性、示范性和群众性的全国竞赛活动。自 1989 年首届竞赛举办以来，"挑战杯"竞赛始终坚持"崇尚科学、追求真知、勤奋学习、锐意创新、迎接挑战"的宗旨，在促进青年创新人才成长、深化高校素质教育、推动经济社会发展等方面发挥了积极作用，在广大高校乃至社会上产生了广泛而良好的影响，被誉为当代大学生科技创新的"奥林匹克"盛会。竞赛的发展得到党和国家领导人的亲切关怀，江泽民同志为"挑战杯"竞赛题写了杯名，李鹏、李岚清等党和国家领导人题词勉励。历经十多届，"挑战杯"竞赛已经成为吸引广大高校学生共同参与的科技盛会。从最初的 19 所高校发起，发展到 1000 多所高校参与；从 300 多人的小擂台发展到 200 多万大学生的竞技场，"挑战杯"竞赛在广大青年学生中的影响力和号召力显著增强。

"挑战杯"竞赛是优秀青年人才脱颖而出的创新摇篮。竞赛获奖者中的代表人物有：第二届"挑战杯"竞赛获奖者、国家科技进步一等奖获得者、中国十大杰出青年、北京中星微电子有限公司董事长邓中翰，第五届"挑战杯"竞赛获奖者、"中国杰出青年科技创新奖"获得者、2017 十大经济年度人物、改革开放 40 年百名杰出民营企业家、科大讯飞信息科技股份有限公司董事长刘庆峰，第八届"挑战杯"竞赛特等奖获得者、第九届"挑战杯"竞赛获奖者、"中国青年五四奖章"标兵、获得"中国教育年度新闻人物"和"中国大学生十大年度人物"殊荣的大学生胡铃心等。

"挑战杯"竞赛是引导高校学生推动现代化建设的重要渠道。成果展示、技术转让、科技创业，让"挑战杯"竞赛从象牙塔走向社会，推动了高校科技成果向现实生产力的转化，为经济社会发展做出了积极贡献。

"挑战杯"竞赛是深化高校素质教育的实践课堂。"挑战杯"已经形成了国家、省、高校三级赛制，广大高校以"挑战杯"竞赛为龙头，不断丰富活动内容，拓展工作载体，把创新教育纳入教育规划，使"挑战杯"竞赛成为大学生参与科技创新活动的重要平台。

"挑战杯"竞赛是展示全体中华学子创新风采的亮丽舞台。香港、澳门、台湾众多高校积极参与竞赛，派出代表团参加观摩和展示。竞赛成为青年学子展示创新风采的舞台。

"挑战杯"竞赛在我国共有两个并列项目，一个是"挑战杯"中国大学生创业计划竞赛，另一个则是"挑战杯"全国大学生课外学术科技作品竞赛。这两个项目的全国竞赛交叉开展，每个项目每两年举办一届。

"挑战杯"全国大学生课外学术科技作品竞赛的作品形式包括高等学校在校学生申报自然科学类学术论文、哲学社会科学类社会调查报告和学术论文、科技发明制作三类作品参赛，其中哲学社会科学类社会调查报告和学术论文属于文科类作品，另两类属于自然科学类作品。

（二）全国大学生机械创新设计大赛

全国大学生机械创新设计大赛是由教育部高等学校机械基础课程教学指导分委员会主办，全国机械原理教学研究会、全国机械设计教学研究会联合著名高校共同承办，面向大学生的群众性科技活动。目的在于综合设计能力与协作精神；加强学生动手能力的培养和工程实践的训练，提高学生针对实际需求进行机械创新、设计、制作的实践工作能力，吸引、鼓励广大学生踊跃参加课外科技活动，为优秀人才脱颖而出创造条件。

参加全国大学生机械创新设计大赛，可以提高大学生的创新意识和创新设计能力，使学生能够为解决实际问题而主动去学习知识，变被动接受知识为主动索取知识，让学生早日将所学的理论知识用来解决实际问题，不再只是纸上谈兵，早日与社会接轨。可以让一批优秀的创新人才脱颖而出，影响其他青年学子，保护大学生的创新激情，让他们的创造潜能得以发挥，使创新理念蔚然成风。参加大学生机械创新设计大赛，可以稳定和锻炼指导教师队伍，使更多教师热衷于指导大学生机械创新设计工作，形成学生、教师和教学、科研相互辐射的互动效应。可以将比赛中反映出的创新能力所需的理论知识、专业技能反馈到教学的各环节，从源头激发大学生创新的潜能，可以将优秀案例融入课堂教学，补充"机械创新设计"通识课程教学内容。可以改善大学生机械创新设计活动的实施条件，提高大学生的实际动手能力。

（三）全国大学生数学建模竞赛

全国大学生数学建模竞赛创办于 1992 年，每年一届，是中国工业与应用数学学会主办的面向全国大学生的群众性科技活动，目的在于激励学生学习数学的积极性，提高学生建立数学模型和运用计算机技术解决实际问题的综合能力，鼓励广大学生踊跃参加课外科技活动，拓宽知识面，培养创造精神及合作意识，推动大学数学教学体系、教学内容和方法的改革。

全国统一竞赛题目，题目一般来源于工程技术和管理科学等方面经过适当简化加工的实际问题，不要求参赛者预先掌握深入的专门知识，只需要学过高等学校的数学课程即可。题目有较大的灵活性，可使参赛者发挥其创造能力。参赛者应根据题目要求，完成一篇包括模型的假设、建立和求解、计算方法的设计和计算机实现、结果的分析和检验、模型的改进等方面的论文（即答卷）。竞赛评奖以假设的合理性、建模的创造性、结果的正确性和文字表述的清晰程度为主要标准。

（四）全国大学生电子设计竞赛

全国大学生电子设计竞赛是教育部高教司、工业和信息化部人教司共同发起的大学生学科竞赛之一，是面向大学生的群众性科技活动，目的在于推动高等学校促进信息与电子类学科课程体系和课程内容的改革。

全国大学生电子设计竞赛的特点是与高等学校相关专业的课程体系和课程内容改革密切结合，以推动其课程教学、教学改革和实验室建设工作。竞赛的特色是与理论联系实际的学风建设紧密结合，竞赛内容既有理论设计，又有实际制作，全面检验和加强参赛学生的理论基础和实践创新能力。全国大学生电子设计竞赛原则上安排在单数年的 8 月中旬举行，为期 4 天。竞赛以赛区为单位统一组织报名、竞赛、评审和评奖工作。鼓励设有信息与电子学科及相关专业或已开展电子设计科技活动的高等学校，积极组织学生参加全国大学生电子设计竞赛。学生自愿组合，三人一队，由所在学校统一向赛区组委会报名。参赛队数由学校自行确定。为鼓励不同类型的高校和不同专业或专业方向的学生都能参加竞赛，全国竞赛专家组根据命题原则，将统一编制若干个竞赛题目，供参赛学生选用。竞赛所需场地、仪器设备、元器件或耗材原则上由参赛学校负责提供。赛题类型主要有以下几项。

1）电源类：简易数控直流电源、直流稳压电源；
2）信号源类：实用信号源的设计和制作、波形发生器、电压控制 LC 振荡器等；
3）高频无线电类：简易无线电遥控系统、调幅广播收音机、短波调频接收机、调频收音机等；
4）放大器类：实用低频功率放大器、高效率音频功率放大器、宽带放大器等；
5）仪器仪表类：简易电阻、电容和电感测试仪、简易数字频率计、频率特性测试仪、数字式工频有效值多用表、简易数字存储示波器、低频数字式相位测量仪、简易逻辑分析仪；
6）数据采集与处理类：多路数据采集系统、数字化语音存储与回放系统、数据采集与传输系统；
7）控制类：水温控制系统、自动往返电动小汽车、简易智能电动车、液体点滴速度监控装置。

三、从选题到参赛

（一）竞赛前准备

如果已经决定参加科技竞赛，那么要准备好回答以下问题（不限于此）：①哪些竞赛项目适合自己；②如何寻找指导教师；③如何发现本领域国际研究前沿；④如何发现有趣的现实研究问题；⑤如何做研究；⑥如何处理竞赛中的突发情况；⑦如何进行竞赛项目管理；⑧如何撰写研究报告；⑨如何制作高质量的 PPT，等等。回答这些问题可以通过以下几个步骤完成。

1. 寻找竞赛信息

首先要做的就是了解获取竞赛信息的渠道，网络、书本等都是我们日常可用的途径。随着网络日益发达，我们可以运用搜索手段，找到我们需要的答案，在对大学生科技竞赛信息有了一个初步的了解之后，选择符合自己专业特长和兴趣所在的竞赛。

参加竞赛，需要提前了解、收集的关键信息主要包括大赛赛制、作品形式和评分标准、专业要求、近几届比赛获奖作品的信息、时间跨度等。

大赛的赛制、作品形式和评分标准，影响参赛者确定自己的参赛方式，但也可以帮助参赛者确定今后研究和努力的方向，参赛者清晰了解这些信息后可以最大限度地少走弯路。在实际生活中，有很多参赛者因不清楚赛制等规则方面的信息导致自己在比赛的时候陷入被动的局面，即使自己的作品再好也无法充分展现出来。

专业要求，可以帮助参赛者确定自己需要哪些方面的知识储备，比如在组建团队方面可以更好地进行相关专业队员的匹配，也可以和自己的实际情况进行对比，找到自己的专业短板，通过课堂内外的学习来丰富自己的知识储备。

近几届比赛获奖作品的信息，可以作为参赛者选题的参考，通过分析这些获奖作品，参赛者可以更直观地认识到这类比赛的考查点。参赛者通过对这些获奖作品共性的总结可以找到比赛鼓励和推崇的元素，通过对这些获奖作品不同点的分析可以找到创意的突破点、加分项，让自己的作品能形成差异化，并脱颖而出。

2. 寻找指导教师

一般在大型的比赛中指导教师的作用是非常大的，指导教师可以利用自己的专业水平、实践背景、资源协调能力、团队管理能力等为参赛学生提供实质性指导和建议，因此建议大家尽量找一位指导教师来协助完成比赛项目。

选择指导教师：①专业相关度。专业相关度是非常重要的因素，因为在项目研究的过程中难免会遇到难以解决的问题，这个时候就需要指导教师引导参赛者突破难点。②时间安排。要找有比较充足的课余时间的指导教师，这样反馈的问题能够得到及时回复，同时指导教师会有更多的精力关注项目进展。③有大赛指导经验。有经验的指导教师能够为参赛者提供技能之外的经验指导，会让参赛者学到更多的比赛技巧以及了解更多的细节问题，从而让参赛者少走弯路。当然还有其他的，譬如指导教师有团队项目研究需要的资源等，这就需要具体问题具体分析了，根据自己团队的需要来寻找指导教师。

3. 准备足够的专业知识

比赛一般都有一定的专业性要求，如何准备相关的专业知识成为竞赛的一项重要内容。概括地讲，我们可以借助课堂、教师、网络、学科文献数据库、其他同学等途径获得专业知识。

课堂是获取专业知识最主要和最直接的途径，但因为受限于学时，普通学生这部分专业知识掌握得其实相对并不扎实也不深入。然而，课堂学习的意义在于帮助我们对专业的整个知识和研究架构有全面的认识，对本专业知识能够解决的问题有一个清晰的认识。而学科文献数据库可谓是最广阔的专业知识"仓库"，要充分利用本专业的数据库资源,这里不仅有着丰富的专业知识资源,还有许多新的尖端的学术成果。学科文献数据库的知识是对课堂学习知识的补充,有效弥补了课堂学习深度不足的缺憾。比赛中遇到的"难题"可能在很多年前就已有学术"大牛"尝试解决并且取得了不错的成果,而使用这种尖端的成果或相对成熟的方法必然也能让自己的作品增色不少。

4. 参赛需要的能力要求

参加科技竞赛需具备如下能力。

1)团队合作能力、与人交流的能力:不论是个人参赛还是团队参赛,作为参赛者都不可避免在比赛中遇到各式各样的人,并且要与他们打交道,其中交流尤为重要。如果以团队形式参赛,那么团队成员必须要有很强的合作能力,避免因为争吵或意见不合而解散团队。

2)表达能力:无论是在决赛场上向评委展示参赛作品,还是在平时合作中向小组成员表达自己的想法,表达能力都不可或缺。这种能力不是短期可以拥有的,它必须经过长年累月的积累,平时多加练习,把握机会,使自己在表达的时候口齿清楚、言辞犀利、意图明确,在最短的时间内表达清楚全部的意思。

3)综合及创新能力:参加比赛,需要各方面的综合素质,要有足够广泛的知识面,可以对知识不精通,但必须知道这些知识可以解决什么问题。另外,创新能力也是必需的,很多科技创新比赛比的就是创意。

(二)参赛基本过程

以全国机械创新设计大赛参赛为例,介绍基本参赛过程及注意事项。

1. 组建项目团队

机械创新设计大赛是对学生综合素质的考验。从涉及知识方面来讲,有机械、电子、液压、控制等专业知识;从实施过程来讲,不仅包括经费的使用,也包含作品的讲解和展示;整个过程都要考验学生的团队协作精神。大赛作品鼓励学生以团队的形式进行申报,机械创新设计大赛一般为3~5人一组。团队组建时建议尽量以三四年级学生为主,一二年级学生为辅组建团队,以项目涉及的专业学生为主组队。大赛在学生的正常学习阶段进行,而学生需在完成正常的学习任务之余进行方案的论证及作品的加工制作,这对学生艰苦创业的精神和顽强进取的意志品质要求很高,大学生只有具备这些优良品质才能坚持下去。另外在作品的制作过程中也往往会碰到很多困难,学生在参赛过程中要适时调整心理状态,遇到困难时,要分析原因、分解困难、逐一解决,并注意帮助参赛同学逐步建立自信心。另外在项目开展的过程中还要注意培养学生的组织能力和团结协作精神,在有限的时间内要进行方案的设计、改进、技术难题的解决,往往不是一个人能完成的,而是集体智慧的结晶,在为共同目标协同作战的过程中,要帮助他们增强集体荣誉感和团队协作精神,群策群力,每个成员都自觉承担相应的责任。选拔的团队应考虑发挥学生的主观能动性和兴趣爱好,学生的选题可能会存在一些问题,要在后期的过程中不断进行修正。作品从构思到最终成形,要经过差不多一年的时间,在这个过程中,学生会发现作品存在各种不足,指导教师可以在原理上、技术上提供建议,使作品实现预定设计目标。

2. 根据大赛主题进行选题

全国大学生机械创新设计大赛每届都会设定大赛主题，学生的作品必须符合大赛主题。参赛学生团队基于自己的认知和兴趣爱好确定的选题，可能会在与大赛主题相符度、创新性或可行性方面存在一些问题，要注意在后期文献查找过程中不断进行修正。一般来说作品从构思到最终成形，要经过差不多一年的时间，在这个过程中，指导教师要注意在原理上和技术上提供建议，帮助学生发现作品存在的各种不足，使作品实现预定设计目标。

3. 文献检索

确定选题后需指导学生充分利用学校图书馆数据库和网络资源，提高文献信息检索能力。主要是在设计方案论证过程中，指导学生根据自己的设计选题进行相关文献资料的检索，了解选题是否已经有类似的作品，如果有类似的作品，可考虑其还存在哪些不足之处，由此确定所选题目的可行性。

4. 运用提高专业知识提升实践能力

一个作品需要用到多方面的专业知识，首先学生必须清楚各机构的工作原理及各零件的作用；其次还应该清楚各零件的性能和合理地选用材料。在设计方案确定后，应着手构建三维模型，选手必须有一定的三维软件绘图能力，在作品设计制作过程中，设计图纸不仅仅是表达结构，更重要的是所有图纸必须是能够直接用来加工的。这就要求学生不仅能绘制图纸，还要对材料选用和加工工艺有深入的掌握。如此，整个赛程下来，学生的专业综合能力一定能得到大大提升。机械创新设计活动的整个过程以学生为主，老师为辅，参赛作品基本是由学生自己动手制作完成。作品所用的零部件、标准件、辅助件、电气元器件的购置、加工、整体装配、调试全部由学生自己参与完成。这样不仅锻炼了学生的实际动手能力，也提高了学生的实践技能，使学生能较熟练地使用各种加工工具和加工设备，能够加工制作出较为合格的作品。

5. 完成参赛作品

提交参赛作品，需要撰写完整规范的设计说明书，并录制作品介绍视频。其中设计说明书要符合科技文章的写作要求，既能清晰、透彻地说明设计意图、机构的工作原理，又要言简意赅，要求学生具备一定的技术文档写作能力；而作品介绍视频则要求具备视频的录制与影视文件的制作技术。在准备参赛作品的同时还要做好答辩汇报准备，学习制作PPT，并且要求学生具有较好的语言表达能力和应变能力。在参赛答辩时应理顺设计思路，认真组织语言，编写答辩提纲，还要有针对性地对评委可能提出的问题做必要的准备，还要掌握一些必要的答辩技巧，确保在答辩时能够清晰、准确地回答出评委教师提出的各种问题。同时，这个过程锻炼并提高了大学生的科技写作和语言表达能力。有的作品具有较高的实用价值，赛后还可组织学生申请发明专利或实用新型专利。

6. 注意事项

1）对于机械类产品的设计应以解决实际问题为主，力求结构简单实用。

2）在确定设计方案后要尽量考虑实验室已有的条件对产品的制作进行规划。

3）在不影响使用的条件下，对于一些能够购买到的零部件要尽量购买，避免不必要的设计。

4）在对零件进行设计时，在满足使用的条件同时还要考虑原料的规格。

5）对于控制系统的设计应在满足实用要求的条件下尽量简单化，并保护好控制元件。

6）对于无受力要求、形状怪异的零件尽量使用 3D 打印技术。

7）设计过程中要尽量考虑产品的装配要求以便于产品最后组装调试的顺利进行。

8）整个过程团队要分工合作，充分发挥各自的专业和技术优势。

四、文科创新类竞赛

文科创新类竞赛中最重要的是"挑战杯"全国大学生课外学术科技作品竞赛中的哲学社会科学类社会调查报告类作品竞赛，其中哲学社会科学类创新竞赛鼓励参赛学生将所学知识与经济社会发展紧密结合，探索运用科学理论认识、分析和解决社会问题，为满足社会需求找到创新性的解决方案，为明确的社会和公共利益而进行的创新，简而言之就是探索用更少的投入去获得更大的社会效益，这类竞赛注重提高大学生策划能力、协调组织能力、人际交往能力和解决实际问题的能力。

一般来说，哲学社会类研究过程是从选题开始的。能否选择一个恰当的课题，直接影响到研究的结果。研究者需要在掌握各种信息的基础上，选择需要研究或解决的重大问题或理论问题，同时选择的研究问题又要适合自己的研究条件和能力，从而使研究具有一个良好的开端。在这个意义上，选择课题是哲学社会研究非常重要的一个阶段。研究者在选题过程中必须找到想要回答的问题，要有"问题意识"。"研究课题"并不完全等同于"研究问题"。研究者需要在对社会现象大量观察和阅读相关文献的基础上，提出研究课题需要解决的问题。它的关键之处在于"观察""思考""怀疑"。这里的"观察"含有"解读"之义，它不仅包括对现实生活的观察，也包括对文献资料的"观察"。观察既是一个学习的过程，也是一个反思的过程。在反思过程中提出的问题，通常来自研究者对已有结论及研究成果、研究方法的"解读"，或者是对研究方法、结论及研究成果的怀疑。因此，没有观察就不会有反思，没有怀疑就不会有问题。

1. 选题的意义和标准

（1）选题的意义

在社会科学中，马克思在批判地改造黑格尔唯心主义哲学体系的基础上，通过自己的研究，建立了辩证唯物主义和历史唯物主义的哲学体系。马克思在批判资本主义的基础上建立起来的社会学理论直到现在，仍然是西方社会学理论的重要源泉之一。同样，马克思及其同时代的许多学者对资本主义的批判，推动了资本主义制度的改革和完善，促进了人类社会的进步。这些重大理论的突破，首先都是从提出问题开始的。当然，并不是所有研究课题的提出和解决都会对科学研究产生巨大的作用，但是它们对于人类探索未知领域，对于深化人类的认识来说是不可缺少的。

"问题"也可以分为科学问题与非科学问题，以及正确的科学问题与错误的科学问题、常规问题和非常规问题。在科学研究中，所谓"问题"就是需要进一步探索和研究的疑问。也就是说"问题"是相对于现有的"知识库存"而言的，是现有的"知识库存"不能解决或解答的问题。

相对于自然科学，社会科学中不仅"提出问题"是问题，"解决问题"有时候也是"问题"，尤其是对社会问题的解决。解决问题的方法有的是现存的，有的是需要研究的；对"解决问题方法"的研究本身也是一个"问题"，即使是已经存在的"解决问题的方法"也可能是"问题"，现有的解决问题的方法可能无法解决问题或者会带来不良的结果（其实何谓"不良结果"也是一个问题）；也有可能"解决问题的方法"有多种多样，怎样选择又成为一个问题。因此，说到底无论是提出问题还是解决问题都是"问题"。

在社会研究过程中，人们对具体社会的研究总是从提出问题开始，然后建立研究假设或提出研究设想，经过资料的收集和整理，通过对资料的分析和综合，对研究假设进行验证或从具体的经验事实中概括出一般的结论，并且在这个基础上提出新的研究课题。新研究课题的确立又能推动人们对社会现象的进一步研究，开始进入一个新的研究过程。因此，研究阶段既是人们学习阶段的进一步发展，又是一个周而复始的过程。

从社会研究方法的角度看，选择和确定研究课题的意义首先在于，它实际上决定了研究的方向或目标，即研究课题一旦确定之后，就具体地规定了研究范围、研究对象、研究内容等，整个研究的方向也就此决定。现实生活中的每一项社会研究，都应该是针对特定社会生活领域中的特定社会现象或社会问题的。例如，一项关于城市居民消费的课题，一个研究者在能力有限的情况下，可以选择从消费行为的某个方面着手，而不应该追求全面的研究；如果是对一种新的城市消费行为进行研究，首先采取的应该是描述性研究，先把基本情况搞清楚。当然，有的时候，评价一项研究课题水平的高低往往是根据研究课题是否涉及一些重大理论问题或重大社会问题。但是不能就此认为选择宏观问题的研究，追求"宏大叙事"问题的水平就高，研究微观问题的水平就低。实际上，一项研究课题所反映的研究水平的高低是看这种选题能否在比较深入的层次上揭示社会现象的内在联系，是否在比较高的层次上概括社会现象的整体状况、发展变化规律，是否回答了人们在社会中遇到的、普遍关心的新问题，而不是在比较低的层次上简单地列举社会现象的个别状况和具体表现，在比较浅显的层次上描述社会现象的表面特征，甚至重复研究已经明了的事实、状况和结论。

另外，一项研究课题的选择和确定还影响到研究的过程及方法。对于社会研究来说，研究课题的确立，意味着研究目标和研究方向的确立。如何达到目标又与具体的研究过程和研究方法有关。例如，关于城市居民消费行为的研究，可以有不同的课题类型：全国城市居民消费行为研究；城市青年"月光族"现象研究；小城镇居民的闲暇消费研究；城市居民的消费行为和地位象征研究等。上面四种类型的研究课题对于研究对象、内容、方法、规模等要求是各不相同的。它们或者是以全国城市居民为总体的抽样调查（全国城市居民消费行为研究），或者是在一定范围内的抽样调查（城市青年"月光族"现象研究、城市居民的消费行为和地位象征研究），或者是以个案研究、非参与观察为主（小城镇居民的闲暇消费行为研究），或者是以描述性研究为主（全国城市居民消费行为研究、城市青年"月光族"现象研究），或者是以解释性研究为主（城市居民的消费行为和地位象征研究），或者以结构式问卷作为收集资料的工具，或者采用深度访问法收集资料；或者以单一的调查对象为主（城市青年），或者调查对象异质性程度较高（城市居民）。显然，不同的研究性质，选取样本的方法、收集资料的方法是有很大区别的，相应的研究过程也完全不同。

（2）选题的标准

研究课题的选择是否恰当直接影响到研究质量和研究结果。不适当的研究课题本身就意味着它的研究质量不会很高，它的研究结果和结论可能是重复的。例如，前几年我国各地开展了大量的有关老年人问题的调查，取得了不少研究成果。但是也有不少老年人问题的调查结果是重复的，基本上是以描述性研究为主，缺少理论分析工具，并且定量分析的技术也比较简单。如果研究者再选择有关老年人问题的研究课题，要么是有把握能够在前人研究的基础上有所突破，要么是有关老年人问题出现了以前没有的新问题，如老龄化浪潮和独生子女时代的联袂到来。

研究课题与研究者能力、社会生活的经验积累以及各种客观条件不相符合，也容易导致研究质量不高。尤其是大学生，在选择研究课题时应该选择与自己生活关系密切的问题进行研究。如在上述四个研究课题中，大学生最容易把握的问题是"城市青年'月光族'现象研究"，其他三个问题对于大学生来说相对较难把握。同时，学生经费有限，要做规模很大的抽样调查也是不现实的。

2. 研究主题的确定

（1）研究的主要问题

研究主题，顾名思义就是研究的主要问题，是研究领域的进一步收敛，是在一定的学科视角下确定的研究课题中需要提出的具体问题。例如，关于城市居民消费行为的研究主题就是"消费"，这个主题所在的学科视角可以是经济学、社会学，或者心理学，也可以是多学科视角的。明确研究主题可以使研究者确定研究主题所在的学科领域，为在一定学科视角下确定研究问题奠定基础。研究者可以在对文献资料梳理和对社会生活观察的基础上，提出自己在这一研究课题中希望回答的具体问题。例如，关于城市居民消费这个主题，经济学通常运用一些经济变量解释人们的消费行为，或者从"经济人"假设出发，把消费行为看作交换双方的一种计算；社会学则更多的是从消费的象征性功能考虑，既可以是对城市居民消费行为基本状况的调查，也可以是对这一领域中新出现的消费行为的调查，对某一社会阶层消费行为的调查；在我国还可以研究公务领域的消费如何被转变为私人消费，医疗保障的社会性消费如何转变为家庭成员共享的消费，等等。因此，研究主题就是一项课题在其确定的学科领域内需要讨论和探索的具体问题。

（2）研究课题的具体化

研究课题具体化就是指对研究课题的具体界定，把比较含糊的想法变成明确的问题，把比较宽泛的研究范围变成特定范围或特定领域，把笼统的研究对象变成具体的可以操作的具体对象。从这个意义上说，从一个含糊的、宽泛的、笼统的研究课题到一个具体的、明确的研究课题的过程是一个逐渐"收敛"的过程。

通常研究课题的含糊、宽泛、笼统首先表现为研究范围过于宽泛。例如，有的学生非常关注我国社会结构的问题,选择诸如"中外社会结构比较研究""我国社会结构的调查研究"这样的课题。这样的研究课题不是说不能做,但就大学生本身的知识结构和能力来说,做起来相当困难。其次表现为研究内容不清楚。以社会结构研究为例,这是一个相当大的研究领域,研究它不仅需要非常深厚的学术功底和丰富的研究经验,而且这一领域所包含的问题相当多。从社会学的角度看,社会结构可以从不同的层面进行研究,其中包括个人与角色、家庭和家族、群体和组织、阶级与阶层、国家与社会。现在通常是从社会分层的角度研究社会结构。而且社会分层本身也包含很多问题,既有理论层面的问题,也有经验层面的问题。因此,对于初学者,一方面虽然提倡青年人应该敢于思考,敢于研究,但同时也应该以科学的研究方法为基础,把大胆的想象和细致的研究方法结合在一起。最后表现为研究对象不明确。还是以社会结构研究为例,如果从社会分层的角度研究社会结构,它既可以从整体上研究社会分层的基本状况,所涉及的研究对象包括全体成年人,可以单独研究某个具体社会阶层的状况,如白领阶层、产业工人阶层、农民阶层等。

研究课题具体化的方法或途径实际上就是界定研究范围、明确研究内容、确定研究对象。界定研究范围就是把一个很大的调查范围,如一个国家,缩小到一个省市、一个地区,甚至一个单位。明确研究内容就是把比较抽象的研究主题变为经验研究中可以操作的具体问题,有的时候可以把一个比较大的课题分解为若干个子课题。

3. 研究设计与实施

研究设计一般来说是在选择、确定研究课题后进行的,但是两者在时间上的前后间隔不会很长,有的时候研究者在选择和确定研究课题及研究问题的同时要考虑具体的研究方法。所谓研究设计是指对研究课题的意义、目的、性质、研究方式、研究设想、研究过程和研究方法的详细说明;或者说是按照研究课题的目的和任务,预先制订的研究方案和计划。研究设计是社会研究实施的可靠依据,包括涉及研究特定社会现象或问题的具体策略,确定研究的最佳途径,选择合适的研究方法以及制订具体的操作步骤、研究方案等。研究设计在社会研究中,以及向有关方面申请研究项目和研究经费有着非常重要的作用,它既是一份研究计划的说明书,又是有关研究设想的阐述,并对研究步骤、研究方法做了详细的规定。因此,研究设计对指导和监控社会研究全过程以及向有关方面申请研究项目和研究经费有着非常重要的意义。

从研究设计的角度看,把握好研究方式、研究性质和研究目的之间的关系是很重要的,研究者只有确定研究课题在研究方式、研究性质和研究目的的位置,才能提出自己的研究思路,设计研究方案。

在社会研究中,研究方式是指一项课题在研究时所采用的具体形式和方法,可以分为调查研究、实地研究、文献研究和实验研究;研究目的或作用可以分为探索性研究、描述性研究和解释性研究;研究性质可以分为理论性研究和应用性研究。一项研究课题在研究方式、研究性质和研究目的中的位置是相互联系的,而不是独立和分割的。也就是说,一项研究课题可以同时是"调查研究""理论性研究""解释性研究"或者其他。

在研究设计中,除了要注意研究性质、研究方式和研究目的之外,还要考虑时间性因素,即是采用横向研究还是采用纵向研究方式。从宽泛的意义上说,调查研究或量化研究主要是横向的，实地研究或质性研究主要是纵向的，但调查研究有时也采用纵向研究方式，如趋势研究、同期群研究、同组研究；实地研究从它的特点来说一般不会采用横向研究方式，当然并不排除对某一时间横断面的社会现状进行深入的调查（如对突发事件的研究），实地研究采用纵向研究方式，也仅仅是指对社会现象进行深入的历史考察，一般不会拘泥于纵向研究中的趋势研究、同期群研究和同组研究那样的严格规定。

第三节 创新类竞赛项目参赛作品撰写

一、自然科学类学术论文

自然科学类学术论文是指某一学术课题通过科学实验、调查研究、实际观测、理论分析等，获得具有新的科学成果或创新见解和知识的科学记录，或是某种已知原理应用于实际中取得新进展的科学总结，用于提供学术会议上宣读、交流或讨论，或在学术刊物上发表，或作其他用途的书面文件。撰写学术论文的目的是将研究者绞尽脑汁设计的实验过程、辛辛苦苦进行各种试验所获得的重要数据，甚至是重大发现或发明，向世人公布，与同行交流，并得到应用。

学术论文概念与科技论文概念之间的区别是比较模糊的，不同的人有不同的表述。不妨从以下几方面来认识。

学术论文是学术层次最高的科技文章，它应该具有原创性，即文章必须是作者自己所写，具有作者自己的学术观点，报道创新的内容（新发现、新观点、新方法、新分析、新规律等）。它一般发表在学术期刊上（科技期刊按报道内容一般可分为综合性期刊、学术性期刊、技术性期刊、检索性期刊等）。学术论文还必须坚持科学性，任何伪科学的、反科学的、弄虚作假的东西，不管其外表如何堂皇，也决不能列为学术论文。那些只凭主观臆断，没有事实根据写成的文章，或者是重复、模仿前人工作写成的文章也不能算是学术论文。

科技论文写作源于科学研究，而科学研究始于科学的选题。我们选择的研究题目要新颖独到；现在流行的说法是，要有创新性。这个题目或点子往往源自我们的敏锐观察。这一点在自然科学研究中似乎更为重要。一些动植物表现、机械运作、自然现象，在普通百姓的生活中可能司空见惯，在一般有知识有文化的人眼中也不见得有什么特别意义，而在善于观察分析的科学家面前可能会有特别的意义，他（她）会提出问题：为什么会有这个表现或现象？其机理何在？这个表现或现象对人类有何益处？如此观察、设问，便引出一个个有价值的研究题目。

（一）基本要求

创新性：至少在前人工作基础上有所进展（需增添若干新的信息）。
科学性：数据真实、逻辑严密、立论有充分依据。
学术性：名词术语及叙述方式符合专业标准。
实践性：实验方法与内容具有可操纵性和可重复性。

（二）基本格式

1. 标题

可先拟定一个试用标题，论文写成后再反复推敲，力争做到与内容相符，言简意赅，最好不要超过 20 个字。切忌大题小做且用生僻的专业术语。

2. 作者

多名作者的排序应避免论文发表后可能引起的纠纷。

3. 摘要

摘要内容是标题的扩充与全文的高度概括，扼要介绍论文的研究目的、方法、结果（主要数据）与结论等，字数宜控制在正文字数的 3%～5%，用第三人称的语气叙述，切忌自我拔高评价。

4. 关键词

特指从论文标题、正文摘要中精选出来，用以提示论文主题内容、具有实质意义和未经加工的自然语言词汇。可参照各个学科的"主题词表"，一般选 3～5 个。

5. 正文

包括前言、实验方法、实验结果、讨论、结论、参考文献等。

1）前言的作用是扼要介绍论文的背景与命题，要解决什么问题，主要的科研思路，工作有何意义等。前言宜短，最好不超过 300 个字，切忌将正文交代的内容提前在此叙述。

2）实验方法，交代所用实验材料和方法、实验分组与数据处理等。常规方法一般不必详述，可用"参见引文"的方式表示，如有改进则应加以说明，这部分内容能反映论文工作的科学性和先进性，以及实验结果的可信度。

3）实验结果部分应体现作者的设计思想，对实验数据要精心整理与规范化处理，并善用图表与照片，做到科学、准确、直观地表达实验结果。

4）讨论，可以在结果之后单列，也可以合并为"结果与讨论"来陈述。二者是论文的核心部分，全文的论证由此引发，推理由此导出，讨论由此展开，最终结论由此得出。其内容重在对全部实验数据及其误差加以分析与研讨，依据所得实验结果，联系前人的有关工作进行严密的逻辑推理，透过现象洞察事物的本质及其变化规律，提出理论假设并多方予以论证，从而使导出的结论有理有据、令人信服。

5）结论是论文要点的归纳和提炼，不同于单纯的实验结果，只有经过充分论证、断定无误的观点才能写入结论中。因此，它是整个研究过程的结晶，是全篇论文的精髓，其写作必须十分精准与严谨，不宜用"大概""可能"一类的模糊词语。对解决了什么问题、得出了什么规律、还有什么问题，应该是非分明地做出回答，要避免在结论中引用过多的实验数据，甚至重复讨论谈过的细节。有时论文后列有附录，多为论文中不便收录的更加详细的背景资料与实验方法，以及常用术语缩写、度量衡单位符号、实验的原始数据等。

6）参考文献限于正式出版的书刊，选主要的和最新的列出即可。

论文引用格式：作者姓名. 题目. 期刊名称(外文期刊可用标准缩写词)，年，卷(期)：起页-止页.

书籍引用格式：作者或编者姓名. 书名. 出版地：出版社，出版年：页码.

二、社会调查研究报告

（一）概述

社会调查研究报告是以文字语言的形式向读者呈现自己的研究成果，以及研究过程、研究方法等，作为科学论文的一种形式是信息存储、知识交流的载体，供特定的读者阅读并加以评判。研究报告的撰写实际上是科学研究过程的延续。因为撰写研究报告实际上是一个与资料和理论"对话"的过程，写作过程充满着"思考"。研究报告的质量不仅取决于撰写人的写作能力，更取决于研究的设计，以及对资料的分析和理论解释能力。因此，一份优秀的研究报告并不是在资料分析以后才进行的（虽然在形式上是在对资料的分析之后才开始的）。研究开始，研究者就要考虑自己的研究将会有什么贡献，要运用什么方法达到自己的研究目的，如何向读者呈现自己的研究成果。甚至可以说，一个规范的研究在它完成之前已经决定了研究报告的结构或布局，撰写者的工作就是在正确理解资料的基础上，运用准确的语言进行表述。虽然研究报告在不同的撰写者笔下会呈现出不同的风格或文风，但一般而言，实证性研究报告还是有其共同的特点和要求的。

（二）结构布局

就一般的写作过程而言，撰写者首先需要考虑的问题是研究报告的写作目的是什么，读者对象是谁，然后根据写作目的和读者对象考虑资料的运用和安排，研究报告的结构或布局，即"为何写（写作目的）、为谁写（写作对象）、怎样写"。

1. 写作目的

按研究课题的性质可以分为探索性研究、描述性研究和解释性研究，研究报告的写作目的也据此分为三种类型。

探索性研究的研究结论具有探索性和不确定性的特征，它要向读者说明探索的目的是什么，得到的初步结果是什么，存在哪些问题，如果进一步研究这个问题应该怎么做。探索性研究是正式研究的前期工作，因此，探索性研究报告不是正式的研究报告，它通常是研究设计的基础，提供给研究主持人分析现有的研究状况，了解研究对象的大致情况，确定研究假设和理论分析框架，以及提供正式研究的决策依据。探索性研究报告的最终形式类似于一份课题申请报告，或者是课题申请报告的蓝本。

描述性研究报告的任务是向读者清楚地说明研究对象的分布特征或特点，详细分析在不同条件或变量下，其他现象或变量发生的变化或差异，需要注意区分哪些是关于样本的描述，哪些是推论到总体的描述，以及推论的误差大小。由于大部分研究都具有描述的要求，因此，描述是大多数研究报告的重要组成部分，包括解释性研究报告也有描述的部分。需要注意的是，在质性研究报告中，描述是极为重要的，相比量化研究报告的统计分析方法，质性研究报告很多采用的是"深描"方法，特别强调对研究现象整体性、情景化、动态化的描述。撰写者在论证自己的观点时，必须以详尽的原始资料为支撑，从原始资料中提炼合适的素材，以资料的"原生态"（如访问对象的谈话、观察记录等）作为论据。现在一些质性研究报告只是"举例说明"，研究者没有进行深入的调查，仅仅举几个例子进行解释或说明，这样的研究报告是肤浅的，也不符合质性研究报告的规范性。

解释性研究报告的任务就是要分析变量或现象之间的因果关系，详细说明研究结果背后的逻辑关系。现在，量化研究报告采用多元回归统计分析已经是一个基本的要求，因此针对读者对象的特点，要对统计分析的结果进行专业性或通俗性的解释，当然也要对研究结论的准确性进行说明。一般而言，量化研究报告能够通过对研究假设的验证来阐述变量之间的因果关系，质性研究报告则是在对现象的具体分析过程中梳理出哪些现象是原因，哪些现象是结果，更注重事件的历史过程，强调在事件动态过程中分析前因后果关系。无论是量化研究报告还是质性研究报告，除了要分析变量或现象之间的因果关系之外，更要在一定的理论依据下，揭示因果关系的内在本质。

2. 读者对象

"为谁写"是指研究报告的读者对象是谁。一般来说，研究报告的读者对象可以分为两大类，即专业读者和一般读者。专业读者主要是具有相关研究领域专业知识的学者，如大学教师、科研人员、在读研究生等。一般读者即非专业读者，既可以是社会上的一般大众，也可以是非专业学者、行政机关的主管和一般管理人员等。不同的读者对象决定了研究报告的特点。供专业读者阅读的是学术性研究报告，学术性研究报告又分为学位论文和供学术刊物发表的研究报告或论文；两者的主要区别在于前者更规范、更详细，后者更紧凑、更注重对研究结果或研究贡献的论证和说明。供一般读者阅读的是普通研究报告。学术性研究报告特别强调对以往研究的追溯和分析，理论解释或诠释，对研究方法的详细说明以及对研究结果的详细论证。普通研究报告比较注重对研究结论的介绍，有时根据项目委托人的特殊要求，需要提出可行性较强的对策和建议，并且形式比较活泼，在量化研究报告中可以采用统计图或统计表等来形象地说明研究结果。

3. 怎样写

"怎样写"研究报告？研究报告是以"实证性"为特点的，虽然与一般论文写作有所不同，但是一般论述文中的三个基本要素"论点、论据、论证或论述"仍然是必须遵循的基本模式。"论点"建立在以往研究资料和自己研究资料归纳的基础上，并且蕴含自己的理论分析；"论据"主要是实证研究中收集和分析的资料，有时可以引用他人研究成果；"论证或论述"是把论点和论据有机结合在一起的过程，运用资料详细说明自己的观点。笔者之所以强调一般论述文的三个要素（这是中学生应该掌握的知识），是因为现在不少研究报告甚至一些受过专业训练的研究者撰写的研究报告只有"论点"，缺少"论证"，没有运用丰富的资料去论述自己的观点，这是所有论文写作中的大忌，论文写作的理想境界应该是"大胆假设、小心求证"。

（三）基本步骤

写作过程的首要步骤是，根据自己对资料的分析拟订初步的写作提纲。写作提纲最为关键的是把自己要研究的核心问题和分析线索贯穿于自己的提纲之中，核心问题和分析线索是与研究报告的主要概念或理论分析框架紧密相连的。在规划报告章节结构的同时，还要大致确定资料的分配。在写作过程中，写作提纲有时还会调整，就如前面所讲的写作本身是一个"思考"的过程，在写作中作者还会产生新的"灵感"，写作提纲有可能进一步调整、修改和完善。如果研究报告准备由多人撰写，写作提纲就需要反复讨论，详细说明每一部分的写作内容。

（四）基本结构

在具体写作过程中，研究课题的性质会影响具体的报告结构，读者对象不同，报告结构也繁简不一。研究报告的基本结构可以分为以下几个部分。

1. 导言或引言部分

这一部分主要阐述研究的问题是什么，研究的目的或意义是什么，其中包括理论意义和现实意义。

2. 文献回顾或述评

文献述评是导言部分中问题提出的根据，也就是说通过文献述评说明研究问题的出发点。前文曾经说过，从某种意义上说，文献质量直接决定了一项研究的质量或学术水平的高低，也是判断真假问题的主要依据。

3. 研究设计

研究设计包括研究框架设计和研究方法设计。量化研究是一种比较规范的研究方式，因此在研究框架设计中要对自己的理论分析框架进行详细的阐述，如假设的说明及其理论基础，假设中主要概念的讨论和界定，理论假设和研究假设之间的关系，抽象概念如何"降维"到比较具体的变量和指标，以及概念或变量的测量方法及其指标等。还要说明研究总体的界定及其抽样方法。量化研究最重要的特点是采用概率抽样方法，因此必须详细说明抽样的具体方法、抽样过程、抽样误差的大小，资料收集、整理和分析方法及其过程，以及对非抽样误差的控制方法等。需要注意的是，在量化研究中，对研究方法的详细说明极为重要，它是衡量一项研究是否科学的前提，一项研究即使获得非常重要的成果，如果研究方法受到质疑，研究成果也不会被学术界承认。

质性研究报告的研究设计虽然不像量化研究报告那么严格，但是也需要说明研究者对研究问题的设想，所研究问题的社会文化背景以及抽样方法（虽然是非概率抽样方法），如何进入现场并与研究对象建立联系，收集和分析资料的方法等。

4. 研究结果的论证

这一部分是报告的主体部分，一般是运用实证资料详细证明研究的主要结论或观点。在量化研究报告中主要通过数据资料描述样本的基本情况，运用统计分析技术对假设进行检验。现在的量化研究已经达到高级统计分析水平，研究生学位论文和学术刊物发表的论文中经常采用的是多元回归分析，能否采用多元回归分析方法往往是一篇学位论文是否达到要求或者研究报告能否公开发表的基本标准。普通研究报告并不一定采用高级统计方法，比较多的是采用频数分析和简单相关分析方法，也可以用通俗的语言表述高级统计分析方法所获得的结果。

质性研究报告主要运用质性资料说明研究结果，它特别强调以"原始资料"的形式说明研究结果，即尽可能以访谈对象的"原话"或现场观察资料进行阐述。也可以通过作者对访谈资料的概述进行解释和分析，但是要注明资料的来源，即说明是来自哪篇访谈资料，研究者自己的看法以"旁白"方式表述。在以事件分析为主的质性研究报告中，一般采用"深描"的方法详细描述事件发展的全过程。

5. 主要结论和讨论

这一部分要简单概括研究的主要结论，在对策性研究报告中还要根据研究发现的问题提出具体的建议和措施。讨论部分往往是比较精彩、富有启发的内容，它通常反映了研究者对问题的进一步思考，其中包括对自己研究的基本评价、研究的学术贡献和存在的问题，在以后研究中能够进一步延伸的学术空间。

6. 中英文摘要

这一部分主要简单概括研究的问题、主要结论及关键词。通常放在研究报告的最前面，有时也可以放在报告的结尾。公开发表的研究报告摘要字数一般在300字之内，学位论文的摘要可以稍微长一些。

7. 注释

即运用注释的方法（脚注、尾注、夹注加参考文献）对研究报告中直接引用和间接引用的他人研究成果、观点、资料进行说明。

8. 附录

量化研究报告主要收录研究的测量工具，如问卷、量表等，以及抽样设计报告、统计数据、统计公式的说明等，其中问卷和量表是不可缺少的。质性研究报告可以根据需要收录经过整理的访谈资料和现场观察资料等。

（五）报告写作技巧

1. 结构与写作技巧

研究报告包括一般论文的结构及写作技巧，与中国古代的八股文的结构有着相似之处，八股文的结构及写作技巧包括破题、承题、起讲、提比、小比、中比、后比、收合（大结）八个方面。其中"破题"即点明题义，类似于现代文的"主题"；"承题"就是对主题的补充，类似于现代文的"副标题"，具有承上启下的作用；"起讲"是比较深入地说明问题的意义和大致内容；"四比"（提比、小比、中比、后比）是正文部分，就是运用分析（包括正面和反面）的方法逐条阐述文章的观点；"收合"即结束语。研究报告中的导言、文献述评部分相当于八股文中的"破题、承题、起讲"，研究结果论证部分相当于"四比",主要结论和讨论部分相当于"收合(大结)"。当然,八股文中的每个部分在字数、句数、词性、对偶、平仄等方面都有严格的规定,并且主要从"四书"选题,代圣贤立言,是仕途的敲门砖,也是束缚士子思想的工具,最终为很多文人所弃。八股文虽然因为它的死板、僵化而被废弃,但是八股文的文体结构对现代文的写作来说还是有启发的,仍然有它积极的借鉴意义。

2. 报告写作需要注意的若干问题

在撰写研究报告时,还要注意处理好以下几个与研究报告结构有关的问题。例如,量化研究报告和质性研究的特点,学位论文和公开发表的论文有什么差别,文献述评是否就是文献的简单分类,怎样立标题,数据资料或原始资料的解释和说明以及注释的规范性等。如果不能处理好这些看似平常的问题,将会影响到研究报告的质量,学生或初学者应特别注意。

1)与量化研究报告相比,质性研究报告的结构或要素组合具有较大的灵活性,有的质性研究报告没有独立的文献述评,而是把文献资料与原始资料的分析结合起来,有的并不严格按照上述次序排列,或者将研究结论放在最前面,以吸引读者的注意。

2)学位论文与公开发表的论文存在较大的差别。一般而言,学位论文特别强调研究的规范性,注重对文献资料的分析和对研究方法的详细介绍。但是公开发表的论文,对于文献述评部分不会详细展开,只是概括地介绍文献述评的主要结论,相关文献如果需要说明的话更多的是采用脚注的方法,对研究方法的介绍也比较简单,一般仅说明抽样方法,对于资料收集和分析方法则简单带过,以突出研究的主要发现。

3)文献述评的写作其实是比较难的,一篇优秀的文献述评本身就是一篇论文。现在的学位论文包括一些公开发表的论文,其中的文献述评往往成为文献资料的分类描述,只是在分类的基础上简单地把文献资料堆砌在一起,这样的文献述评充其量只是文献梳理,忽视了文献述评最重要的功能——评论。作者只有通过对文献的评论才能找到研究问题的出发点或者说"问题",才能在这一领域的研究中有所建树,才能有自己的学术贡献。另外,文献述评其实不是在研究结束后撰写的,通常在研究的开始阶段就要对该领域的已有研究或相关理论进行回顾,从而奠定研究的基础,到了撰写研究报告的时候,文献述评的写作一般只是作文字上的加工或者观点上的提炼,或者补充在研究过程中发现的文献资料。

4)标题要带内容。标题在研究报告中起着画龙点睛的作用,一个好的标题不仅能吸引读者的注意,而且凝聚了研究的主要观点或结论,因此,研究报告包括一般论文的标题和小标题,最好要带内容,即标题要含有实质性的意义。例如,一项课题研究当代城市青少年的社会化,采用的是抽样研究方法,通常的标题是:"关于当代中国城市青少年社会化的研究报告",如果是在一个大城市调查的话,如上海,标题就变为"××××年上海市青少年社会化研究报告"。这样的标题非常乏味,读者最多知道研究课题是什么。如果研究者根据对资料的分析发现城市青少年社会化不仅受到家庭的影响,而且受到网络的影响,并且网络的影响开始加大。此时,研究报告的标题可以改为:"家庭和网络:双重机制下的城市青少年社会化——××××年上海市青少年社会化研究"。这样的标题就是通常所说的"标题要带内容",在主标题中分为主词和副词两部分,主词突出的是研究发现,副词突出的是研究问题，副标题用来说明研究总体范围（副标题可以根据需要设立）。

5）数据资料和原始资料的解释和说明。在量化研究报告中，初学者最容易犯的通病是用文字简单重复统计表上的数据，如频数表上已经清楚地说明了样本的性别、年龄分布的基本情况，但是作者还是用文字重复一遍，或者在相关统计分析中重复叙述列表中的数据。量化研究的数据是非常重要的，如果不用统计表而是用文字来描述数据的意义会使研究报告显得啰唆、冗长。因此在有大量数据的情况下，作者一般是采用统计表的形式描述数据，文字的描述仅是概括统计数据反映的研究对象的特征或有关变量之间的关系。例如，在有统计表的情况下，对样本基本情况的文字描述可以是："在样本中，男生的比例（44.6%）要低于女生（55.4%）……调查对象的家庭月平均收入为3512元"（统计表上只有分组家庭收入资料），"研究发现，学生性别和学习成绩具有较强的关系，两者的相关统计值（η）为 0.32（$p<0.001$），即男女生成绩存在较大差异"。在质性研究报告中，最好的方法是采用原始访谈的资料说明现象的特征或结论，或者在对资料概述的基础上进行分析和解释，切忌采用"举例说明"的方法进行论述。

6）注释。在撰写研究报告时，凡是引用他人资料或观点的都必须注明，这是最基本的学术规范。引用的形式一般有直接引用和间接引用。对于直接引用，人们比较注意说明资料的来源，但是对于间接引用，即用自己的语言概括他人的资料和观点时，有些研究者尤其是初学者往往会忽略注明出处。实际上，人们在引用他人资料或观点时，由于原作者的语言或资料有的比较长，有的分散在不同的地方，因此撰写者还要对这些资料或观点进行概括后才能引用，虽然其中也包含了撰写者的劳动，但是被引用的资料或观点还是为原作者所有，因此，必须注明出处。间接引用说明方法可采用"参见"形式。

第四节　创新类竞赛项目实战案例

一、"挑战杯"全国大学生课外学术科技作品竞赛经典案例

项目名称：白光 LED 用红色发光材料研究

摘要：利用高温固相法制备了一系列不同基质材料的红色发光材料 $CaSb_2O_6:Eu^{3+}$，Bi^{3+}、$Sr_3(VO_4)_2:Sm^{3+}$，P^{5+}，Na^+、$BaWO_4:Sm^{3+}$，Mo^{3+}/K^+ 和 $LiRGe_2O_6:Mn^{4+}$（R = Al 或 Ge），分析测试了它们的晶体结构和发光特性，探讨了它们的合成工艺条件，利用能级图分析了它们的发光机理，在实验室制备了白光 LED 灯和进行发光演示。实验结果表明：这些不同基质材料的红色荧光粉在白光 LED 灯中具有应用前景。

关键词：白光 LED；红光荧光粉；高温固相法；能量传递

一、前言

白光 LED 光源作为新一代绿色固态照明，相对于传统的白炽灯和荧光灯具有许多明显优势，如节能（理论上仅需白炽灯 10%和荧光灯的 50%的能耗）、

环保（无汞等有毒物质）、寿命长（连续工作时间 10 000 小时以上）、坚固、体积小、容易设计、驱动电源安全、无紫外和红外光等辐射。国家在 2015 年两会期间提出要把节能环保产业打造成新兴的支柱产业，《"十三五"国家战略性新兴产业发展规划》和中国版"工业 4.0"规划的《中国制造 2025》已正式对外公布了。这些国家战略行动规划的出台和 LED 照明产品的性能与环保优势，高性能白光 LED 照明产品必将得到快速发展和研究。利用荧光粉系列实现白光 LED 的制作方案通常有两种：①利用紫外（或近紫外）LED 芯片与多种可被其有效激发而发出红、绿、蓝三基色荧光粉组合得到白光 LED。②蓝光 LED 芯片和能够被蓝光有效激发的黄光荧光粉组合。由于这种白光 LED 缺少一种红色荧光粉，使得其色温偏高、显色指数偏低，从而限制其实际应用。因此，红光荧光粉的研究具有重要意义。

此作品是在查阅国内外文献资料基础上，根据实验方案进行具体的实验，分别制备了四种不同基质材料的红色荧光粉，如 $CaSb_2O_6:Eu^{3+}$，Bi^{3+}、$Sr_3(VO_4)_2:Sm^{3+}$，P^{5+}，Na^+、$BaWO_4:Sm^{3+}$，Mo^{3+}/K^+ 和 $LiRGe_2O_6:Mn^{4+}$ (R = Al 或 Ge)，荧光粉。研究了它们的晶体结构和发光特性。探讨了掺杂离子对其发光特性的影响；利用能级图解释了它们各自的发光机理。

二、实验方法

按照作品设计方案，采用稀土化合物、含锰化合物和其他化学药品作为原料，准确称取原材料并研磨均匀，利用高温固相法在空气中经过预烧和高温煅烧制备了四种不同基质材料的红色荧光粉，如 $CaSb_2O_6:Eu^{3+}$，Bi^{3+}、$Sr_3(VO_4)_2:Sm^{3+}$，P^{5+}，Na^+、$BaWO_4:Sm^{3+}$，Mo^{3+}/K^+ 和 $LiRGe_2O_6:Mn^{4+}$ (R = Al 或 Ge)，荧光粉。具体的作品实验流程如图 1 所示。

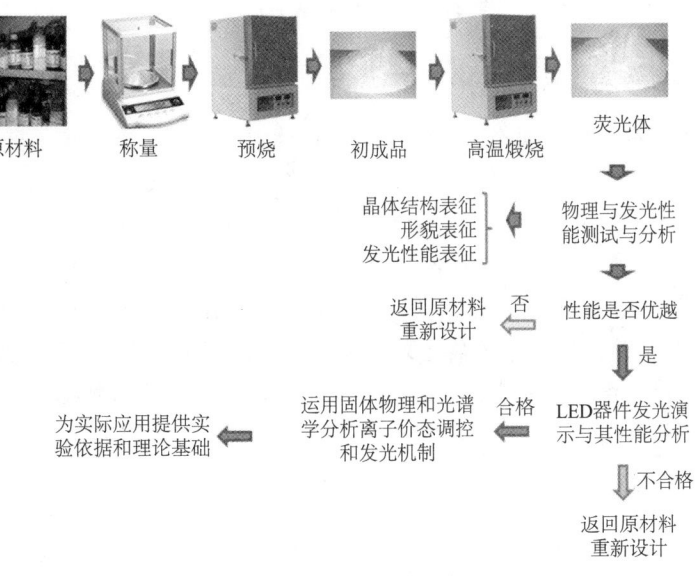

图 1　作品的实验流程图

三、样品表征与性能分析

运用现代分析仪器（X 射线粉末衍射仪器、X 射线光电子能谱仪、稳态-瞬态 FLS980 荧光光谱仪、场扫描电镜和高分辨率透镜等）对样品的形貌、晶型结构、元素成分、荧光寿命、时间分辨光谱、量子效率、发光特性进行测试表征，探索样品的最佳发光条件、发光效率、耐热性和稳定性等；利用光谱学、固体发光理论、固体物理学和晶体结构理论研究样品的发光特性、离子价态控制、能量传递规律、光谱调控机制和晶体结构等。图 2 显示了样品的性能表征和理论分析示意图。

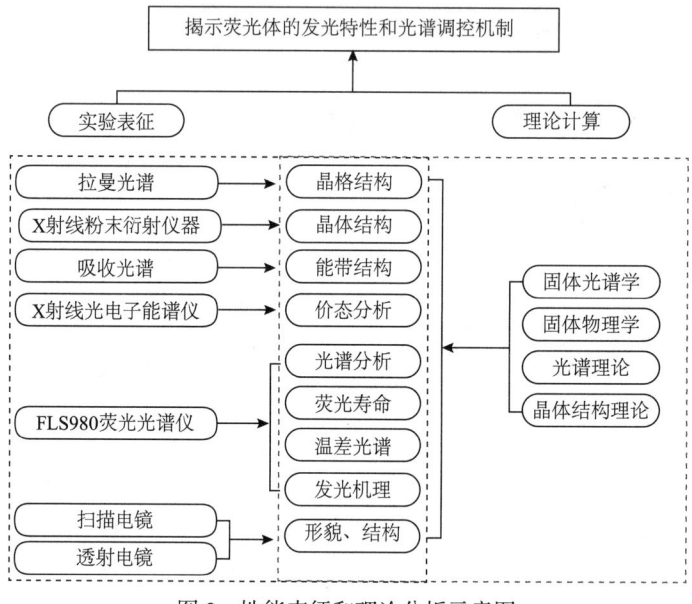

图 2　性能表征和理论分析示意图

四、样品的发光性能

本作品在国内外研究基础上结合自己的前期基础进行研究，经过团队成员的努力，制备了四种不同基质材料的红色荧光粉，如 $CaSb_2O_6:Eu^{3+}$、Bi^{3+}、$Sr_3(VO_4)_2:Sm^{3+}$，P^{5+}，Na^+、$BaWO_4:Sm^{3+}$，Mo^{3+}/K^+ 和 $LiRGe_2O_6:Mn^{4+}$ (R = Al 或 Ge)荧光粉；利用现在分析仪器测试了它们的发光性能。

结果显示，$CaSb_2O_6:Eu^{3+}$、Bi^{3+}、$Sr_3(VO_4)_2:Sm^{3+}$，P^{5+}，Na^+、$BaWO_4:Sm^{3+}$，Mo^{3+}/K^+ 荧光粉在近紫外光激发下发出红光，$LiRGe_2O_6:Mn^{4+}$ (R = Al 或 Ge)荧光粉在紫外光激发下发出红光。这些发光特性显示，这四种不同基质材料的红色荧光粉有可能用于（近）紫外 LED 芯片激发的白光 LED 灯中。

五、暖白光 LED 灯制备

在实验室中，利用 LED 封装技术进行暖白光 LED 灯，主要材料为环氧树脂、（近）紫外 LED 芯片、绿光荧光粉、合成的发光材料等。把样品放在 LED

芯片上，再用环氧树脂进行封装，在恒温箱中烘干，最后得到白光 LED 灯。图 3 显示了实验室制备的暖白光 LED 灯发光照片。

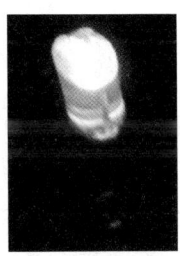

图 3　实验室制备的暖白光 LED 灯发光照片

六、下一步研究

（1）对四种不同基质材料的红色荧光粉[$CaSb_2O_6:Eu^{3+}$，Bi^{3+}、$Sr_3(VO_4)_2:Sm^{3+}$，P^{5+}、Na^+、$BaWO_4:Sm^{3+}$，Mo^{3+}/K^+ 和 $LiRGe_2O_6:Mn^{4+}$ (R = Al 或 Ge)]的发光特性进一步优化，获得最佳发光特性。

（2）利用合成的发光材料在实验室制备暖白光 LED 灯，研究其发光特性，获得一系列实验数据。

七、本作品的前期研究成果

本作品是在查阅国内外文献资料和团队前期研究基础上进行的，是国内外首次研究成果，在曹人平导师的指导下，已经申请 4 篇 SCI 论文，其论文题目如下（具体论文请见附件）。

（1）Renping Cao, Ting Fu（付挺）, Yunling Cao, Shenhua Jiang, Qingdong Gou, Zhiquan Chen, Pan Liu, Tunable emission, energy transfer, and charge compensation in the $CaSb_2O_6$: Eu^{3+}, Bi^{3+} phosphor, J. Mater. Sci.-Mater. Electron. 27: 3514-3519, 2016.

（2）Renping Cao, Haidong Xu（徐海东）, Dedong Peng（彭德东）, Qingdong Gou, Shenlin Zhou, Pan Liu, Xiaoguang Yu, Synthesis and luminescence properties of $BaWO_4$: Sm^{3+}, Mo^{6+}/K^+ red phosphor, J. Mater. Sci.-Mater. Electron. 26: 6776-6780, 2015.

（3）Renping Cao, Wenjie Luo（罗文杰）, Qingqiang Xiong, Aihui Liang, Shenhua Jiang, Yongchun Xu, Synthesis and luminescence properties of novel red phosphors $LiRGe_2O_6$: Mn^{4+} (R = Al or Ga), J. Alloys Compd. 648: 937-941, 2015.

（4）Renping Cao, Dedong Peng（彭德东）, Haidong Xu（徐海东）, Shenhua Jiang, Ting Fu（付挺）, Wenjie Luo（罗文杰）, Zhiyang Luo, Tunable emission, energy transfer and charge compensation in $Sr_3(VO_4)_2$: Sm^{3+}, P^{5+}, Na^+ phosphor, Spectrochimica Acta Part A. 150: 465-469, 2015.

八、总结

本作品利用高温固相法制备了四种不同基质材料的红色荧光粉 [$CaSb_2O_6:Eu^{3+}$, Bi^{3+}, $Sr_3(VO_4)_2:Sm^{3+}$, P^{5+}, Na^+, $BaWO_4:Sm^{3+}$, Mo^{3+}/K^+ 和 $LiRGe_2O_6:Mn^{4+}$ (R = Al 或 Ge)]荧光粉,研究了它们的发光特性,在实验室中制备了白光LED灯。作品的发光特性表明:本作品在白光LED灯中具有一定的应用前景。具体的红色荧光粉发光特性优化和白光LED灯发光特性有待进一步研究。

——案例来自第十五届"挑战杯"全国大学生课外学术科技作品竞赛二等奖《白光LED用红色发光材料研究》(指导老师:井冈山大学曹人平、余晓光)

二、全国大学生机械设计创新大赛经典案例

此案例是第八届全国大学生机械创新设计大赛江西赛区获奖作品,本届大赛的主题为"关注民生、美好家园",主题内容之一有"辅助人工采摘包括苹果、柑、橘、草莓等水果的小型机械装置或工具的设计与制作"。

便携式水果采摘机械

背景:

近年来,吉安市大力发展井冈蜜柚富民产业"千村万户老乡工程",努力推动井冈蜜柚产业的发展。据吉安市果业局统计数据显示,目前吉安市蜜柚种植面积排名全省第一,已达36万亩,产量3.5万吨。几年后蜜柚采摘将面临较大的困难,案例为设计一款主要针对井冈蜜柚的便携式水果采摘辅助机械。

现状调研与分析:

项目成员深入井冈蜜柚果园或基地进行实地调研,形成了下列要点。

1. 当前采摘现状情况

目前,吉安市的井冈蜜柚采摘依然是最为原始的方法。果农有时甚至需要上树手持剪刀进行采摘作业。这些采摘方法对于果农来说工作量较大且较危险,同时蜜柚采摘的效率较低,增加了人工成本,影响了果农的经济效益。

2. 井冈蜜柚的特点

井冈蜜柚的树高3~6m,果柄粗硬,果实较大,使用一般的剪刀难以实现采摘;蜜柚树上长有尖刺,攀爬困难;由于许多蜜柚树都种植在山坡地带,地势复杂,上树采摘较危险。故辅助采摘机械须具有可伸缩(以适应生长高度不一的果树)的功能,便于搬运(以适应各种不同的地势)、能够较方便地切割粗大果柄等特点。

3. 应解决的技术难点

1)实现对粗硬果柄的切割。

2)井冈蜜柚的收集。

3)切割过程,刀片不能误切果枝。

4)准确控制切割动作。

5）采摘机械高度可任意调节。

汇总创意：

项目成员经过多次讨论总结，最后确定设计一款红外线遥控、可伸缩、旋转锯片切割便携蜜柚采摘机械，并研制出了相应的样机。

1. 创新点

1）利用红外遥控技术与单片机相结合的控制方式，实现机电一体化的同时降低产品的结构复杂度。

2）利用 3D 打印技术制作切割系统保护装置。

3）切割角度可以在一定范围内进行调节。

2. 克服技术难点

1）利用红外线控制及伸缩杆套接的方式来实现伸缩功能。

2）设计制作异形刀片保护盖，以对刀片起保护作用，同时也防止刀片在工作时割伤其他果枝。

3）设计有异形导柄钩，使刀片在旋转的过程中实现对果柄的切断。

总体结构：

便携式蜜柚采摘机械总体结构如图 1 所示。

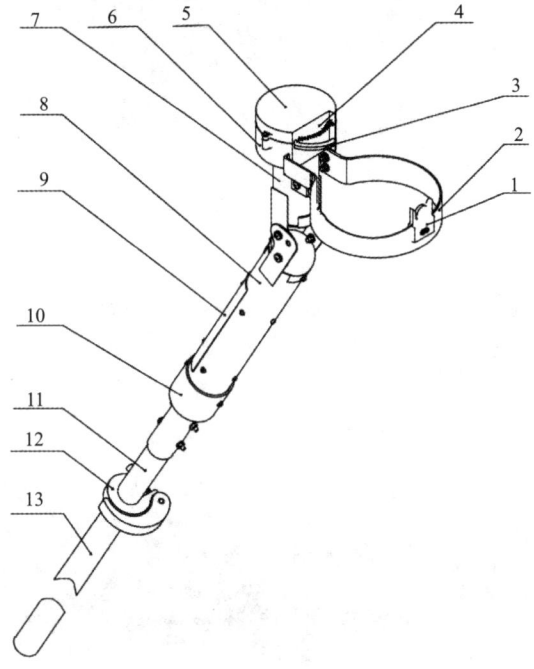

图 1　采摘机械总体结构图

1. 采摘筐 2. 异形块 3. 挡钩 4. 刀片 5. 刀片上盖 6. 刀片下盖 7. 电机箱 8. 电源箱 9. 电源箱盖 10. T 形套杆 11. 连接杆 12. 快拆 13. 伸缩杆

机械工作原理：

采摘时操作者可以在树下通过遥控器控制伸缩杆顶端的 775 直流电机（电

机上装有圆形切割刀片)的工作状态(开与关)来实现蜜柚的采摘工作,同时在刀片下方装有采摘筐来收集采摘下来的果实。同时 775 电机由 6 节 18 650 锂电池组成的可充电锂电池组供电,实现电源循环使用,并具有一定的环保效果。

长度调节系统:为了解决果树高低不同的要求,支撑杆上部利用快拆结构实现快速微调,下部则采用套接的方式来实现粗调,当杆不够长时可快速套接一根 1.5 米左右的快接杆,以达到采摘高度要求。

采摘结构系统:

结构有驱动直流电机、切割锯片、果柄导向钩、采摘收集筐以及切割系统上下盖组成,如图 2 所示。电机带动刀片旋转,当果柄碰到刀片时,锯片会将果柄沿着果柄导向钩向刀片深处带,直至将果柄切断为止。果柄切断以后果实将掉入采摘筐中以便于果实的收集和避免果实的损伤。同时设计有刀片保护盖,用于保护刀片,并且可以防止刀片在工作过程中割伤其他非目标的果枝。

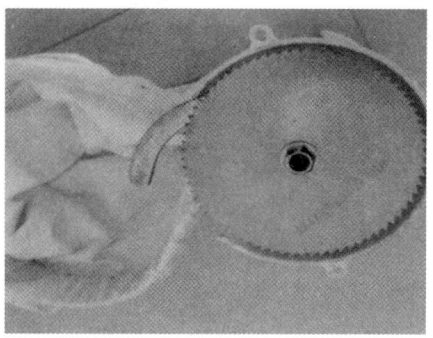

图 2 采摘结构实物图

控制系统:

控制部分实物图如图 3 所示,主要由单片机 AT89C51、LM2809 电机驱动模块、稳压模块、光敏电阻等组成。以单片机为控制核心,采用遥控技术,以红外光电传感器作为接收元件,构成红外遥控、电机驱动系统。本系统可分为电机驱动电路、红外遥控电路。

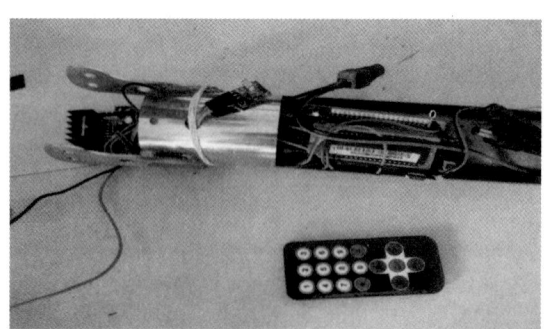

图 3 控制系统实物图

采用单片机输入输出 I/O 口 P3^2 口接收遥控器的红外信号,通过红外接收装置接收遥控器发出的红外信号，经采集处理后传送到单片机，由单片机对数据进行处理，并对电机驱动器发送信号，通过驱动器将电能转化为机械能，以此来控制电机转动。同时可以通过控制脉冲频率以及顺序来控制电机转动的速度、加速度和方向。

控制、切割固定结构设计：

电机固定结构如图4所示，由电机箱主体、电机盖、电机箱上耳以及电机箱下耳组成，电机箱的主要作用是固定并且存放电机，并对电机起保护作用，同时电机箱上耳用于与采摘筐相连接，电机箱下耳用于与电源箱上耳相连接。电源箱结构如图5所示，由电源箱主体与电源箱上耳组成。电源主体主要用于存放控制元件，对控制元件起一定的保护作用，电源箱上耳则与电机箱下耳相连接。电源箱上耳与电机箱下耳有两种不同的连接方式以适应不同的情况。

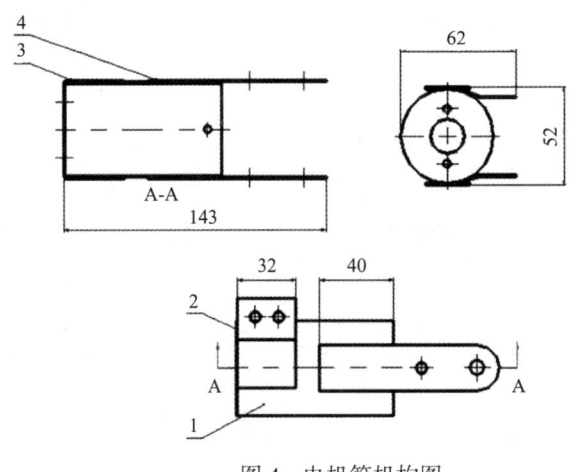

图4 电机箱机构图

1. 电机箱的主体 2. 电机盖 3. 电机箱上耳 4. 电机箱下耳

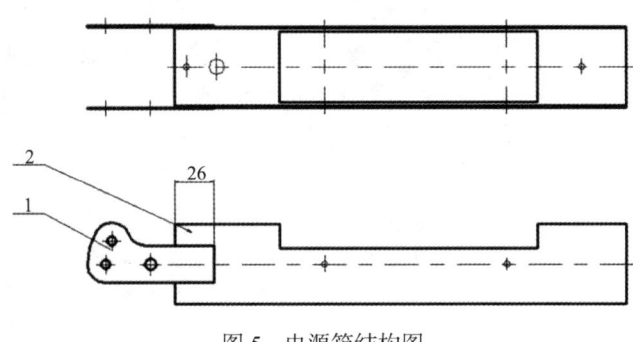

图5 电源箱结构图

1. 电源箱上耳 2. 电源箱主体

电机及切割刀片的选择：

果柄能否被切割取决于果柄的硬度、刀片锋利程度、切割电机转速和转矩。本设计中切割电机选用775高速电机，该电机体积小、转速高、扭矩大。电机工作电压12V，功率80W，空载转速4000r/min，输出扭力0.9千克。切割刀片选用直径为80mm硬质合金圆形锯片，切口锋利、耐磨。

——案例来自2018年江西省大学生机械创新设计大赛项目三等奖《便携式水果采摘机械》（指导教师：井冈山大学易荣喜、谢世坤）

三、全国大学生数学建模大赛案例

本案例来自2013高教社杯全国大学生数学建模竞赛一等奖作品，竞赛题目如下。

题目：车道被占用是指因交通事故、路边停车、占道施工等因素，导致车道或道路横断面通行能力在单位时间内降低的现象。由于城市道路具有交通流密度大、连续性强等特点，一条车道被占用，也可能降低路段所有车道的通行能力，即使时间短，也可能引起车辆排队，出现交通阻塞。如处理不当，甚至会出现区域性拥堵。

车道被占用的情况种类繁多、复杂，正确估算车道被占用对城市道路通行能力的影响程度，将为交通管理部门正确引导车辆行驶、审批占道施工、设计道路渠化方案、设置路边停车位和设置非港湾式公交车站等提供理论依据。

视频1和视频2中的两个交通事故处于同一路段的同一横截面，且完全占用两条车道。请研究以下问题。

1. 根据视频1，描述视频中交通事故发生至撤离期间，事故所处横断面实际通行能力的变化过程。

2. 根据问题1所得结论，结合视频2，分析说明同一横断面交通事故所占车道不同对该横断面实际通行能力影响的差异。

3. 构建数学模型，分析视频1中交通事故所影响的路段车辆排队长度与事故横断面实际通行能力、事故持续时间、路段上游车流量间的关系。

4. 假如视频1中的交通事故所处横断面距离上游路口变为140米，路段下游方向需求不变，路段上游车流量为1500pcu/h，事故发生时车辆初始排队长度为零，且事故持续不撤离。请估算，从事故发生开始，经过多长时间，车辆排队长度将到达上游路口。

注：题目除附有两个视频资料外，还附有视频1中交通事故位置示意图、上游路口交通组织方案图和上游路口信号配时方案图，并要求只考虑四轮及以上机动车、电瓶车的交通流量，且换算成标准车当量数。

车道被占用对城市道路通行能力的影响

摘要：车道被占用是导致道路横断面通行能力降低的重要因素，本文利用视频1和视频2统计出的相关数据，研究车道被占用对城市道路通行能力的影响。

针对问题一，从视频1中可以明显看出在开始的4分钟内车辆运行流畅，在这段时间内道路的实际通行能力应为最大，4 分钟以后碰撞事故导致车辆在事故点出现排队现象，此时道路的实际通行能力降低。另外，从事故发生前后的车流密度图可以看出，事故发生后车流密度明显变小，进一步说明事故发生后道路的实际通行能力降低。

针对问题二，我们利用 MATLAB 软件模拟出事故一和事故二发生前后的车流密度变化图，可直观看出发生事故二的车流密度变化比事故一发生时更为明显，此现象反映出发生事故二的道路通行能力稳定性较差，从而说明同一横断面交通事故所占车道不同对该横断面实际通行能力的影响有较大的差异；为了定量说明这一问题，运用流量-车道占用率关系模型分析出流量与车道占用率之间的关系。并且得出事故一和事故二的实际通行能力 $Q_{\max 1} = 2492.88(辆 / h \cdot 车道) > Q_{\max 1} = 1930.78(辆 / h \cdot 车道)$。由此可知发生事故一的道路实际通行能力比发生事故二的道路的实际通行能力更强。

针对问题三，我们从量化的角度来分析事故所处不同车道上的通行能力。首先利用回归分析得出排队长度与上游车辆总数的相关性最高，其相关性系数为 0.984。其他依次为事故持续时间和道路通行能力，交通事故所影响的路段车辆排队长度与事故横断面实际通行能力、事故持续时间、路段上游车流量间的关系为 $y = 17.243 + 3.915x_1 - 0.551x_2 - 11.668x_3$；其次利用排队论模拟交通流可以得出当车辆数不断增加，即车辆排队长度不断加长时，车辆的停留时间越来越长，道路的实际通行能力越来越差，但道路系统不会轻易崩溃。

针对问题四，我们考虑到车辆在事故中的时空迁移变化，利用元胞自动机对事故交通流进行计算机模拟，得出当交通事故所处横断面距离上游路口变为 140 米，路段下游方向需求不变，路段上游车流量为 1500pcu/h 时，大概经过 8 分钟后车辆排队长度将达到上游路口。

关键字：通行能力；回归分析；排队论；MATLAB 模型；元胞自动机

一、问题分析

这是一个关于车道被占用对城市道路通行的影响的实际问题。

问题一要求描述视频 1 中交通事故发生至撤离期间，事故所处横截面实际通行能力的变化过程。车道被占用是导致道路横截面通行能力降低的重要因素，因此我们首先需要得到车道占用率。根据相关信息了解到车道占用率的计算公式为 $O = \frac{1}{1000} L \cdot K$（$L$ 为车的平均长度，m；K 为车流密度，辆/km）。利用视频 1 统计出相关数据，再利用 MATLAB 软件模拟出流量与占用率之间的关系。从而得出通行能力的变化过程。

对于问题二，同理可得出通行能力的变化情况，采用回归分析得出事故一和事故二的通行量，比较其大小，数据越大说明通行能力越强，据此分析同一横断面交通事故所占车道不同对横断面实际通行能力影响的差异。

问题三要求分析出路段车辆排队长度与事故横截面实际通行能力、事故持续时间、路段上游车流量间的关系。我们将排队长度作为因变量，通行能力、事故持续时间、路段上游车流量视为自变量进行多元线性回归分析。因为在视频中得到的实测数据是有限的且不够精确，我们利用排队论进行模拟车辆数与公路通行能力并计算出每辆车离开上游路口的时刻、到达事故点的时刻和离开事故点的时刻。考虑到出现事故后由原先的三条车道变成了一条车道，出现了瓶颈现象、换道、车速减慢等情况，我们建立了 MAEQLCP 模型得出排队长度的变化率，以更好地分析出实际通行能力、事故持续时间、路段上游车流量对排队长度的影响。

问题四是当视频1中的交通事故所处横断面距上游路口变为140米，其他量不变的情况下，估算从事故发生开始，经过多长时间，车辆排队长度将到达上游路口。由于事故发生后堵塞了车道，在车道二和车道三行驶的车辆必须换道。在换道的情况下，车辆缓慢前行或停滞，车辆流通是离散的且不断处于时空转移的状态，因此我们建立了元胞自动机模型（CACF 模型），此模型可以很好地模拟出交通意外事件所致紊乱交通流的规律，从而得出排队长度达到140米时所需的时间。

二、基本假设

（1）假设视频1、视频2中统计出的数据与实际相差不大；
（2）假设视频中的时间真实无误；
（3）假设在一定的时间内，不同种车型的速度及性能是一致的；
（4）假设路面状况良好且车辆运行除事故外无其他外界环境影响；
（5）假设人行道、交叉口、街边商店，不许随意停车；
（6）在模拟车流量时，假设车辆的数量服从负指数分布。

三、符号说明

O：车道占用率

L：车的平均长度

K：车流密度

Q：车流量

v：车的平均速度

N_0：初始时刻上、下游断面之间的车辆数

$N_U(t)$：时刻 t 通过上游断面车辆累计数

$N_D(t)$：时刻 t 通过下游断面车辆累计数

$\Delta N(t)$：时刻 t 上、下游断面之间的车辆累计数

四、模型的建立

4.1 问题一和问题二的模型的建立与求解

4.1.1 流量-车道占用率关系模型的建立

车道占有率是指在某一瞬间，已知路段上所有车辆的长度总和与该路段之

间的比值。车道占用率与车流密度的关系为

$$O = \frac{1}{1000} L \cdot K \quad (1)$$

式中，O 为车道占用率；L 为车的平均长度，m；K 为车流密度，辆/km。

根据 Greenshields 速度-密度线性模型可以推知，高速公路上的车流量 Q、速度 v 及密度 K 存在下列关系

$$v = aK + b \quad (2)$$

$$Q = Kv = K(aK + b) = aK^2 + bK \quad (3)$$

将式（1）代入式（3），则有

$$Q = \frac{1000^2 a}{L^2} \cdot O^2 + \frac{1000b}{L} \cdot O \quad (4)$$

上式中的 a、b 为相应变量的系数，Q、v 的单位分别为辆/(h·车道) 和 km/h。

4.1.2 数据来源

根据视频 1、视频 2 中的情景，将整个过程分成两个阶段：事故前和事故后。由试题提供的上游路口信号配时方案图可知，相位时间为 30s；因此我们将 30s 为一个间隔，统计事故前和事故后的电瓶车、小车、大型车的辆数。查找资料得到车的换算标准见表 1.

表 1 车的换算标准

车辆类型	换算系数
电瓶车	0.4
大型车	1.5

因而最终将视频转化为如表 2 和表 3 的数据。

表 2 视频 1 中统计的数据

	时间段	车辆总数
事故前	1	9.1
	2	7.9
	3	5.4
	4	11.4
	5	11.1
	6	9.7
	7	10

续表

	时间段	车辆总数
事故后	8	20.6
	9	11.5
	10	13.5
	11	8.8
	12	8.4
	13	8.6
	14	9.9
	15	10.2
	16	6.8
	17	9.7
	18	12.2
	19	10.4
	20	9.8
	21	14.6
	22	8.3
	23	11.2

表3 视频2中统计的数据

	时间段	车辆总数
事故前	1	5.4
	2	17.1
	3	3
	4	19.5
	5	4.2
事故后	6	20.8
	7	4.4
	8	18.8
	9	3.8
	10	18.5
	11	7.8
	12	15.7
	13	1.4
	14	16.3
	15	1.8
	16	19.7
	17	2.2
	18	20
	19	1

依据上述两个视频中的数据,我们利用 MATLAB 软件处理得到视频 1、视频 2 中事故发生前后车流密度变化的情况以及事故发生的时刻的图像,图 1 如下。

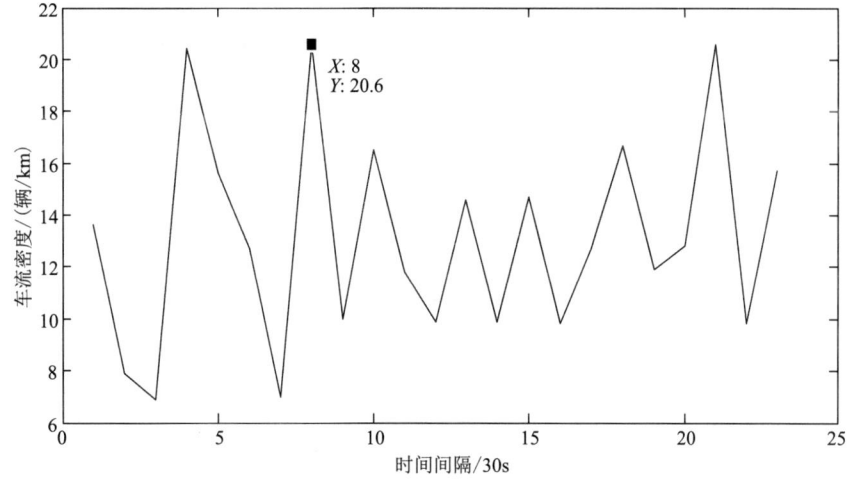

图 1　视频 1 事故发生前后的车流密度变化图

图 1 表示的是视频 1 中事故发生前后的车流密度变化情况,点(8,20.6)为事故发生时刻,可以看出,事故发生前车流的密度变化较大,事故发生以后密度变化幅度减少,其通行能力在刚发生事故时的一段时间内直线降低,而大约 30s 后通行能力有所缓解紧接着又降低,这是一个周期性的变化。根据试题提供的上游路口信号配时方案图,我们分析出是由红绿灯信号周期循环变化造成的。

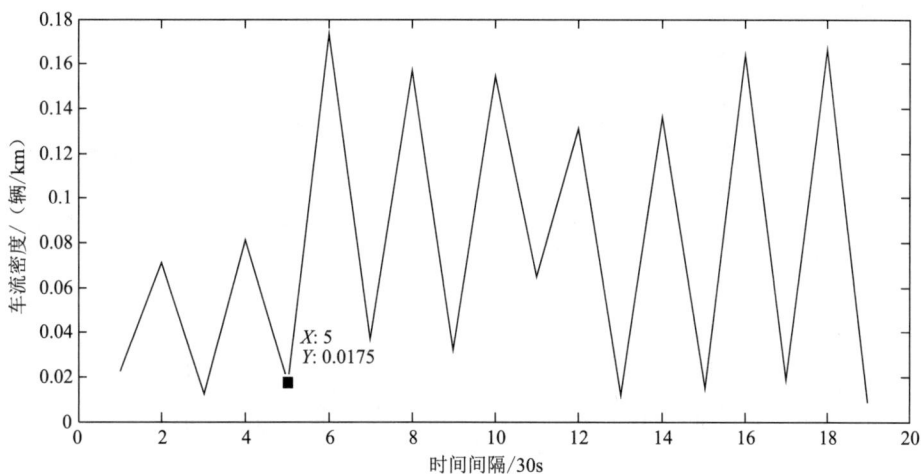

图 2　视频 2 中事故发生前后车流密度变化图

图 2 表示的是视频 2 中事故发生前后的车流密度变化情况,图中标记点为事故发生点,可知事故发生后车流密度变化幅度基本一致,但和事故 1 相比仍有较大差别,究其原因,可能是车道不同引起的。

4.1.3 通行能力分析

根据数理统计原理，对实测数据进行回归分析（图3）。

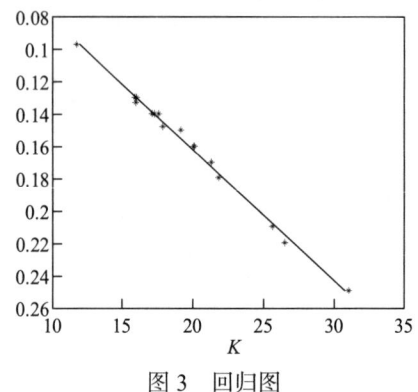

图3　回归图

可得式（2）的回归系数为：$a=-1.13$，$b=106.15$。若取车辆平均长度为5.0m，将其代入式（2）和式（4）则有

$$v = 106.15 - 226 \cdot O \tag{5}$$

$$Q = -45200 \cdot O^2 + 21230 \cdot O \tag{6}$$

可见，流量与占用率之间的关系为抛物线关系（图4）。

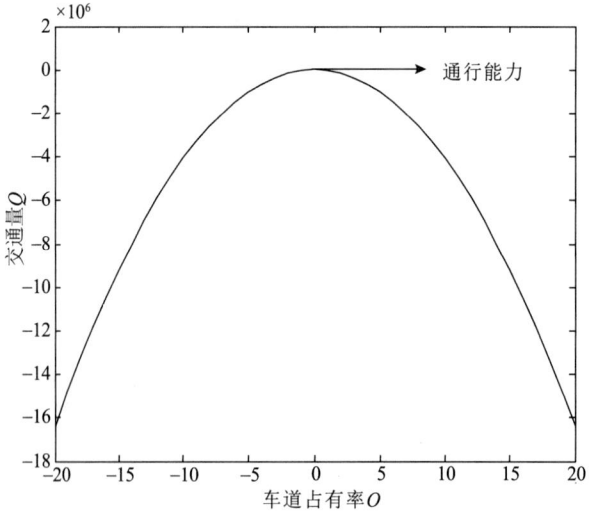

图4　车道占用率与交通量的关系图

当车道占用率为零时，其流量增加，达到一定值时，车流量达到最大值，此时交通流处于饱和状态，也就是说，已达到道路的通行能力。如果车道占用率继续增加，则交通量将急剧下降，从而引起交通堵塞。

对式（6）微分求极值，并代入相应的系数，当 $O = \dfrac{21230}{2 \times 45200} = 0.2348$ 时，其通行能力为

$$Q_{\max 1} = -45200 \times 0.2348^2 + 21230 \times 0.2348 = 2492.881 \text{ 辆}/(\text{h} \cdot \text{车道})$$

利用视频2的数据同理可得当交通事故发生在一、二车道间时，其通行能力为

$$Q_{\max 2} = -38000 \times 0.3224^2 + 0.3224 \times 18240 = 1930.789 \text{ 辆}/(\text{h} \cdot \text{车道})$$

通过上述计算表明交通事故发生在一、二车道间比二、三车道间通行能力更低，分析其原因可知一、二车道是在右边靠近小区路口，且事故一是发生在 16：42：09，而事故二是发生在 17：31：21，正是下班高峰期，所以通行量会降低。

4.2 问题三的模型建立与求解

4.2.1 多元回归模型的建立

我们将路段车辆排队长度视为因变量 y，事故横断面实际通行能力、事故持续时间、路段上游车流量看成自变量 x_i ($i=1,2,\cdots,n$)。利用多元线性回归来分析因变量与各个自变量之间的关系，并建立模型：

设随机变量 y 与一般变量 $x_1, x_2, \cdots, x_k$ 的线性回归模型为

$$y = \beta_0 + \beta_1 x_1 + \beta_2 x_2 + \cdots + \beta_k x_k + \varepsilon$$

式中，$\beta_0, \beta_1, \cdots, \beta_k$ 是未知数，β_0 称为回归常数，$\beta_1, \cdots, \beta_k$ 称为回归系数；y 称为被解释变量，$x_1, x_2, \cdots, x_k$ 是 k 个可以实测并可控制的一般变量，称为解释量，ε 称为随机扰动项，代表主观或客观原因造成的随机误差，它是一个随机变量。

系数 β_1 表示在其他自变量不变的情况下，自变量 x_1 变动一个单位时引起的因变量 y 的平均变动单位。其他回归系数的含义类似。从几何意义上讲，多元回归方程是多维空间上的一个平面。

多元线性回归模型的样本回归方程也可以表示为

$$\hat{y} = \hat{\beta}_0 + \hat{\beta}_1 x_1 + \hat{\beta}_2 x_2 + \cdots + \hat{\beta}_k x_k$$

多元线性回归方程中回归系数的估计同样可以采用最小二乘法。残差平方和为

$$SSE = \sum \left(y - \hat{y} \right)^2$$

根据微积分中求极小值的原理，可知残差平方和 SSE 存在极小值。欲使 SSE 达

到最小，SSE 对 $\beta_0, \beta_1, \cdots, \beta_k$ 求偏导数必须等于零。

将 SSE 对 $\beta_0, \beta_1, \cdots, \beta_k$ 求偏导数，并令其等于零，加以整理后可得到 $k+1$ 个方程式

$$\frac{\partial SSE}{\partial \beta_i} = -2\sum \left(y - \hat{y}\right) = 0$$

$$\frac{\partial SSE}{\partial \beta_0} = -2\sum \left(y - \hat{y}\right) x_i = 0$$

通过求解这一方程组便可分别得到 $\beta_0, \beta_1, \cdots, \beta_k$ 的估计值 $\hat{\beta}_0, \hat{\beta}_1, \cdots, \hat{\beta}_k$。

4.2.2 模型的求解

对于分析排队长度和事故横断面实际通行能力、事故持续时间、路段上游车流量的关系，由于车流密度可以反映通行能力的大小，则对视频 1 进行实测并统计排队长度、上游车辆总数、恢复通行时间、车流密度的多组数据如表 4 所示。

表 4 视频 1 实测数据

排队长度	上游车辆总数	恢复通行时间	车流密度
30	7	20	0.350
40	10	9	1.111
50	13	28	0.464
60	16	23	0.696
60	19	30	0.633
60	22	62	0.355
90	25	34	0.735
100	28	39	0.718
110	31	18	1.722
120	34	55	0.618
120	37	36	1.028
140	40	51	0.784

短时间内的道路通行能力可以看作车流密度的大小，下面以排队长度为因变量，上游车辆总数、恢复通行时间、车流密度为自变量，利用 spss 软件做线性回归分析（表 5）。

表 5 描述性统计量

	均值	标准偏差	N
排队长度	81.6667	36.13946	12
上游车辆总数	23.5	10.81665	12
恢复通行时间	33.75	15.93239	12
车流密度	0.7678	0.37933	12

表6 各因子之间的相关性系数

		排队长度	上游车辆总数	恢复通行时间	车流密度
		相关性			
Pearson 相关性	排队长度	1	0.984	0.503	0.407
	上游车辆总数	0.984	1	0.591	0.361
	恢复通行时间	0.503	0.591	1	−0.436
	车流密度	0.407	0.361	−0.436	1
Sig.（单侧）	排队长度	.	0	0.048	0.095
	上游车辆总数	0	.	0.021	0.124
	恢复通行时间	0.048	0.021	.	0.078
	车流密度	0.095	0.124	0.078	.

从表6中可以看出排队长度与上游车辆总数的相关性最高，其相关性系数为0.984，其他依次为事故持续时间和道路通行能力。

表7 回归分析的拟合系数表

模型汇总[b]

模型	R	R^2	调整 R^2	标准估计的误差	Durbin-Watson
1	0.990[a]	0.981	0.973	5.91571	2.384

注：a 预测变量，b 因变量

从表7中可以看出，优拟合度系数 $R = 0.990 > 0.80$，说明变量之间拟合程度较高，Durbin-Watson 系数为2.384，处于2～4，说明自变量之间不存在自相关性。

表8 回归系数表

模型	回归系数	t	Sig.
	B		
（常量）	17.243	1.889	0.096
上游车辆总数	3.915	9.993	0
恢复通行时间	−0.551	−2.001	0.08
车流密度	−11.668	−1.165	0.277

从表8中得出排队长度与事故横断面实际通行能力、恢复通行时间、路段上游车流量之间的函数关系如下

$$y = 17.243 + 3.915x_1 - 0.551x_2 - 11.668x_3$$

从上式中可以得出：排队长度与横断面实际通行能力成反比。

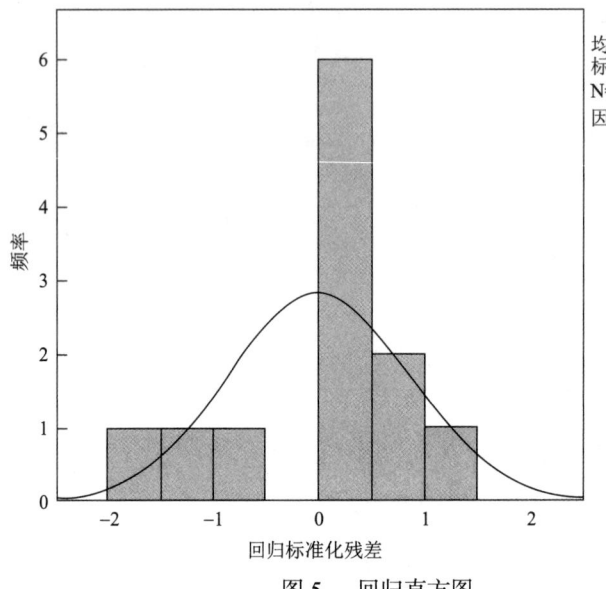

图5 回归直方图

从图5中可以看出回归后的残差基本符合正态分布，检验通过，说明此回归分析有效。

4.2.3 排队论模型建立

以道路为研究对象，车辆从上游到达事故点的时间间隔服从平均时间为10s的负指数分布。负指数分布为

$$\overline{q}'_U(i,t_1,t_2) - [t_1,t_2]$$

每辆车在事故点的停留时间服从均值为6.5s、标准差为1.2s的正态分布，现用计算机模拟车辆在事故点的平均逗留时间和事故存在过程的总时间。

设第 i 辆车离开上游路口的时刻为 $\overline{q}'_D(i,t_1,t_2) - [t_1,t_2]$，到达事故点的时刻为 i，离开事故点的时刻为 $\overline{L}_D(t_1,t_2) = \dfrac{\overline{q}_U(t_1,t_2) - \overline{q}_D(t_1,t_2)}{\overline{k}_j - \overline{k}_m}$。设总共考虑 $\overline{q}_U(t_1,t_2) - [t_1,t_2]$ 辆车。程序首先产生服从均值为10s的负指数分布序列 $\overline{q}_D(t_1,t_2) - [t_1,t_2]$，作为 $[t_1,t_2]$ 辆车离开上游路口的时间间隔，每个人经过事故点时间服从正态分布 $\overline{L}_D(T)$ 的序列 $\overline{L}_D(T) = \dfrac{\overline{q}_U(T) - \overline{q}_D(T)}{\overline{k}_j - \overline{k}m}$。为了便于后面的计算，则每辆车离开上游路口的时间可以采用下列公式进行计算

$$\overline{L}_D'(T) = \frac{\overline{q}_U(T) - \overline{q}_D(T)}{\overline{k}_U(T) - \overline{k}_D(T)} \cdot \frac{\overline{k}_U(T) - \overline{k}_D(T)}{\overline{k}_j - \overline{k}_m}$$

$$= \overline{u}_w(T) \cdot \frac{\overline{k}_U(T) - \overline{k}_D(T)}{\overline{k}_j - \overline{k}_m}$$

第1辆车到达事故点的时刻 $\overline{u}_w(T)=0$，第1辆车离开事故点的时刻为 $\overline{k}_w(T)$，第 $\overline{k}_D(T)$ 辆车开始到达事故点的时刻为

$$\frac{\overline{k}_U(T) - \overline{k}_D(T)}{\overline{k}_j - \overline{k}_m} \tag{7}$$

式（7）的意义：当第 $\overline{q}_D(T)=0, \overline{k}_D(T)=\overline{k}_j$ 辆车紧接在第 $\overline{L}_D(T) = \overline{u}_{wsp}(T) \cdot \frac{\overline{k}_U(T) - \overline{k}_j}{\overline{k}_j - \overline{k}_m}$ 辆车后面，则到达事故点的时间为第 $\overline{u}_{wsp}(T)$ 辆车经过事故点的时间；如果第 $\frac{\overline{k}_U(T) - \overline{k}_j}{\overline{k}_j - \overline{k}_m}$ 辆车没有紧接在第 $\overline{q}_D(T)=0, \overline{k}_D(T)=\overline{k}_j$ 辆车后面，则到达事故点的时间为 $\overline{L}_D'(T) = \overline{u}_{wsp}(T) \cdot \frac{\overline{k}_j - \overline{k}_D(T)}{\overline{k}_j - \overline{k}_m}$。第 $\overline{u}_{wsp}(T)$ 辆车离开事故点的时刻为

$$\frac{\overline{k}_j - \overline{k}_D(T)}{\overline{k}_j - \overline{k}_m}$$

根据上面的递推公式就可以计算出每辆车离开上游路口的时刻、到达事故点的时刻和离开事故点的时刻。每辆车经过事故点的时间为 $wt_i = b_i - a_i$，$i=2,3,\cdots,n$，到第 n 辆车离开事故点的时刻为 $T=c_n$，则事故发生的强度（即事故停留的时间）占总时间的比值为

$$p = \frac{\sum_{i=1}^{n} st_i}{T - 0} = \frac{\sum_{i=1}^{n} st_i}{T}$$

运用排队论理论，结合计算机模拟可以得到图6。

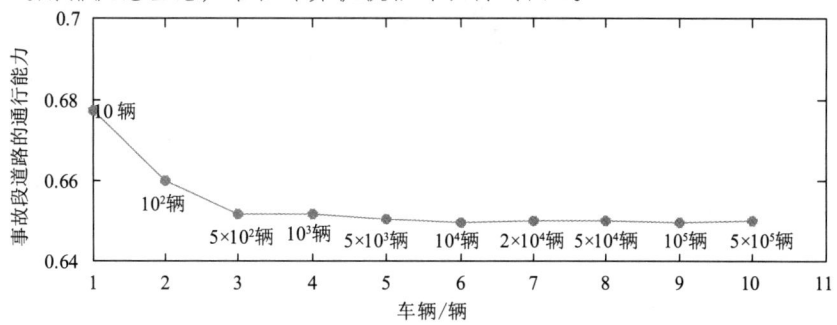

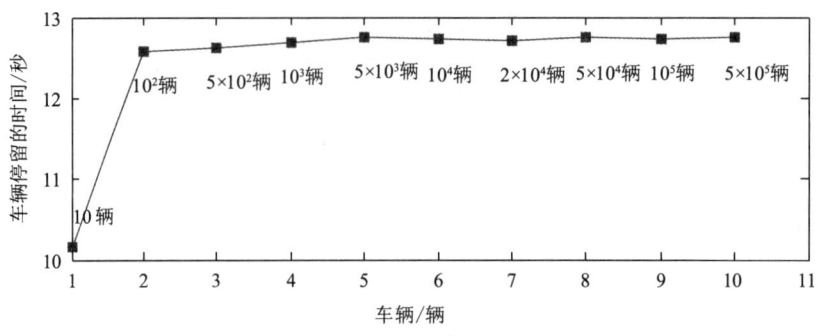

图 6 利用排队论模拟的关系图

4.2.4 MAEQLCP 模型

为了更好地解释排队长度与其他几者之间的关系，为了更加精确地得出排队长度与时间、上游车流量的关系，我们引入了排队长度变化率建立了 MAEQLCP（multilana-segment average equivalent queue length change ratio）模型。

现讨论拥挤交通条件下多车道路段的当量排队长度变化率。则得出 t_0 时刻的平均当量排队长度为

$$\bar{L}_{D(t_0)} = \frac{N_0 + \sum_{i=1}^{M} N_{U(i,t_0)} - \sum_{i=1}^{M} N_{D(i,t_0)} - \bar{k}_m LM}{M\left(\bar{k}_j - \bar{k}_m\right)} \tag{8}$$

则当 $t = t_0 + \Delta t$ 时，平均当量排队长度 $\Delta \bar{L}_D(t_0 + \Delta t)$ 为

$$\bar{L}_{D(t_0+t)} = \frac{N_0 + \sum_{i=1}^{M} N_{U(i,t_0+\Delta t)} - \sum_{i=1}^{M} N_{D(i,t_0+\Delta t)} - \bar{k}_m LM}{M\left(\bar{k}_j - \bar{k}_m\right)} \tag{9}$$

又知，Δt 时间内上、下游车辆累积数的增量分别为

$$\sum_{i=1}^{M} N_U(i, t_0 + \Delta t) - \sum_{i=1}^{M} N_U(i, t_0) = \sum_{i=1}^{M} Q_U(i, \Delta t) \tag{10}$$

$$\sum_{i=1}^{M} N_D(i, t_0 + \Delta t) - \sum_{i=1}^{M} N_D(i, t_0) = \sum_{i=1}^{M} Q_D(i, \Delta t) \tag{11}$$

式中，$Q_U(i, \Delta t)$——第 i 条车道 Δt 时间通过上游断面的车辆数；

$Q_D(i, \Delta t)$——第 i 条车道 Δt 时间通过下游断面的车辆数。

将式（10）（11）代入式（9）得

$$\Delta \bar{L}_D(t_0) = \frac{\sum_{i=1}^{M} Q_U(i,\Delta t) - \sum_{i=1}^{M} Q_D(i,\Delta t)}{M(\bar{k}_j - \bar{k}_m)} \quad (12)$$

在 $t = t_0$ 那一点，当 $\Delta t \to 0$ 时，排队长度增量与时间增量之比取极限，即可得到该点的排队长度变化率，即

$$\begin{aligned}
\bar{L}_D'(t_0) &= \frac{\mathrm{d}\bar{L}_D}{\mathrm{d}t}\bigg|_{V=t_0} = \lim_{\Delta t \to 0} \frac{\Delta \bar{L}_D(i,\Delta t)}{\Delta t} \\
&= \frac{1}{M(\bar{k}_j - \bar{k}_m)} \left(\lim_{\Delta t \to 0} \frac{\sum_{i=1}^{M} Q_U(i,\Delta t)}{\Delta t} - \lim_{\Delta t \to 0} \frac{\sum_{i=1}^{M} Q_D(i,\Delta t)}{\Delta t} \right) \\
&= \frac{\sum_{i=1}^{M} q_U(i,t_0) - \sum_{i=1}^{M} q_D(i,t)}{M(\bar{k}_j - \bar{k}_m)}
\end{aligned} \quad (13)$$

式中，$\Delta \bar{L}_D(t_0)$——$t = t_0$ 时刻的平均当量排队变化率；

$q_U(i,t_0)$——$t = t_0$ 时刻上游断面车辆通过第 i 条车道的流量；

$q_D(i,t_0)$——$t = t_0$ 时刻下游断面车辆通过第 i 条车道的流量。

显然，任意时刻 t，多车道路段平均当量排队长度变化率为

$$\Delta \bar{L}_D'(t) = \frac{\sum_{i=1}^{M} q_U(i,t) - \sum_{i=1}^{M} q_D(i,t)}{M(\bar{k}_j - \bar{k}_m)} \quad (14)$$

式中，$\Delta \bar{L}_D'(t)$——时刻 t 的平均当量排队长度变化率；

$q_U(i,t)$——时刻 t 上游断面车辆通过第 i 条车道的流量；

$q_D(i,t)$——时刻 t 下游断面车辆通过第 i 条车道的流量。

针对多车道路段，当交通事故发生时（车道拥挤），各条车道的交通状态基本类似，其各断面流量基本相等，可以用平均值来代替各条车道的断面流量即事故后车道一的断面流量。那么可以进一步简化为

$$\Delta \bar{L}_D'(t) = \frac{\bar{q}_U(t) - \bar{q}_D(t)}{\bar{k}_j - \bar{k}_m} \quad (15)$$

式中，$\bar{q}_U(t)$——时刻t上游断面的单车道平均流量；

$\bar{q}_D(t)$——时刻t下游断面的单车道平均流量。

同样可得$t=[t_1,t_2]$时间内的平均当量排队长度变化率为

$$\bar{L}_D'(t_1,t_2) = \frac{\int_{t_1}^{t_2} \bar{L}_D'(t)\mathrm{d}t}{t_2-t_1} = \frac{\int_{t_1}^{t_2}\sum_{i=1}^{m}q_u(i,t)\mathrm{d}t - \int_{t_1}^{t_2}\sum_{i=1}^{m}q_D(i,t)\mathrm{d}t}{M(\bar{k}_J-\bar{k}_m)(t_2-t_1)}$$

$$= \frac{\sum_{i=1}^{m}Q_U(i,t_1,t_2) - \sum_{i=1}^{m}Q_D(i,t_1,t_2)}{M(\bar{k}_J-\bar{k}_m)(t_2-t_1)} \quad (16)$$

$$= \frac{\sum_{i=1}^{m}\bar{q}_U(i,t_1,t_2) - \sum_{i=1}^{m}\bar{q}_D(i,t_1,t_2)}{M(\bar{k}_j-\bar{k}_m)}$$

式中，$\bar{L}_D'(t_1,t_2)$——$[t_1,t_2]$时间内的平均当量排队长度变化率；

$\bar{q}_U(i,t_1,t_2)$——$[t_1,t_2]$时间内上游断面车辆通过第i条车道的平均流量；

$\bar{q}_D(i,t_1,t_2)$——$[t_1,t_2]$时间内下游断面车辆通过第i条车道的平均流量。

同理，式（16）也可以简化为

$$\bar{L}_D'(t_1,t_2) = \frac{\bar{q}_U(t_1,t_2) - \bar{q}_D(t_1,t_2)}{\bar{k}_j - \bar{k}_m} \quad (17)$$

式中，$\bar{q}_U(t_1,t_2)$——$[t_1,t_2]$时间内上游断面的单车道平均流量；

$\bar{q}_D(t_1,t_2)$——$[t_1,t_2]$时间内下游断面的单车道平均流量。

式（17）即为$[t_1,t_2]$时间内多车道路段平均当量排队长度变化率模型，简称为 MAEQLCR 模型。

同样地，式中（17）可以得到采样间隔T内的平均当量排队长度变化率$\bar{L}_D'(T)$为

$$\bar{L}_D'(T) = \frac{\bar{q}_U(T) - \bar{q}_D(T)}{\bar{k}_j - \bar{k}m} \quad (18)$$

式（18）即为采样间隔T内多车道路段平均当量排队长度变化率模型。

利用上述模型，根据视频 1 中的收集数据得到表 9。

表 9　上下游车辆数和密度数表

上游车辆总数	上游平均密度	下游车辆总数	下游平均密度
7	0.350	5	0.021
10	1.111	12	0.050
13	0.464	8	0.033
16	0.696	14	0.058
19	0.633	5	0.021
22	0.355	13	0.054
25	0.735	17	0.071
28	0.718	12	0.050
31	1.722	4	0.017
34	0.618	6	0.025
37	1.028	16	0.067
40	0.784	23	0.096

可以得到视频 1 中发生事故后排队长度的变化率如图 7 所示。

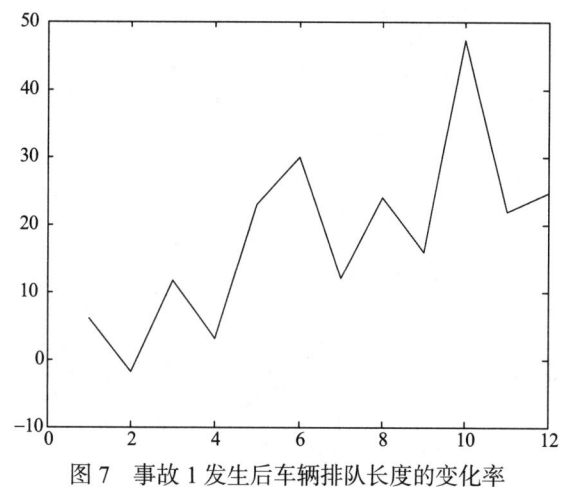

图 7　事故 1 发生后车辆排队长度的变化率

根据图 7 可以看出排队长度的变化率呈波动性变化,随着事故时间的持续,变化率总体呈上升趋势,而不是趋于平缓状态,这说明是由于上游十字路口信号灯的周期循环变化以及车辆随机经过此路段造成的。

4.3　问题四模型的建立与求解

由于考虑到交通事故发生造成车流中车辆的自身行驶特性及其他车辆的扰动影响,建立了 CACF 模型。在 CACF 模型中,车辆 n 在 $t+1$ 时刻状态的确定规则如下:

1)在集合{自由车辆、挤车变道车辆、被挤车辆}中,判别车辆 n 所属类别。
2)自由车辆:

ⅰ) $v_n(t) \to \min(v_n(t)+1, v_{\max})$;

ⅱ) if $(v_n(t) > d_0(t)$ 且 $d_{n,\text{other}}(t) > d_n(t)$ 且
$$d_{n,\text{other,back}} > v_{\max} - v_n(t) - 1)$$
$$\begin{cases} c_n = 1 - c_n; (注：换道成功) \\ v_t(t) \to \min(v_n(t), d_{n,\text{other}}) \end{cases}$$

else
$$v_n(t) = d_n(t)$$

ⅲ) if $(\text{rand}(\ ) < P)$
$$v_n(t) \to \max(v_n(t) - 1, 0);$$

3）挤车变道车辆：

$$\text{if } (v_n > d_{n,\max} + 1)$$
$$\begin{cases} v_n = d_{n,\text{other}} + 1 \\ c_n = c_n \end{cases}$$

else

v_n, c_n 按自由车辆规则进行调整

$$x_n(t+1) = x_n(t) + v_n(t)$$
$$c_n(t+1) = c_n(t)$$
$$v_n(t+1) = v_n(t)$$

上述规则定义的元胞自动机模型则可以模拟交通意外事件所致紊乱交通流的传播规律。

运用上述元胞自动机理论结合视频 1 中的数据以及车辆运行的基本情况，对该问题进行计算机模拟可以得到图 8 以及以下结论。

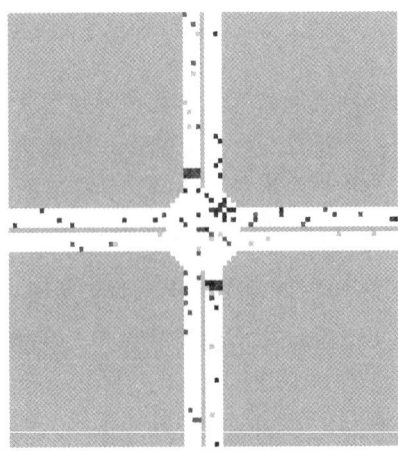

图 8　CACF 模拟图

通过运行程序可知:

mean_wait_time =507s

即交通事故所处横断面距离上游路口变为 140 米，路段下游方向需求不变，路段上游车流量为 1500pcu/h，事故发生时车辆初始排队长度为零，且事故持续不撤离时，大概经过 8 分钟的时间，车辆排队长度将到达上游路口。

五、模型评价与改进

本文针对车道被占用对城市道路通行能力的影响问题，后利用视频资料得出数据建立了几个模型，解决了车道被占用对交通通行的影响以及交通事故对路段堵塞的影响，在一定范围内得到了较满意的结果。经检验，各个模型均有一定的适用性和局限性。

5.1 模型一

对于问题一和问题二，我们运用了 Greenshields 速度-密度线性法得知了高速公路上的车流量 Q、速度 v 及密度 K 之间的关系。再利用 MATLAB 软件处理视频 1、视频 2 中事故发生前后车流密度变化的情况以及事故发生时刻的图像，最后通过回归计算分析得出了交通事故对路段的通行能力的影响。该模型最大的优点就是算法效率高，用 MATLAB 可迅速解出结果。但在精度上有一定的不足，忽略了实际中的一些影响因素。因此，在接下来的模型我们做了一些改进。

5.2 模型二

对于问题二我们分别采用了多元回归模型、排队论模型和 MAEQLCP 模型分别解决了路段车辆排队长度与事故横截面实际通行能力、事故持续时间、路段上游车流量间的关系。该模型得出的信息具有全面性，操作起来简单可行，与生活中的排队问题相似，具有很强的可理解性。但检验起来比较复杂，只能适用于那些数据简单的模型。对模型二的进一步改进，可以通过对车辆通行的时间进一步的准确计量，然后采用误差法、熵方法更进一步的去分析问题。

5.3 模型三

元胞自动机模型模拟交通问题是一种全新的尝试，对于问题四，我们采用元胞自动机模型。该模型比模型一和模型二有了很大的提升，在元胞自动机模型中时间变量、空间变量和状态变量都是离散的整数，而交通问题中研究的对象也都是整数；另外，在模型中网络的交点占据中心地位，而实际的交通系统中道口在网络中的分布也正好是问题的主要方面。可见，元胞自动机模型对问题四的求解具有显著的可行性。

——案例来自 2013 高教社杯全国大学生数学建模竞赛一等奖作品《车道被占用对城市
　　道路通行能力的影响》（指导教师：井冈山大学王新长）

第十章 大学生创业类竞赛项目指导

第一节 大学生创业类竞赛概述

一、大学生创业计划竞赛的内涵及意义

创业计划竞赛又名商业计划竞赛,最早在美国开展,起源于20世纪80年代的美国高校,1998年由清华大学首次引入我国,它是高科技与风险投资浪潮兴起的产物。它要求参赛者组成优势互补的竞赛小组,围绕一个具有市场前景的技术产品或服务概念,以获得风险投资为目的,完成一份就某一具有市场前景的产品、服务或技术,向风险投资家游说以取得风险投资的创业计划书,其内容包括企业概述、业务与业务展望、风险因素、投资回报与退出策略、组织管理、财务预测等方面。此计划书可以覆盖经济、IT、科技、信息、农业、医学、军事、教育等各个行业。经过由专业人士组成的评审团进行评定,将有发展前途的作品推广到全社会从而取得资金的收益回报。

创业计划竞赛不是单纯的、个人的、集中在某一个专业的学生竞赛,而是以实际技术为背景,跨学科的优势互补的团队之间的综合较量。竞赛的意义也不局限于大学校园,从某种程度而言,创业计划竞赛是高等院校与现实社会和大学生与企业之间的互动与沟通。

二、常见创业类竞赛简介

常见创业类竞赛包括"创青春"全国大学生创业大赛("挑战杯"全国大学生创业计划竞赛)、中国"互联网+"大学生创新创业大赛、全国大学生网络商务创新应用大赛和全国大学生电子商务"创新、创意及创业"挑战赛。

1. "创青春"全国大学生创业大赛

"创青春"全国大学生创业大赛下设大学生创业计划竞赛、创业实践挑战赛以及公益创业赛等三项主体赛事。其中,大学生创业计划竞赛以商业计划书评审、现场答辩等作为参赛项目的主要评价内容;创业实践挑战赛以经营状况、发展前景等作为参赛项目的主要评价内容;公益创业赛以创办非营利性社会组织的计划和实践等作为参赛项目的主要评价内容。大赛同时设立MBA、电子商务等专项竞赛,其中,MBA专项竞赛由赛事承办方会同部分高校发起,组织和邀请设有MBA专业的各高校参加。参赛者通过申报创业项目计划书(是否已投入创业及创业领域不限,申报不区分具体组别)参加该项赛事。电子商务专项竞赛由赛事承办方直接面向国内各高校开展。参赛者通过提交基于电子商务领域的创业项目计划书(是否已投入创业不限,鼓励申报已运营的项目)参赛。

竞赛面向对象：大学生创业计划竞赛面向高等学校在校学生；创业实践挑战赛面向高等学校在校学生或毕业未满 3 年的高校毕业生，且已投入实际创业 3 个月以上；公益创业赛面向高等学校在校学生；MBA 专项竞赛面向就读 MBA 专业的在校学生；电子商务专项竞赛面向高校在校学生。

2. 中国"互联网+"大学生创新创业大赛

中国"互联网+"大学生创新创业大赛旨在深化高等教育综合改革，激发大学生的创造力，培养造就"大众创业、万众创新"的生力军；推动赛事成果转化和产学研用紧密结合，促进"互联网+"新业态形成，服务经济提质增效升级；以创新引领创业、创业带动就业，推动高校毕业生更高质量创业就业，重在把大赛作为深化创新创业教育改革的重要抓手，引导各地各高校主动服务创新驱动发展战略，积极开展教学改革探索，把创新创业教育融入人才培养，切实提高高校学生的创新精神、创业意识和创新创业能力。

2019 年第五届大赛举办"1+6"系列活动。"1"是主体赛事；"6"是 6 项同期活动，包括"青年红色筑梦之旅"活动、大学生创客秀（大学生创新创业成果展）、大赛优秀项目对接巡展、对话 2049 未来科技系列活动、浙商文化体验活动、联合国教科文组织创业教育国际会议。本届参赛组别分为创意组、初创组、成长组、师生共创组，参赛类别为"互联网+信息技术服务""互联网+现代农业""互联网+制造业""互联网+文化创意服务""互联网+社会服务"。

3. 全国大学生网络商务创新应用大赛

全国大学生网络商务创新应用大赛是在工业和信息化部、教育部的指导与支持下，由中国互联网协会主办的全国性大学生创新实践与职业能力提升赛事活动。自 2007 年首届启动以来，每年组织一届，大赛以各行业企业的真实商业问题作为竞赛项目，要求参赛大学生应用主流网络工具平台，提供创新的商业解决方案并且予以实施。大赛组委会邀请企业教官在线辅导、点评学生的实践过程、促进校企间利用互联网平台进行交流，这种模式作为中国互联网协会"互联网应用实训促就业工程"的重要推动形式，成为大学生创新实践、与社会和企业交流的平台，创新了高校的实践教学模式，得到了教育部的肯定以及来自高校与业界企业的热烈支持。

大赛的基本宗旨如下。

1) 普及和推动大学生的网络应用能力、网络商务应用能力以及网络商务创新的教育与发展。

2) 普及和推动大学生对于网络支付业务及业界领先企业业务的发展现实。

3) 促进学生对社会和企业实际运作的感知和了解，理解网络对于社会和个人发展的影响。

4) 激发和促进学生网络创业能力的提高（把创业作为新的就业出路或积累经验的过程），吸引企业的关注、参与和支持。

5) 激发和展示网络时代大学生群体的个性与意志表达力、创新行动力和影响力。

6) 促进学生职业能力与企业人才需求之间的沟通和协调发展，成为学生才能展示和企业人才选拔的主力渠道之一。

7）促进我国企业应用网络解决商务问题的能力及人才状况的改善。

4. 全国大学生电子商务"创新、创意及创业"挑战赛

全国大学生电子商务"创新、创意及创业"挑战赛（以下简称三创赛）是激发大学生兴趣与潜能，培养大学生创新意识、创意思维、创业能力以及团队协同实战精神的学科性竞赛。三创赛为高校落实《教育部 财政部关于"十二五"期间实施"高等学校本科教学质量与教学改革工程"的意见》，开展创新教育和实践教学改革，加强产学研之间的联系起到积极示范作用。

首届三创赛是由教育部高等教育司指导，高等学校教学指导委员会和中国电子商务协会在2009年共同主办的。大赛题目来源可以为国内外企业、行业出题及学生自拟题目等，大赛提倡不拘一格选题参赛，鼓励创新思维、创意设计和创业实施，作品的质量强调原创性、可行性和实践性。

第二节 创业类竞赛项目参赛作品撰写与注意事项

按照创业的一般流程，当选定了创业目标与确定创业的动机之后，在资金、人脉、市场等各方面条件都已准备妥当或已经累积了相当实力时，就必须提供一份完整的商业计划书。商业计划书就是创业类竞赛项目的参赛作品。

一、商业计划书的定义

商业计划书，又称创业计划书，是详述筹建企业的书面文件，是对与创业项目有关的所有事项进行总体安排的文件，是整个创业过程的灵魂。这份白纸黑字的计划书，主要详细记载了一切创业的内容，包括创业的种类、创业项目、产品实现、市场分析、营销规划、融资与财务分析、风险评估、内部管理规划。所有这些方面的描述是为了展现本企业是什么、企业的发展方向以及企业家怎样达到目标。简而言之，商业计划就是企业家成功创建企业的路线图。

如何系统地、规范地撰写创业计划书以及如何向潜在利益方推介已完成的创业计划书是创业者必须面临的紧迫任务与重大挑战。一般意义上的商业计划，常被认为是创业者吸引投资家投资的一份报告性文件。但事实上，商业计划对于任何形式出资的创业者都是需要的，因为创业并不是只凭热情、冲动，而是一种理性的行为，在创业前制订一个较为完善的计划是有非常重要的意义。一份完善的商业计划可以成为创业者的创业指南或行动大纲，这本身就是创业企业的一种资源。除此以外，商业计划也可以用来向风险投资家游说以取得创业投资。从这个意义上讲，一个优秀的商业计划也会成为创业者吸引资金的"敲门砖"和"通行证"，为创业者引来新的资源。因此撰写创业计划书时应站在潜在投资者的角度，采取换位思考的方式予以完成，并且注意潜在投资者对项目最关心的问题主要集中在项目是否能够成功以及能否保障自我资金的回报与安全两个方面。那些既不能给投资者以充分的信息也不能使投资者产生强烈兴趣的创业计划书，其最终结果只能是被扔进垃圾箱里。

二、商业计划书的特征

商业计划书作为吸引风险投资的必要文件，能够引起风险投资家的足够重视，吸引他们进行进一步考察，从而做出投资决策，进入实质性合作阶段。一份优秀的商业计划书要将创业者的人品、素质、修养、能力、个人魅力等特性，创业企业所拥有的产品技术比较优势、产品后续研发能力、广阔的市场前景、创业团队的特色、优势能力、各种有利因素等编写得全面且有特色。可以说创业者及创业团队的创业共同愿景和以共同愿景为基础形成的创业企业文化及创业企业的核心竞争力、企业创新产品的市场前景和市场潜力，共同形成了商业计划书的"灵魂"。成功的创业计划书也可以积极围绕产品、市场与竞争、团队三个关键要素展开，即是否具备产品优势的天时、是否具备市场环境与竞争优势的地利以及是否具备成功实现创业活动人力资源的人和。另外，出色的创业计划书还应该考虑撰写结构、文字组织等方面对潜在投资者的影响。

作为创业的纲领性文件，商业计划书具有如下基本特征。

1. 开拓性

商业计划书最鲜明的特点是具有创新性。这种创新性是通过其开拓性表现和反映出来的，而开拓性最本质的体现在于对新项目、新内容、新的营销思路和运作思路的整合上，这也是创业计划书不同于一般的项目建议书的根本之处。

2. 客观性

客观性是商业计划书的又一个十分重要的特点。这种客观性突出表现在创业者提出的创业设想和创业商业模式，是建立在大量的、充分的市场调研和客观分析的基础之上的，是项目具有实战性和可操作性的基础。

3. 整体性

商业计划书的整体性要求创业者把严密的逻辑思维融汇在客观事实中体现和表达出来。通过项目的市场调研，市场分析，市场开发，生产安排、组织、运作，以及全程的接口管理、过程管理和严密的组织，把你提出和设计好的商业模式付诸实施，把预想的效益变成切实的商业利润。因此，创业计划书的每一个部分都是为这个整体目标服务的。每一个部分又是这个整体目标的一种论据、一种支撑。

4. 实战性

实战性是指商业计划书具有可操作性。写在计划书上的商业模式不仅是可以运作的，而且是必须靠运作进行实战的。

5. 增值性

商业计划书是一种与国际接轨的商业文件，有着十分鲜明的商业增值特点，主要体现在：商业计划书的创新性以及创收点、创业计划书鲜明的证据支持以及包括投资分析、创收分析、盈利与回报分析在内清晰的商业价值观。

三、商业计划书的编写

一份详细的创业计划书的框架通常由九部分构成，下面提供了一份标准计划书的大纲，在实际撰写过程中，可以根据具体情况与撰写风格进行适当、灵活的调整。

1. 撰写计划摘要

计划摘要列在创业计划书的最前面，是浓缩了的创业计划书的精华。计划摘要涵盖计划的要点，以求一目了然，以便读者能在最短的时间内评审计划并做出判断。

计划摘要一般要包括以下内容：公司介绍；主要产品和业务范围；市场概貌；营销策略；销售计划；生产计划；管理者及其组织；财务计划；资金需求状况等。

在介绍企业时，首先，要说明创办新企业的思路、新思想的形成过程以及企业的目标和发展战略。其次，要交代企业现状、过去的背景和企业的经营范围。最后，还要介绍一下自主创业者的背景、经历、经验和特长等。企业家的素质对企业的成绩往往起关键性作用。在这里，企业家应尽量突出自己的优点并展示自己强烈的进取精神，以给投资者留下一个好印象。

在计划摘要中，企业还必须回答下列问题：企业所处的行业，企业经营的性质和范围；企业主要产品的内容；企业的市场在哪里，谁是企业的顾客，他们有哪些需求；企业的合伙人、投资人是谁，企业的竞争对手是谁，竞争对手对企业的发展有何影响。

摘要要尽量简明、生动。特别要详细说明自身企业的不同之处以及企业获取成功的市场因素。如果企业家了解自己所做的事情，摘要仅需2页纸就足够了。如果企业家不了解自己正在做什么，摘要就可能要写20页纸以上。

2. 企业描述

企业描述是对创业企业或拟创企业总体情况的介绍，主要内容包括企业定位、企业战略及企业的制胜因素等。

企业定位是指创业企业的行业选择、业务范围以及经营思路的确定，是创业企业的现实状况的必要说明，也是计划书其他部分的基础。企业战略是公司生产、销售策略的总体概括。创业者应该对如何成功地经营创业企业并使之与众不同有一个指导性的原则。

在这部分中，要对创业企业的历史、现状及未来的发展有完整而清晰的阐述，要重点说明创办新企业的思路、新思想的形成过程及企业的目标和发展战略。在这部分中，要对企业以往的情况做客观的评述，不回避失误。中肯的分析往往更能赢得投资者的信赖，从而使人容易认同企业的商业计划。

3. 介绍产品与服务

在进行投资项目评估时，投资人最关心的问题之一就是风险企业的产品、技术或服务，能否以及在多大程度上解决现实生活中的问题，或者风险企业的产品（服务）能否帮助顾客节约开支,增加收入。因此,产品介绍是创业计划书中必不可少的一项内容。在创业计划书产品(服务)介绍部分,应提供详细的与企业的产品(服务)有关的说明,说明要准确、通俗易懂,使非专业人员的投资者也能明白,并要让出资者有相逢恨晚的感觉与冲动。

通常,产品(服务)介绍应包括以下内容:产品的概念、性能及特性;主要产品介绍;产品的市场竞争力;产品的研究和开发过程;发展新产品的计划和成本分析;产品的市场前景预测;产品的品牌和专利。并且在产品介绍时最好附上产品原型、照片或其他支撑材料。并且在产品(服务)介绍部分必须回答以下问题:顾客希望企业的产品能解决什么问题,顾客能从企业的产品中获得什么好处?企业的产品与竞争对手的产品相比有哪些优缺点?顾客为什么会选择本企业的产品?企业为自己的产品采取了何种保护措施?企业拥有哪些专利、许可证,或与已申请专利的厂家达成了哪些协议?为什么企业的产品定价可以使企业产生足够的利润?为什么用户会大批量地购买企业的产品?企业采用何种方式去改进产品的质量、性能,企业对发展新产品有哪些计划等。

4. 分析市场情况

当企业要开发一种新产品或向新的市场扩展时,首先要进行行业与市场分析,要给投资者提供企业对目标市场的深入分析和理解,要细致分析经济、地理、职业以及心理等因素对消费者选择购买本企业产品这一行为的影响,以及各个因素所起的作用。如果分析与预测的结果并不乐观,或者分析与预测的可信度让人怀疑,那么投资者就要承担更大的风险,这对多数风险投资家来说都是不可接受的。

市场分析首先要对需求进行预测。市场是否存在对这种产品的需求?需求程度是否可以给企业带来所期望的利益?新的市场规模有多大?需求发展的未来趋向及其状态如何?影响需求的都有哪些因素?其次,市场预测还要对市场竞争的情况及企业所面对的竞争格局进行分析。市场中主要的竞争者有哪些?他们的产品是如何工作的?竞争对手的产品与本企业的产品相比,有哪些相同点和不同点?竞争优势在哪里?是否存在有利于本企业产品的市场空当?本企业预计的市场占有率是多少?本企业进入市场会引起竞争者怎样的反应,这些反应对企业会有什么影响等。创业计划书要使它的读者相信,本企业不仅是行业中的有力竞争者,而且将来还会是确定行业标准的领先者。

创业企业对市场的预测应建立在严密、科学的市场调查基础上,将调查信息进行分析整理后,以具体数据的形式在创业计划书中的市场预测部分进行描述,该部分在创业计划书中应包括市场现状综述、竞争厂商概览、目标顾客和目标市场、本企业产品的市场地位、市场特征等内容。创业企业对市场的预测应建立在严密、科学的市场调查基础上。创业企业所面对的市场,本来就有变幻不定的、难以捉摸的特点。因此,风险企业应尽量扩大收集信息的范围,重视对环境的预测和采用科学的预测手段及方法。大学生创业者应牢记的是,市场预测不是凭空想象出来的,对市场错误的认识是企业经营失败的最主要原因之一。

5. 陈述公司组织

把一个思想转化为一个成功的企业,其关键因素就是要有一支有战斗力的管理队伍。企业管理的好坏，直接决定了企业经营风险的大小，而高素质的管理人员（有较高的专业技术知识、管理才能和多年工作经验）和良好的组织结构则是管理好企业的重要保证。

在创业计划书中，应首先描述一下整个管理队伍及其职责，然后再分别介绍每位管理人员的特殊才能、特点和造诣，细致描述每个管理者将对公司所做的贡献。创业计划书中还应明确管理目标及组织机构图。

对于大学生创业团队而言，人力资源往往是创业要素中较常见的短板，因此，对于大学生创业团队而言，应一方面积极展示学生创业团队的创业热情、专业背景以及团队成员的互补与实践经验；另一方面也应积极开拓人力资源途径，吸引优秀人才的加盟。

6. 确定市场营销策略

市场营销是企业经营中最富挑战性的环节，影响营销策略的主要因素有消费者的特点、产品的特性、企业自身的状况、竞争对手的营销策略以及市场环境方面的因素。最终影响营销策略的则是营销成本和营销效益因素。

在创业计划书中，营销计划中应列出本企业打算开展广告、促销以及公共关系活动的地区、营销市场机构、营销渠道的选择、营销队伍、促销计划和广告策略，并基于每一项活动的预算和收益分析基础上进行价格决策。

对于新创业企业来说，由于产品和企业的知名度低，很难进入其他企业已经稳定的销售渠道中去。因此，企业不得不暂时采取高成本低效益的营销战略，如上门推销、商品广告、向批发商和零售商让利，或交给任何愿意经销的企业销售。对发展企业来说，它一方面可以利用原来的销售渠道，另一方面也可以开发新的销售渠道以适应企业的发展。

7. 制订生产计划

创业计划书中的生产制造计划应包括以下内容：产品制造和技术设备现状；新产品投产计划；技术提升和设备更新的要求；质量控制和质量改进计划。

在寻求资金的过程中，为了增大企业在投资前的评估价值，自主创业者应尽量使生产制造计划更加详细、可靠。

8. 编制财务计划

财务计划需要花费较多的精力来做具体分析，其中就包括现金流量表、资产负债表以及损益表的制备。流动资金是企业的生命线，因此企业在初创或扩张时，对流动资金需要有预先周详的计划和进行过程中的严格控制；损益表反映的是企业的盈利状况，它是企业在一段时间运作后的经营结果；资产负债表则反映某一时刻的企业状况，投资者可以用资产负债表中的数据得到的比率指标来衡量企业的经营状况以及可能的投资回报率。

9. 分析关键风险、问题和假设

创业计划总会包括相关的一些隐含的假设，因此，创业计划必须描述一些有关所在行业、公司、人员、销售预测、客户订单和创立企业的时机和融资的风险及其负面结果的影响。

识别并讨论创业项目中的风险，可以证明创业者作为一名经理人的技能，并能增加创业者和创业项目在风险投资者或私人投资者心目中的可信度。主动分析与讨论风险也有助于创业者对创业项目完成风险评估与对策研究，"未雨绸缪"方能降低创业风险。

四、商业计划书中创新环节的挖掘

美国拉里·基利将贯穿企业运营到用户体验的全过程中涉及的创新分为三大范畴十种类型。第一个范畴关注企业自身运营，包含盈利模式、网络（联合他人来创造价值）、结构（组织并配置人才和资产）和流程方面的创新；第二个范畴包含产品表现和产品系统方面的创新；第三个范畴涵盖服务、渠道、品牌、客户交互等方面的创新。他强调创新不应仅囿于产品和技术。他认为产品表现创新只是十种创新类型中的一种，也往往是最容易被竞争对手复制的创新类型，不同类型的创新组合将产生更多回报。

1. 盈利模式创新

创新的盈利模式是指找到一种全新的方法将企业的产品、服务和其他价值来源转化为利润。出色的盈利模式往往反映了对客户和用户真正所需的深层次理解，以及关于新的盈利机会或可控的定价机会在哪里的洞察。创新盈利模式常常挑战了行业内旧有的产品体系、定价策略以及收益模式。

潜在的盈利模式创新可以从以下几个方面去寻找：①企业赚钱的方式是否不同于竞争对手或行业标准（例如，当所有企业都在销售产品的时候，你的企业在销售服务）？②企业的销售利润是否显著地高于竞争对手？在可变成本或固定成本方面是否有显著区别？③对于企业提供的产品和服务，实际使用的用户和购买方是否不同？企业从不同领域里是否有多重收入来源？④业务是否能更快的产生现金流？是否对流动资金需求很低？

2. 网络创新

网络这个术语在此不涉及内部或信息技术网络，只是用来强调如何联合他人来创造价值，包括对外关系、伙伴关系、联盟和附属关系。

在当今高度互联的时代，没有一家企业能够或应该独立做所有事。外界环境是企业经营的土壤，同时也制约着企业的经营，企业通过积极的网络创新活动去改造环境，引导环境朝着有利于企业经营的方向变化。如通过企业的公关活动，影响政府政策的制定；通过企业的技术创新，影响社会技术进步的方向等；通过短期或长期的、与亲密同盟者的联盟甚至可以是与强大竞争对手的合作，从而利用其他企业的流程、技术、产品、渠道和品牌，也就是说利用一家企业的近乎全部组成部分。这些创新意味着企业在发挥自身优势的同时可借助其他企业的能力和资产，并且能够帮助管理层分散发展新业务和新企业的风险。

网络创新的方法很多，企业设置奖励或采用众包的形式，不但体现了我们在当今社会环境下的高度互联，而且能够帮助企业挑选出少数合作伙伴，或借助全世界应对挑战。比方说，鼓励私人部门参与低地球轨道飞行的项目，或者通过建立次级市场连接非主流的消费者，或建立特许经营，将专有的公司思想、能力和内容特许授予合作伙伴。

潜在的网络创新可以从以下几个方面去寻找：①企业是否与其他公司或意想不到的合作伙伴共同开发新的产品或服务来转变固有业务？②企业是否通过出借自身的渠道、流程、品牌或其他独特的资产帮助其他企业提供产品和服务？③企业是否建立了与众不同的合作关系？例如，企业是否和看起来与当前业务毫无关系的企业建立联系？④企业是否与其供应商或者客户合作来开发、测试或营销新产品？

3. 结构创新

结构创新强调的是如何组织并匹配你的人才和资产，是指以特有的方式组织企业资产（包括固定资产、人力资本和无形资产等）来创造价值，为企业技术创新的组织实施和过程管理提供支撑和保障。结构创新可以是优秀人才管理系统，也可以是对资本、设备的独创配置等。结构创新可以改善一个企业的固定成本和部门职能，包括对人力资源部门、研发部门和IT部门的改善，促进企业资源的合理配置利用；也可以创新企业的文化，激发企业职员的积极性和创造性。理想情况下，这些创新也可以通过创造富有生产力的环境，或实现竞争对手难以匹敌的绩效，或带来员工价值理念的创新，为组织吸引人才，推动企业制度和经营战略的创新，从而推动企业进步。

出色的结构创新案例包括企业创建激励机制来鼓励员工完成特定的指标；或者实现资产标准化来降低企业的运营成本和复杂性；成立企业大学为员工提供细致的、持续的培训；甚至因管理制度的改进发展，要求经营制度做相应的调整，最终引起产权制度的革命等。结构创新很难被竞争对手抄袭，因为这类创新涉及公司重大的组织变化以及资本投入。这类创新往往会成为企业而后多年持续成功的基石。

请注意不要把结构创新混淆为流程化创新。这两种类型往往紧密相连，但是结构化创新涉及的是企业人才和资产的性质及其组织方式。如果你考虑的是如何在实践中使用资产的问题，那么你所想的是流程化创新。

潜在的结构创新可以从以下几个方面去寻找：①企业是否具有独特的或不寻常的组织结构？②企业是否以吸引某个特定领域或职能上的（如市场营销或材料科学）顶尖人才而闻名？③企业使用硬资产的方式是否与竞争对手有显著区别？例如，企业与众不同的资产标准化，或者企业拥有多样性的办公设备或其他设备。

4. 流程创新

流程创新强调如何采用独特或卓越的方法运营企业，具体涉及企业生产主要产品或服务的活动和运营。流程创新需要的是不同于"常规经营"的巨大变革，能够使企业利用独特的能力，发挥高效的职能，迅速适应，创造领先市场的利润水平。流程创新往往能够形成企业核心竞争力，可能包含一些专利性和专有性方法，能让企业在几年内甚至是几十年内产生巨大优势。理想情况下，这些创新是企业的"秘密武器"，竞争对手无法轻易复制。

经理人所采用的"精益生产"系统来减少浪费、降低成本的方式，是流程创新的经典案例。诸如采用通用程序来降低成本及复杂性的流程标准化和以过去的性能数据为模型预测未来成果形式的预测分析等,都是通过流程化创新来帮助企业设计、定价和相应地确保企业的产品和服务。

流程创新必须包括显著异于或优于行业现状的方法或能力。例如,当精益生产已成为标准化的模型,能够适用于各行各业时,就不能再称为创新了。除非你有独特的方法来实现竞争对手无法企及的效率和成本优势时,才能算是创新。

潜在的流程创新可以从以下几个方面去寻找:①在制作或交付产品、服务和平台时,企业的独特优势是什么?②当与竞争对手或行业标准相比时,企业的可变成本或营运资本是否明显得低?③企业是否在工艺路线的革新、材料替代和重组、工艺装备的革新和操作方法的革新四个层面上实现创新?企业是否就某一特定技术、方法或流程拥有一系列专利?

5. 产品表现创新

产品是公司提供给外部市场销售或消费并获取回报的任何东西。"产品"涵盖了有形产品、无形服务及两者的结合。有些企业的产品是有形的商品,如汽车零部件供应商提供的产品主要是有形的产品;有些企业主要提供无形的服务,如管理咨询;还有一些企业提供的产品是有形产品和无形服务的结合,如苹果公司的 iPhone 手机。对于客户而言,产品是满足需求的手段,对于企业而言,产品是赚钱的工具。产品的成败很大程度上决定了企业的成败,产品创新是企业创新的主要任务。

产品表现创新强调的是如何开发具有显著特征和功能的产品。产品表现创新是指革新企业提供的产品或服务的价值、特征和质量。这类创新会通过产生全新产品、更新现有产品以及显著增加附加价值的现有产品线的延伸,开发出满足客户需求、超出客户期望的差异化的性能更好、外观更美、使用更便捷、更安全、费用更低或更符合环境保护的要求的新产品,而不是开发出平庸的、同质化的、低附加值的所谓"新产品"。这种类型的创新很常见,例如,企业简化所提供的产品或服务以便于客户使用;提高产品和服务的可持续性而不损害环境;或提供定制,根据个人需求量身定制产品。服务型公司则可以考虑改变服务的特色和功能,提供竞争对手无法比拟的服务质量,或通过无与伦比的服务速度来完成任务,或提供独特的选择和灵活的服务以及其他形式的创新。产品表现创新能够更好地满足顾客和企业利益相关者的需求,实现企业预期的创新绩效目标,并且助推企业成长。

然而,人们常常错误地认为产品表现创新就是创新的全部。值得牢记的是,产品表现创新只是创新十型中的一型,也往往是最容易被竞争对手复制的创新类型。想想你所见过的任何有关产品或特性的竞争,如你对比卡车的转矩和耐用性,或者对比牙刷手柄舒适度,甚至是对比婴儿推车的特性。所有这一切,都会在付出巨大代价之后转化为市场常态。企业因产品表现创新而产生长期竞争优势的情况只能是意外,绝不是常规。

潜在的产品表现创新可以从以下几个方面去寻找:①企业的产品或服务是否具有显著的优势从而主导市场或获取高溢价?②企业的产品是否具有吸引顾客的独一无二的特性和功能?或者与竞争对手相比,企业的产品是否更加简单且易于使用?③产品是否具有独特风格,或者注重于那些高度专门化的需求市场和受众,是否具有其他产品无法比拟的特点?

6. 产品系统创新

产品系统创新强调如何创造互补产品和服务。产品系统创新在于如何将单独的产品和服务连接或组合起来，从而形成强大且可扩展的系统。产品系统创新是通过互通性、模块化、整合和其他创造价值的方式将原本明显不同的产品和服务联合在一起。产品系统创新帮助你建立起能够捕捉、吸引顾客，并能够抵抗竞争对手的生态系统。

产品捆绑，或者将多个相关产品组合起来以单独的包形式销售，是产品系统创新的常见案例。一些技术公司已经采用了这种创新类型来建立平台，从而促进其他企业为之开发产品和服务。例如，应用软件商店、开发工具包和应用程序接口等。其他产品系统创新还包括对现有产品的延伸、产品与服务组合和互补产品。这些产品组合销售的效果远胜于单个产品的销售（对于那些不太引人注目的花生酱和果冻产品来说，也不例外）。产品系统创新可能涉及你未拥有或者未生产的产品和服务。事实上，帮助其他企业推出能提升你的产品和服务的价值的产品和服务，常常收获更多（甚至有更多乐趣）。

潜在的产品系统创新可以从以下几个方面去寻找：①企业是否生产多种产品，并以独特的方式联结各个产品？②是否有其他公司创造了新产品能与企业的产品和服务相互作用，甚至是企业的产品和服务要依赖这些新产品来发挥功能？③企业所提供的独立产品和服务，是否也能整合在一起或者打包销售？

7. 服务创新

服务创新强调的是如何支撑和扩大产品的价值。服务创新能确保并提升产品的效用、性能和表现价值。服务创新使得产品的试用、使用和享受更加便捷。它们展示出顾客可能忽视的产品特点和功能，解决顾客在使用过程中遇到的问题和难关。卓越的服务创新能够为市场上平淡无奇的产品带来引人入胜的用户体验，从而吸引更多回头客。

服务创新最为常见的做法：产品使用提升、维护计划、客户支持、信息和教育，提供担保和质量保证等。尽管人工还是服务的核心，但这类创新越来越多地通过电子界面、远程沟通、自动化技术等其他令人惊奇的无人方式把服务传递给客户。服务应该是用户体验中最突出和最显著的部分，客户虽然无法亲眼看到，却能切身感受到。

如果你所提供的主要产品本身就是一项服务，它的特点和性能将被归类为产品性能（尽管被称为"产品"）。服务创新包含围绕核心产品所提供的额外支持和增强功能。

潜在的服务创新可以从以下几个方面去寻找：①客户是否对与企业的交互经历赞不绝口？特别是在交互过程中出现问题时，企业总能妥善解决。②企业是否对产品提供了吸引人的质保、担保或其他形式的保证？③企业是否利用网站、求助热线或其他方式来突出产品附加特点或用途，从而使顾客更加便捷地使用企业所推出的服务？④企业是否拥有强大的社区来帮助客户连接志趣相投的客户，或者提升他们的用户体验？

8. 渠道创新

渠道创新强调如何将产品和服务提供给客户和用户。渠道创新涉及企业将产品和服务提供给客户和用户的所有方式，其最终目的是通过满足消费者需求（即市场）的变化，以获得更大的市场份额和更多的经济效益，具有较强的目的性，是企业提升顾客价值、获得并维持竞争优势的有效途径。尽管电子商务在近年内已经成为主导力量，但传统渠道，如实体商店，由于能够带给顾客身临其境的体验，仍然很重要。经验丰富的创新者，在这种类型的创新中往往能够找到多种互补的方式来为客户提供产品和服务。他们的目标是确保用户能够在任何期望的时间，以任何想要的方式买到自己的所需，同时享受最大程度的便利、最低廉的成本和最大的愉悦。

行业环境和客户习惯对于渠道创新的影响深远。旗舰店能够成为极有价值的渠道创新，是因为它能够创造标志性场地并展示企业的品牌和产品，而游击店适合做成短期或是节假日快闪性质的店铺。相比而言，通过电子化渠道或其他直销渠道能够减少企业日常管理费用，实现销售利润和成本优势的最大化。或者你可能会从事间接分销或多层次营销，二者都需要雇用其他成员来肩负起向终端客户宣传或交付产品的重担。

你可能会注意到渠道创新和网络创新有重叠之处。但渠道创新涉及如何交付产品及交易接触点；并不涉及与谁一起合作将产品推向市场。

潜在的渠道创新可以从以下几个方面去寻找：①企业在向客户和用户交付产品或服务时所使用的方式，是否有别于行业内常规方式？②客户是否会将他们与企业之间难忘的交互体验告诉他人？③企业是否采用互补的不同渠道？例如，企业是否通过零售店展示产品，但是通过直接渠道或虚拟渠道来销售产品？④是否有其他参与者，如合作伙伴、客户甚至竞争对手来帮助销售或交付企业的产品或服务？

9. 品牌创新

品牌创新强调的是如何独特地展示产品和业务。品牌创新有助于确保客户和用户识别、记得并青睐你的产品和服务，而非竞争对手或替代品。卓越的品牌创新，向顾客传递的是"承诺"和独特的品牌识别。这些创新一般源自企业在各个与客户的接触点上实施精心策划的策略的结果，包括沟通、广告、服务交互、渠道环境和员工以及企业伙伴行为。品牌创新能够将普通商品转化为一流的产品，赋予企业及产品更多的意义、内涵和价值。

品牌创新包括延伸，即在已有品牌之下提供新的产品或服务。品牌创新还可以使公司代表一个伟大的理念或一个价值观，并能够透明且始终如一地传达这些信念。在B2B的商务环境中，品牌创新并不局限于产品的最终制造商或者面向消费者的生产商。产品部件的品牌化和让客户意识到产品价值都能够吸引顾客的偏好并提高企业的议价能力。

品牌创新并非简单的一次成功的活动或一个营销策略，它比创造一个崭新品牌要复杂得多。品牌创新要求以不同于竞争对手且与客户密切相关的方式设计和表达品牌。

潜在的品牌创新可以从以下几个方面去寻找：①与竞争对手相比，企业是否具有与众不同或鲜明的形象或品牌标识？②企业品牌是否被其他业务合作伙伴使用过，如供应商、客户甚至是竞争对手？③企业的客户或用户是否认为他们本身是以品牌为核心的社区或运动的一部分？④企业是否将品牌延伸至非常多样化的业务或者利用品牌促进整合或连接各种产品和服务？

10. 客户交互创新

客户交互创新强调的是如何培育吸引人的互动。客户交互创新在于如何了解客户和用户深层次的需求,并利用这些深刻的见解发展顾客与企业之间的关系。出色的客户交互创新可提供更多的可能去帮助人们找到让生活更难忘、更令人满意、更愉快,甚至是更奇妙的方式。

近年来社交媒体上出现了更多的相关创新,越来越多的企业跳出传统的"广播式"沟通,采用更生动真实的交互。一些企业在极度复杂的情况下利用科技的力量实现优雅的简化,使客户的生活更加舒适,并与此同时成为值得信赖的合作伙伴。然而,如同以往一样,技术仅仅是一项工具而已。尽管是简单的行为,如主动帮助顾客包装商品的优雅动作都能够提升用户体验,且历久弥新。

客户交互创新往往是嵌入其他类型的创新之中(特别是品牌或服务),很难被发现。企业应专注于与客户交互,以及如何连接、愉悦客户。

潜在的客户交互创新可以从以下几个方面去寻找:①企业是否改进那些晦涩难解的、困难的或复杂的产品,从而使顾客更容易使用?②企业的产品或服务所体现的是企业本身的特征吗?③企业的产品或服务是否具有独特的产品标识、地位或拥有用户的认同感?④是否有客户认为某个产品或服务已经成为他们生活的一部分?

从产品创新到流程创新,从商业模式创新到服务创新,不同类型的创新都具有一个共同点:它们最初都只是一个点子,最终成为市场现实。

第三节 创业路演及其相关活动的技术

创业项目的推广和融资需要在很多场合(从面对面交流、创业私董会到大型会议等)做项目展示,路演是最主要的展示方式之一。

一、项目路演的内容与技巧

(一)项目路演的基本内容

项目路演就是企业代表在讲台上向台下众多的投资方讲解自己的企业产品、发展规划、融资计划。正式路演一般需要通过几分钟的 PPT 宣讲和互动问答,从而让听众了解你的项目,达成包括投资、资源对接、人才输送等方面的合作意向。

路演时间一般是 5 分钟的宣讲 + 5 分钟的互动问答,很多人抱怨说项目的情况根本来不及讲清楚。但如果你能把项目情况都梳理好,用电梯测试的标准要求自己,一句句地进行准备的话,利用"5 + 5 模式"进行项目路演,时间绰绰有余。

如果你无法简明扼要、准确无误地阐述自己的想法,原因要么是你没有充分理解资料,需要进一步再熟悉熟悉,要么就是你的结构不够清晰、准确,需要再考虑考虑。

现在还有"1 分钟路演"的形式,如果只有 1 分钟,你该怎么说?我们可以试试模板法。

在____领域,用户普遍的痛点是____。为了解决这个痛点,市场上已经有的产品是____。我们的项目和市场上的东西的区别是 1.____;2.____;3.____。我们之所以能凭借这个项目赢得市场，是因为我们永远具有别人不具备的三个优势 1.＿＿＿；2.＿＿＿；3.＿＿＿。我们已经在＿＿＿月内做到了＿＿＿的规模，我们相信这是一个能快速发展到＿＿＿元收入规模的市场，我们有希望成为这个领域的一只独角兽，我们希望能得到投资人＿＿＿，换取＿＿＿的股份。

（二）创业路演策略

1. 不要什么卖点都讲

亚里士多德在其著作《修辞学》中很简单地阐述了"三的法则"——人们很容易记住三件事情。因此把演讲内容提炼为三点，使整个演讲围绕着这三点展开，这样观众会更容易记住。

有些创业者将自己的产品或项目总结出来一大堆不能舍弃的"卖点"，因此需要再做"减法"，如何选出最重要的三个卖点，可以依据以下原则进行选择。

1）即使你不说，投资人也知道的卖点和常识，那就尽量少讲，节省时间；

2）你不说，投资人就不会知道，且很重要的卖点，那就要主动讲；

3）不是两句话能讲清楚的卖点或者是投资人会感兴趣提问的，那就先只讲结论或者在展示时少讲，等提问时再从容展示。

比如在前5分钟讲"我们项目的全国市场容量每年有1万亿元"或"我们的产品短期内无法仿制"，投资人多半会问"这1万亿元的数据从何而来"或"凭什么说无法仿制"，你可以在答辩时间再展示出来。

4）有些涉及敏感信息、台上不方便说的卖点，有兴趣台下交流。

经过上述分类之后，选择"很重要"的三个卖点在前5分钟讲清楚，剩下的等待投资人提问时再从容应对。这样一来，整个路演的时间就完全在把控之中了。

2. 对比法则——对标一个成功的对手

在好莱坞大片里面，英雄都需要有一个强大的对手。在讲述项目时，也可以对标一个强大的对手，这反而能激发投资人对你的热情。

选择"我们是唯一的"演讲策略，会让投资人疑虑你的市场前景，因为没有可对标的市场衡量。选择"我们挑战最强的"演讲策略，投资人会更容易认同你对市场规模和前景的判断。

对标一个成功的对手，还有一种策略——A＋B的模式，也能吸引投资人。比如大众点评可以说我是"携程网＋团购＋口碑"模式。这样讲故事会比较容易理解，投资人也会更加信服。

3. 借用比方——用投资人喜欢的概念包装自己

在讲述创业计划的时候，一个好故事的确能打动很多投资人。所以现在很多人花费大量时间准备一个有情怀的创业故事，谈自己创业的初心、梦想、情怀。

其实，一个创业者的故事里更应该学会用投资人喜欢的概念来定位自己的格局，用客观的数据阐述观点。

比如你的公司如果成长空间很大，你可以定位你的项目是某个领域的独角兽。加入"独角兽俱乐部"是最近几年投资人喜欢的概念，一般是指在某个细分领域能获得领先地位、估值可达 10 亿美元的企业。

如果你的公司不是解决所有人问题的项目，可以选择用"小而美"的概念去讲精准营销背后的回报率。

对于独角兽企业，投资人关心是否有足够长的跑道给企业试错；对于小而美的企业，投资人关心是否会很快遇到成长的天花板。在介绍内容里面也要结合自己的项目类型设计。

4. 自信法则——提出行动号召

在演讲的结尾，应该主动提出行动号召，让投资人快速进入他们擅长的价值判断思维模式，这会让沟通前进一步。

即便被投资人拒绝也不是坏事，因为你至少已经通过一次路演获得了部分投资人对你的价值评估的判断，那么下一次可以改进路演，提升投资人信心，或者挑战你对投资人的期待。

5. 讲一个好故事

现在各种创业路演很多，很可能投资人当时觉得某位创业者讲得很有道理，但到了第二天，投资人可能根本想不起来他讲了些什么。而另一位创业者，可能在他的 PPT 中有不少很酷的照片，他讲了一个很有趣的故事，或者很酷的观点——也许你也不一定记得他讲的所有东西，但至少记得他讲的故事。

为什么真的存在一个非常大的潜在市场？为什么现有市场会面临破坏性的冲击？为什么你的解决方案比别人的好 10 倍？你的目标市场是为何打开的？为什么是现在这个时点？你怎样才能打败竞争者？为什么偏偏是你成为解决这个问题的人呢？

围绕这些话题，我们应该讲述一个吸引人的故事，而不是展示给投资人几十页的 PPT 图表或几十项产品特征描述，这只会让他们犯晕。

创业者参加路演的目的更多是与投资人"对上眼"，创始人需要的是和投资人面对面的沟通，有吸引力的故事恰恰是这个场合最需要的设计。

"独角兽"这个词是在 2013 年年底首次提出的，仅短短两年时间内就在科技世界如此风行，就是因为这个词一听起来就像一个好故事。

二、投资人常问的问题

路演经验丰富的人，几乎可以提前预判出投资人 80%的问题。

在路演现场要靠机智回答好投资人的问题是很难的，最好就常见的问题进行提前备课。以下整理了一些投资人常见的提问，在路演前可以进行针对性准备和问答模拟练习。

（一）关于公司整体运营方面

你们公司为什么叫这个名字？

你们公司为什么要在××注册，而不是选择××？
你们注册资本是真实的吗？你们公司的股权结构是怎样的？
你们股东参与公司运营吗？你在项目中投入了多少？
你们团队构成是怎样的？
作为大学生，你们有时间和精力兼顾这个公司运营吗？
你们如何保证创业团队的稳定性？
如果学校不提供场地优惠或取得融资，你们还能生存吗？
你们目前的真实业绩如何？
你们提出××目标如果不能达到会怎样？
你们公司发展过程最大的风险是什么？你们有什么准备？
你们公司的发展战略是什么？

（二）关于产品或服务方面

你们的产品最大的卖点是什么（对客户价值是什么）？
你们凭什么打败对手或者替换现有的产品（核心竞争力是什么）？
你们的技术真的投入商业化使用了吗？
项目有成功案例吗？
你们的产品质量靠什么来保证？
你们的服务成本如何得到控制？
你们最大的竞争对手是谁？
如果 BAT 推出和你们一样的产品，你们有什么办法应对？

（三）关于市场和推广方面

你们要进入的市场规模到底有多大？怎样判断出来的？
你们对未来市场乐观判断的依据是什么？
为什么×××渠道会选择与你们合作？
除了×××，你们还有哪些销售渠道？
你们的×××销售渠道具体运营措施是？
为什么你能做成这件事情（技术、团队、市场营销、销售、竞争、过往经验）？

（四）关于财务方面

你们对未来收入的预期是基于怎样的分析得到的？
你们提到的政府扶持或者免税政策真的能争取到吗？
创始资本里面的银行贷款部分如何确保能申请到？
什么时候公司账上开始有收入？什么时候公司达到盈亏持平？
你们项目的投资回报周期是怎样的？什么时候能收回投入？
为什么你们需要投资？投资进入后你们准备怎样花这笔钱？
你们计划如何让风险投资退出？

你们目前每个月的运营成本是多少?

其实项目路演的最好效果并不是面面俱到,而是意犹未尽。项目融资的主场不是在路演台上,而是在台下交流。你一定要在台上吊起投资人的"胃口",吸引其到台下进行更具体的、深入的沟通。

第四节 创业类项目竞赛实战案例

一、"挑战杯"中国大学生创业计划竞赛经典实例

江西井蛭生物医药有限责任公司

(一)项目背景

水蛭俗名蚂蟥,是我国传统的活血化瘀类动物中药,具有治疗中风、高血压、清瘀、闭经、跌打损伤等功效。传统水蛭来源以自然捕捞为主,随着水蛭药用价值的深度开发,水蛭需求量剧增,但因近年农药、化肥等滥用,加上工农业"三废"对环境的污染,野生自然资源锐减,人工养殖水蛭逐渐兴起。因水蛭对盐、碱、酸、水温及溶氧等很敏感,缸养或小池养等小水体养殖方式很难形成效益,目前水蛭养殖以生态养殖法为主,最适于水蛭生长的地域仅限于北纬 32°~38°的地带,真正能够提供大量水蛭商品的省份只有江西、山东、江苏、安徽、浙江、湖北和河南。江西省目前有 8 处养殖规模较大的水蛭养殖基地,其中九江都昌县现有 3 家年产量在 100 吨以上的水蛭养殖基地。

水蛭的营养价值较高,其氨基酸含量和种类丰富,氨基酸含量约占水蛭干重的 49%以上,共有 17 种氨基酸,其中人体必需氨基酸有 7 种,占总氨基酸含量的 39%以上。另外,还有含量较高的钠、钾、钙、镁等人体必需常量元素及铁、锰、锌、硅、铝等 28 种微量元素。近年研究发现,吸血水蛭体内有一类名为天然水蛭素的抗凝血物质,是目前已知抗凝血酶效用最强的天然物质,具有极强的凝血抑制作用,还具有活血通络、抗炎、消除自由基、降低血脂和降低血液黏度等作用,可有效地改善人体微循环、延缓衰老、增强免疫作用等。天然水蛭素还有直接渗透到皮肤深层,降低血液黏度、加快血流速度、改善面部微循环,抑制或减少黑色素的形成的作用。目前天然水蛭素广泛应用于医药和化妆品市场,如在医药市场可用于生产抗凝剂、心脑血管疾病药物、滴眼液、采血针及粉刺痤疮药品等,在化妆品市场可作为用于毛孔收缩液和美白防晒品等护肤品的生产。

水蛭根据其食性不同,可分为非吸血水蛭和吸血水蛭,天然水蛭素仅存在于吸血水蛭的口部和头部,受刺激后伴随唾液分泌产生。传统天然水蛭素的提取工艺包括整体提取法(将水蛭整体粉碎匀浆)、分部提取法(将水蛭头部和躯干部分开,仅将水蛭头部匀浆)或血液提取法(收集吸饱血水蛭体内血浆),

将所获取不同部位的水蛭原料使用乙醇或丙酮等有机溶剂进行沉淀，获得粗品，再采用透析、普通层析和等电聚焦等步骤进行纯化。但上述工艺均存在不足，以水蛭整体提取法为例，由于天然水蛭素仅存在于水蛭口部和头部，并伴随唾液分泌而产生，此法将天然水蛭素含量极低却富含其他杂蛋白质的水蛭躯干亦作为生产原料，不仅不能提高水蛭素的产量，还使获取的水蛭素中含有大量成分复杂的杂蛋白；血液提取法是以动物血作为水蛭素分泌的诱导剂，其中含有较多与天然水蛭素分子量相近的中小蛋白分子或肽，难以纯化分离；分部提取法在分离头部和躯干部时需手工或半机械完成，需耗费大量人力，提取过程较慢、工艺复杂、周期长，不适宜工业化生产。而且水蛭整体提取法和分部提取法均需处死水蛭进行水蛭素提取，资源仅能一次性使用。

目前天然水蛭素市场因传统提取方法多存在原料利用率低、提取率低、纯度低、工艺复杂、周期长和成本较高等缺点，造成天然水蛭素市场价格昂贵，且因吸血水蛭生物环境原因或生产过程因素造成天然水蛭素中铅等重金属含量过高，不利于医药、化妆品等下游企业应用等问题，限制了天然水蛭素的市场应用推广。

项目成立之后，将基于江西省的水蛭养殖资源优势，严格把控原材料质量关，实地考察养殖基地，规范养殖场所的生态环境及喂养流程，采用日本医蛭（吸血水蛭）为原材料，改良传统生产工艺，在生产前将水蛭充分饥饿，再使用仿生诱导剂刺激活体水蛭分泌唾液（4月内可重复提取7次），收集唾液后采用超滤工艺对唾液内的天然水蛭素进行快速分离，并基于天然水蛭素的抗凝血成分为凝血酶的专一抑制剂的特点，将纯品凝血酶结合到活化的 Sepharose4B 上，制成 Sepharose4B-凝血酶柱亲合柱，进行亲合层析，再采用电渗析法有效地去除提取的天然水蛭素中铅和砷等重金属离子。对已重复提取7次唾液的水蛭整体进行冷冻干燥后粉碎，制成水蛭蛋白粉。

本项目采用的改良生产工艺，克服了传统工艺一次性使用水蛭的缺陷，解决了传统天然水蛭素生产过程中原材料浪费和重金属污染的问题，有效地提高了天然水蛭素的获取率和纯度，拓宽了市场应用领域，增加了产品种类和产值，将极大地减少投资风险，加快公司的资金回笼。

（二）公司简介

井蛭水之素团队拟建江西井蛭生物科技有限责任公司，公司的主营业务为生产和销售天然水蛭素和水蛭蛋白粉，以供应药厂、化妆品生产厂商、各种保健品等生产厂商等所需的原材料。

公司名称：江西井蛭生物科技有限责任公司

公司性质：有限责任公司

经营范围：天然水蛭素和水蛭蛋白粉

公司选址：江西九江都昌县工业园区

联系电话：181×××××××××

公司 Logo：

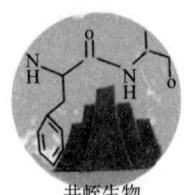

公司商标中红色的山象征着天下第一山——井冈山，表明我们团队的发源地，公司传承着井冈山艰苦奋斗、不断创新的精神！山峰上方是公司主打产品——天然水蛭素的化学分子式，商标整体图案以绿色为背景，体现公司以科技环保为本，绿色代表公司以可持续发展观为企业理念，致力成为绿色环保型、资源节约型的科技企业！

（三）产品介绍

1. 水蛭蛋白粉

本公司生产的水蛭蛋白粉是从水蛭干燥粉碎提纯所得的蛋白粉，营养成分丰富，含17种氨基酸，含有较多的不饱和脂肪酸，还有含量较高的钠、钾、钙、镁等人体必需常量元素及铁、锰、锌、硅、铝等28种微量元素。本公司生产的水蛭蛋白粉的氨基酸种类、含量及氨基酸评分均高于目前市场上使用较多的大豆蛋白粉和乳清蛋白粉，营养更为全面，易于人体吸收，且具有提高免疫力、降血脂和软化血管等功效，可作为营养保健市场的蛋白粉或其他营养保健品的原材料，为婴幼儿、老人、运动人群、术后病人和减肥人群等提供必需的高蛋白质营养。

2. 天然水蛭素

本公司生产的天然水蛭素是从吸血水蛭（日本医蛭）唾液中提取的纯度高达95%的由65～66个氨基酸组成的小分子蛋白质(多肽)，铅和砷的含量极低，具有极强的凝血抑制作用，还具有活血通络、抗炎、消除自由基、降低血脂和降低血液黏度等作用，可有效地改善人体微循环、延缓衰老、增强免疫作用等，并能够直接渗透到皮肤深层，降低血液黏度、加快血流速度、改善面部微循环，抑制或减少黑色素形成。

本公司生产的天然水蛭素可广泛应用于医药市场、美容护肤品、保健类食品和科研领域，如在医药市场可作为抗凝剂、心脑血管疾病药物、滴眼液、采血针及粉刺痤疮药品等产品的生产原料；在美容护肤市场可作为毛孔收缩液和美白防晒品等药妆护肤品的生产原料；可作为改善微循环状态的保健食品原料；并可作为有志于研究天然水蛭素的科研工作者的研究用材料。

（四）管理策略

在公司产业策略方面，我们团队基于江西省丰富的水蛭养殖资源，从促进农业养殖业及当今社会关心的绿色、环保的角度考虑，选择既符合市场需求又环保的水蛭蛋白粉和天然水蛭素进行创业。公司的创立，符合绿色技术的可持续发展战略，同时也为九江人民提供了更多的就业机会并推动了当地养殖业的发展，加快小康社会建设。

公司致力于绿色环保、资源节约型的水蛭蛋白粉和天然水蛭素的提取，坚持以人为本，建设优秀的创新型、学习型的企业文化，为个人和企业的发展提供良好的环境，从而实现个人与企业的可持续发展。公司将努力建设科学健全的人力资源管理战略，充分挖掘人才、培养人才、留住人才，为公司的可持续发展提供人才保障。

公司生产的水蛭蛋白粉和天然水蛭素均为蛋白质，将作为上游原材料面向医药、营养保健品和化妆品等市场。为保证产品的质量，本公司按食品卫生要求对整个生产流程高标准严要求。具体做法如下：①对原材料质量严格把关，认真考察供应水蛭的养殖区环境，择优检验水蛭原材料；②成立质检部门全面监督生产过程，产品出厂前由质检部门按产品标准逐批进行检验，符合标准方可出厂，每批出厂均附有质量合格证，保证产品质量；③出厂质量检验项目包括产品纯度、感官要求、水分、微生物指标、重金属含量及净含量偏差等。

本公司采取制度化管理模式，建立有完善的人力资源管理、财务管理制度，营销管理、设备管理及研发管理制度，通过合理的规章制度和人为努力使公司各部门之间形成密切配合的关系，用合理的成本换来员工最高的工作积极性，提高工作效率，使整个公司在运作过程中成为一个高速并且稳定运转的整体，实现公司目标发展任务。

（五）市场分析

1. 市场状况

根据功效，天然水蛭素主要面向心脑血管药物市场、科研用品市场和美容化妆品市场，水蛭蛋白粉主要面向营养保健品市场。

天然水蛭素高效的抗凝和独特的活血通络功效，常用于心脑血管中成药产品。2009年我国心脑血管药物中成药市场规模达348亿元，目前市场上使用规模较大的含有天然水蛭素成分的心脑血管中成药品有疏血通注射液、通心络胶囊和脉血康胶囊等16种药物。以疏血通注射液为例，2011年其占心脑血管中成药市场份额的4.8%，位居心脑血管中成药市场第二位，在北京等9大主要城市的医院销售额为14.1亿元；通心络胶囊占心脑血管中成药的市场份额为1.95%，排在第14位，年销售额为5.72亿元。

天然水蛭素在许多性能上都优于肝素，在抗栓药物市场的需求亦与日俱增。据估计，我国目前血栓病人约有2000万人，如果其中100万人采用水蛭素治疗，每年共需300～500千克。

近年来随着水蛭素药用价值的研究逐渐深入，各科研机构对水蛭素的研究兴趣日益浓厚，有关水蛭素研究的文献逐年递增，以东北三省为例，2011～2013

年高校发表水蛭素相关研究文献环比年平均增长 2.4 倍,水蛭素的需求在科研用品市场上日益剧增。

2010 年全国化妆品销售总额达到 1530 亿元,2011 年我国化妆品销售总额突破 2000 亿元,近 5 年年平均增长近 10%,市场规模跻身全球第三,预计至 2015 年,中国化妆品的销售额将达到 2000 亿元,其中药物化妆品市场约占 50 亿元,以水蛭素为原材料的化妆品的销售额将达到 2 亿元。

2008 年末我国膳食营养补充剂的年销售额在 550 亿元,蛋白粉类产品位居中国膳食营养补充剂销售排名第五位,占中国膳食营养补充剂市场的 3.1%,其中动物蛋白粉约占总蛋白粉的 17%,约计 2.9 亿元。预测到 2015 年我国营养与保健食品产业将达到 1 万亿元,年均增长 20%,预计水蛭蛋白粉的需求量占动物蛋白粉需求量的 15%,市场份额约达 0.52 亿元。

2. 目标市场分析

(1) 目标市场与目标顾客

通过市场细分,东北三省占含水蛭素成分的心血管中成药物市场份额的 49%,广东省生产蛋白粉企业数目占全国的 40%,基于区域市场对水蛭蛋白粉和天然水蛭素需求量以及本公司的人力、物力、财力等现有状况的分析,将公司前期天然水蛭素的目标客户定位为东北三省的医药企业和科研院所,将水蛭蛋白粉前期目标客户定位为广东省的蛋白粉生产企业。

(2) 目标市场需求预测

1) 天然水蛭素目标市场需求预测。

东北三省目前与天然水蛭素相关的心血管药物有疏血通注射液、芪蛭胶囊、活血通、芪蛭通络胶囊及蛭丹络活胶囊等药品,共 9 家生产企业。

以疏血通注射液为例,2012 年黑龙江牡丹江友搏药业有限责任公司生产的疏血通注射液在北京等 9 大主要城市的样本医院采购金额为 14.1 亿元,其天然水蛭素需求量约为 480 千克,2010 年以来疏血通注射液年均增长率为 16%,据此预测 2015 年需求量约为 750 千克。芪蛭胶囊和活血通均列入我国基本中成药药物目录,目前东北三省生产这两种药物的企业有 5 家,2012 年销售额约为 1.2 亿元,其天然水蛭素需求量约为 40 千克,2010 年以来该两类药物年均增长率分别为 13% 和 15%,据此预计 2015 年天然水蛭素的需求量为 60 千克;另外,根据哈尔滨宝迪生物科技有限公司生产的血清王年销售增长率推算,预计 2015 年天然水蛭素需要量约为 15 千克。

以东北三省为例,2011~2013 年共有 7 所高校以天然水蛭素为研究材料,发表文章 75 篇,环比年平均增长 2.4 倍,根据其文献报道的实验步骤,推算消耗天然水蛭素约 1 千克,预计 2015 年东北三省高校科研相关研究所需天然水蛭素 3.5 千克;国内其他科研单位 2011~2013 年共有文献 340 篇,耗用天然水蛭素约 2 千克,预计 2015 年其他科研单位相关研究所需天然水蛭素合计 7 千克;约另外 9 家医药企业在新药研发过程中亦需消耗天然水蛭素,预计需 10 千克。

因此公司目标市场 2015 年需求预测约为 885 千克。

2）水蛭蛋白粉目标市场需求预测。

目前全国有 62 家在国家食品药品监督管理局注册的蛋白粉生产厂家，其中广东省有 24 家，蛋白粉年生产量约为 10 吨，其中动物蛋白粉占蛋白粉总量的 17%，因此预测公司目标市场 2015 年需求预测约为 1.7 吨。

（3）目标市场供需分析

2007～2013 年整个水蛭素行业的供需情况如图 1 所示。

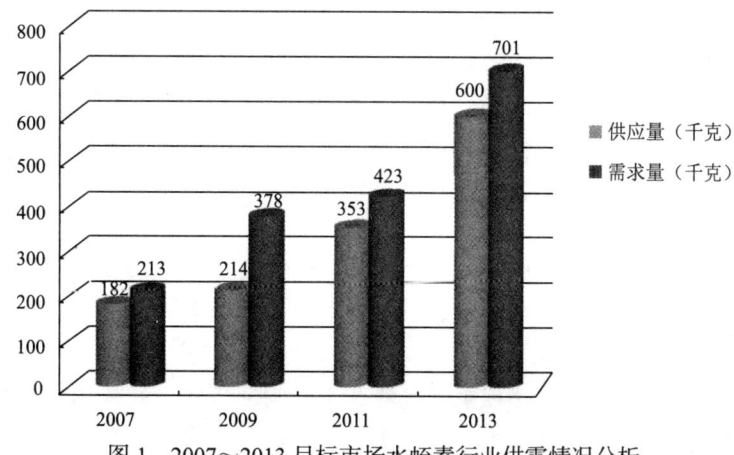

图 1　2007～2013 目标市场水蛭素行业供需情况分析

近年来，因天然水蛭素处于供不应求状态，现有市场被迫使用重组水蛭素和肝素等其他替代产品，从图 1 可知天然水蛭素仍有很大的市场空缺，因此本项目有很好的市场前景。

（六）竞争优势

1. 资源优势

天然水蛭素仅存在于吸血水蛭头部的唾液腺里，在吸血时分泌出来。为提高天然水蛭素的产量需在生产前刺激活水蛭分泌水蛭素，而活水蛭对生活环境要求较高，运输过程中易造成其死亡。

本公司厂址选在拥有丰富水蛭养殖资源的都昌县，可有效降低因运输过程中水蛭死亡而造成的损耗，减少运输成本。吸纳江西曦旺生态水蛭有限公司作为股东，以水蛭原材料入股，可有效地规范养殖场所的生态环境及喂养流程，减免饲养过程有害物质的污染，保证水蛭原材料的高质量。

2. 技术优势

1）以日本医蛭分泌的唾液为天然水蛭素的提取原料，克服了传统工艺一次性使用水蛭的缺陷，4 个月内可重复提取水蛭唾液 7 次，有效地降低了成本，并在唾液收集前将水蛭充分饥饿，使用仿生诱导剂和超声波法刺激活体水蛭分泌大量唾液，提高天然水蛭素的获取率。

2）以水蛭唾液为天然水蛭素的提取原料，避免了水蛭身体或血液中其他蛋白成分影响天然水蛭素的纯度和活性，有效地降低了纯化难度。

3）在水蛭素提取过程中采用超滤工艺快速分离获取天然水蛭素粗品，并基于天然水蛭素的抗凝血成分为凝血酶的专一抑制剂的特点，将纯品凝血酶结合到活化的 Sepharose4B 上，制成 Sepharose4B-凝血酶柱亲合柱，进行亲合层析，有效地提高了纯化效率。

4）使用电渗析法有效地除去水蛭素中铅和砷等重金属离子，解决传统天然水蛭素生产过程中因重金属污染超标而可能限制医药和化妆品等下游企业应用的问题，扩大了天然水蛭素的应用推广市场。

5）因水蛭营养成分丰富，其蛋白粉氨基酸种类和含量均高于目前市场主打产品，将无法再次提取唾液的水蛭整体制成水蛭蛋白粉，在避免了原材料浪费的同时增加了产品种类，提升了产值，更具有市场竞争力。

3. 经营策略优势

公司实行"公司+基地"的经营模式，吸纳水蛭生产基地作为股东，以原材料折价和现金入股，并约定曦旺公司后期以市场价供应井蛭公司所需的水蛭原材料（因距离近而降低的运输成本实质上提升了其产品销售利润），在曦旺水蛭养殖基地内完成水蛭唾液重复收集和继续饲养工作，并将另行付费。曦旺公司水蛭生产规模足以保证本公司的正常运转，且作为公司的股东，公司利润与其自身利益密切相关。本公司的经营策略使生产所需的水蛭原材料在质和量方面均有较好的保障。

4. 产品质量优势

公司生产的水蛭蛋白粉和天然水蛭素均为蛋白质产品，将作为上游原材料面向医药、营养保健品和化妆品等市场，为保证产品质量，本公司按食品卫生要求对整个生产流程高标准严要求，全面监督生产过程，并将产品的感官要求、水分、微生物指标和重金属含量等指标纳入出厂质量标准检验项目，公司产品质量均优于其他同类产品。

5. 市场竞争优势

水蛭产品加工企业目前处于发展的初期阶段，国内类似企业不多，主要集中在广西的几家公司，且技术工艺较落后，江西省目前无一家相关企业，现有竞争相对不强。

（七）市场营销

1. 营销战略

本产品市场应用前景广阔，天然水蛭素以东北三省市场为前期目标，中期拓展到西南地区市场，后期瞄准全国市场；水蛭蛋白粉以广东省为前期目标，中期拓展到北京和江苏省等经济发达地区，后期瞄准全国市场。

通过产品的使用和推广，可以有效地提高医药企业和蛋白粉生产厂家的原材料质量，缓解水蛭素来源紧缺问题，实现经济效益和社会效益的统一。

此外，公司未来将配合化妆品企业加大相关原材料研发强度，拓展水蛭素化妆品市场。

2. 品牌策略

公司树立"井蛭"品牌，将"坚定信念、艰苦奋斗、敢闯新路、勇于胜利"的井冈山精神与"为人们提供精致生活"的企业宗旨相结合，以科技为本，保持技术领先，在确保产品的高效性和实用性的前提下，以优质的服务营造公司美誉度，提高消费者对"井蛭"品牌的偏好。

3. 定价策略

公司在调研全国各地区的水蛭素和水蛭蛋白粉定价标准、价格结构及影响价格变化因素的基础上，针对两种不同产品采取不同定价策略，天然水蛭素采用撇脂策略，价格定为22 000元/千克，水蛭蛋白粉采取低价渗透策略，定价为1800元/千克。利用水蛭素高价产生的厚利，快速收回投资，减少投资风险；利用水蛭蛋白粉低价渗透策略扩大市场。

4. 渠道策略

公司前期目标客户以心血管药物和蛋白粉生产企业及相关研发单位为主，目标客户明确具体，因此公司初期主要是采取零级渠道方式进行产品的销售，具体包括人员上门销售、电话销售、门户网站销售、阿里巴巴和淘宝等平台销售，还可以邀请目标客户来公司进行实地考察，以了解公司的生产工艺、生产流程从而达到销售产品的目的。

5. 促销策略

公司在成立初期将采取一系列的促销策略，实现客户对公司产品的了解、认知和购买。比如给客户提供天然水蛭素和水蛭蛋白粉的样品试用，对大客户采用较大的优惠折扣，对中小客户采用赠送礼品等形式多样的促销方式。

6. 宣传推广策略

公司将通过传统媒体（报纸、杂志、户外广告）和现代社交平台（微博、微信、论坛）相互结合的方式对企业的产品、品牌进行宣传推广。未来在企业规模扩张到一定程度后，公司将从销售额中提取一定比例的金额，以捐助东北三省的希望工程和成立贫困大学生基金会等方式进一步提升公司的品牌形象。

（八）投资与财务

1. 股本结构及投资分析

公司初始资本规模为300万元，公司投产前共筹得货币资金243万元（团队入股180万元，风险投资63万元），江西曦旺生态水蛭有限公司以原材料作价57万元入股。公司筹建期间资金安排如下：生产设备67.2万元，租赁厂房36万元，办公设备4.8万元，专利技术费1.0万元，办公用品3.6万元，员工工资 10.8 万元, 宣传及推广 9.62 万元, 水电费 4.5 万元, 差旅费 2.78 万, 其他 0.62 万元, 剩余流动资金 102.08 万元用于企业初期生产经营。

根据前 5 年的经营情况, 井蛭水之素团队对项目投资现金流等各项决策指标进行了分析, 同时分析了各类财务指标。从表 1 及图 2 可以看出, 经营成本及投资额的增加对内含报酬率的变动不敏感, 经营成本及投资额的降低相对敏感, 尤其是经营成本的降低更敏感。最敏感的影响因素是销售额, 当销售额增加 5% 时, 内含报酬率增加 15.95%, 敏感系数为 9.90, 也就是说, 当销售额增加时, 内含报酬率的变动为销售额的变动的 9.9 倍; 当销售额下降 5% 时, 内含报酬率下降 10.45%, 敏感系数为 −6.4867, 当销售额下降到 6.1%, 内含报酬率低于期望报酬率, 项目不可行。根据公司对供需情况分析可知, 近年来天然水蛭素处于供不应求状态, 现有市场被迫使用重组水蛭素和肝素等其他产品, 市场对水蛭素的需求量逐年递增, 而且我们公司的销售产量预算做的是保守估计, 经综合分析可知, 该项目具有很强的抗风险能力。

2. 前 5 年主要财务指标及其分析

表 1　江西井蛭生物科技公司主要财务指标简表

	第一年	第二年	第三年	第四年	第五年
净利润/万元	−82.09	−35.25	91.37	185.32	262.86
净资产收益率/%	−27.36	−11.75	30.46	53.28	55.40
资产报酬率/%	−26.47	−10.79	26.57	40.75	41.55
毛利率/%	25.69	31.21	31.21	35.34	37.02
资产负债率/%	6.30	9.88	15.47	26.33	26.69
应收款项周转率/%	11.36	12.07	13.06	13.10	20.41
存货周转率/%	1.43	1.76	1.28	3.21	5.27
总资产增长率/%	—	3.93	6.62	40.53	51.31

从表 1 可以看出, 本公司的净利润、资产报酬率、净资产收益率基本处于上升状态, 且增长不断扩大。公司虽然因前两年新产品刚上市难以打开市场而导致利润出现负数。但从第三年开始企业便进入盈利状态, 报酬率均为正数, 且每年保持一定的增幅。毛利率处于一个稳中有升的状态, 说明公司不仅追求市场的拓宽, 同时对产品的投入回报的要求也很高。综合分析各项指标, 表明公司资产报酬率增长的重要动因来源于企业利润的不断提高。同时公司总资产增长率、应收账款周转率、存货周转率每年均有不同程度的上升, 说明公司有着较好的发展能力与管理能力。

表 2 和表 3 分别详细列出了各年收入预算情况及利润形成。

表2 销售收入预算表

	水蛭素/(2.2万元/千克)		水蛭蛋白粉/(0.18万元/千克)		合计/万元
	数量/千克	收入/万元	数量/千克	收入/万元	
第一年	93.49	205.68	242.67	43.68	249.36
第二年	176.18	387.60	335.33	60.36	447.96
第三年	304.30	669.46	703.33	126.60	796.06
第四年	449.59	989.10	911.33	164.04	1153.14
第五年	567.27	1248.00	1110.00	199.80	1447.80

表3 利润表　　　　　　　　　　　　　　　　　　　　单位：万元

	第一年	第二年	第三年	第四年	第五年
一、营业收入	249.36	447.96	796.06	1153.14	1447.80
减：营业成本	182.59	303.09	506.14	713.69	880.76
营业税金及附加	2.7	5.06	8.62	12.51	15.71
管理费用	100.84	103.24	71.77	73.95	76.97
销售费用	37.44	57.66	93.01	131.23	165.75
财务费用	7.48	13.44	23.88	34.59	43.43
资产减值损失	0.4	0.72	1.27	1.85	2.32
二、营业利润	−82.09	−35.25	91.37	185.32	262.86
加：营业外收入	0.00	0.00	0.00	0.00	0.00
减营业外支出	0.00	0.00	0.00	0.00	0.00
三、利润总额	−82.09	−35.25	91.37	185.32	262.86
减：所得税费用	0.00	0.00	0.00	0.00	0.00
四、净利润	−82.09	−35.25	91.37	185.32	262.86

3. 各因素变动对内含报酬率影响分析

表4 单因素变动敏感分析表

序号	不确定因素	变化率/%	净现值	内含报酬率/%	敏感系数
1	基本方案		155.94	32.33	
2	投资额	−5	162.99	35.14	1.8125
		+5	148.89	31.73	−0.3042
3	销售额	−5	29.15	21.77	−6.4867
		+5	282.72	48.17	9.90
4	经营成本	−5	193.91	38.90	4.1465
		+5	117.96	29.15	−1.9056

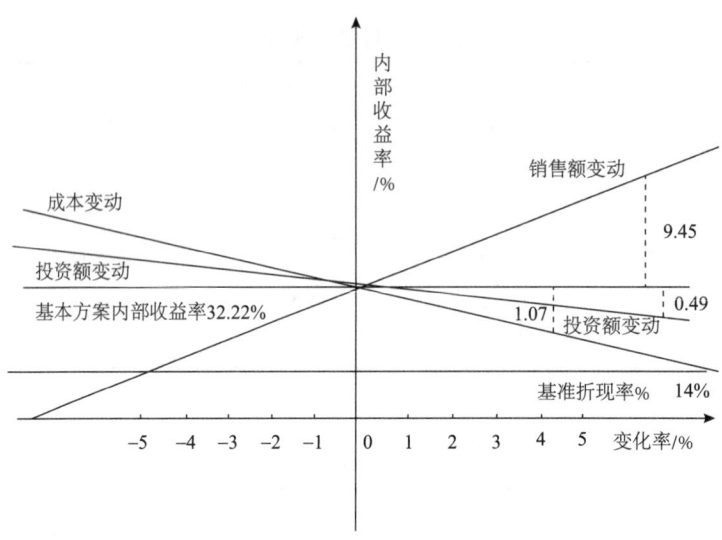

图 2　单因素变动敏感分析图

从表 4 及图 2 可知：在基准收益率为 14% 的假定下，公司的投资净现值为 155.94 万元，动态投资回收期为 3.87 年，静态投资回收期为 3.36 年。在既定目标市场中，该项目的内含报酬率为 32.22%；经过单因素变动敏感性分析可知：经营成本及投资额的增加对内含报酬率的变动不敏感，经营成本及投资额的降低相对敏感，尤其是经营成本的降低更敏感，最敏感的影响因素是销售额，当销售额下降到 6.1% 时，内含报酬率低于期望报酬率，项目不可行。根据公司对供需情况分析可知，近年来天然水蛭素处于供不应求状态，现有市场被迫使用重组水蛭素和肝素等其他产品，市场对水蛭素的需求量逐年递增，而且我们公司的销售产量预算做的是保守估计，综上分析可知，该项目具有很强的抗风险能力。

本项目所具备的回报投资收益的能力足以让投资者相信：该项目是一个确定能给投资者带来回报的项目。

——案例来自"创青春"全国大学生创业大赛　第九届"挑战杯"大学生创业计划竞赛铜奖作品《江西井蛭生物科技有限责任公司》（指导教师：井冈山大学黄玉珊、曾琼芳、陈勇强）

二、全国大学生网络商务创新应用大赛经典实例

江西摄慧科技有限责任公司

一、项目背景

2014 年 8 月，国家发改委、工信部、科技部等八部委联合发布《关于促进智慧城市健康发展的指导意见》。文件中指出："智慧城市是运用物联网、云计

算、大数据、空间地理信息集成等新一代信息技术，促进城市规划、建设、管理和服务智慧化的新理念和新模式。"

2015年4月江西省人民政府强调要推进"智慧城市"建设，加快"数字城管"建设，推动城市管理运营智能化、网络化、可视化和精细化，实现各类城市管理资源共建共享，提升城市管理信息化水平。

2015年10月，中国共产党第十八届中央委员会第五次全体会议召开，会议指出："实施网络强国战略，实施'互联网+'行动计划，发展分享经济，实施国家大数据战略。"

"智慧城市"概念的提出，地方行动计划的响应，网络强国战略的推进，为新一代信息技术形态的形成与发展提供了平台，为摄影测量技术未来发展指明了方向，为无人机摄影测量行业提供了发展空间，为摄影测量产品提供了广阔的市场舞台，为公司的发展带来了绝佳的环境和机遇。

摄影测量产品不仅应用于军事，而且在城市测绘、农林植保、森林防火巡查、高压电线巡查、影视航拍、高速公路管理、灾后搜救等民用领域应用也十分广阔。世界各国都在积极拓展摄影测量产品的应用范围，相关研制的投入和采购需求已呈现出快速增长的态势。随着我国整体信息科学和相关应用的快速发展，我国各行业对空间数据的需求也急剧增长。

我国摄影测量产品普遍存在的问题：第一，传统无人机摄影测量无法实现快速实时的传输及实时接收监控摄影测量数据，执行航摄任务过程中常产生漏洞导致成果不符合要求重新返工，造成执行此类摄影测量任务周期长、成本费用高、经济效益差；第二，我国幅员辽阔，地形和气候复杂，很多区域常年受积雪、云层等因素影响，导致数据的采集受到一定限制，传统的无人机摄影测量产品无法避免云层影响，获取城市建筑物常遇到高层建筑遮挡，成图质量差；第三，传统航空摄影测量受空域管制，缺乏灵活可调度性，造成执行此类航摄任务手续繁杂问题，无法保障应急摄影测绘任务；第四，难以实现城市三维景观建模所需的多角度；第五，无法适用于各种场合的摄影测量。

为了更有效、更自主、更便利地进行高分辨率摄影测量数据采集，以应对目前市场对高精度低空多维摄影测量的需求，我们将创立江西摄慧科技有限责任公司。公司自主研发了无线摄影测量仪，该产品独具高分辨率、低空多维度拍摄功能，并能够通过手机等便携式移动设备，打开无线摄影测量APP连接相机WiFi热点，进行远程操控及监测，并能够实时传输数据。公司研发无线摄影测量仪是对传统摄影测量仪的有力补充和创新，适用于多种场合的摄影测量，能够获取准确的数据，对我国摄影测量行业的发展具有积极的推动作用。

二、产品简介

无线摄影测量仪，具有高分辨率、低空多维度拍摄、自动测姿测速等功能，可以通过手机等移动便携设备，运用自主研发的软件，对自主研发的无线摄影测量仪进行远程无线控制并对摄影测量数据进行实时监测与传输。产品（从界面布局到人机交互,再到底层核心功能函数)由 SHT 研发团队完全基于 IDL 设计实现。公司将以井冈山大学拥有的"流域生态与地理环境监测"国家测绘地理信息局重点实验室和井冈山大学数字生态和空间信息研究中心为技术支撑。产品主要运用于国土资源监测、农业、林业保护、交通建设、防灾救灾、影视航拍、生态环境等领域。

产品通过自主研发的软件,即无线摄影测量 APP,进行远程操控无人机拍摄、监测拍摄画面、实时接收传输数据,解决了传统摄影测量产品拍摄周期长、数据重复采集等问题,提供了有效的测绘保障,以达到实用化、工程化的目的。

三、市场分析

1. 目标客户和目标市场

公司目标客户以华东地区中小型城市测绘公司、影视航拍公司、工程建设公司、现代农业公司为主。

公司初创期,立足江西吉安,以江西省中小型城市为切入点,初步打开华东市场,提高公司知名度,中期向西北、东北方向中小型城市扩展,后期驻扎全国,稳扎稳打力争进军国际市场。

2. 目标市场需求预测

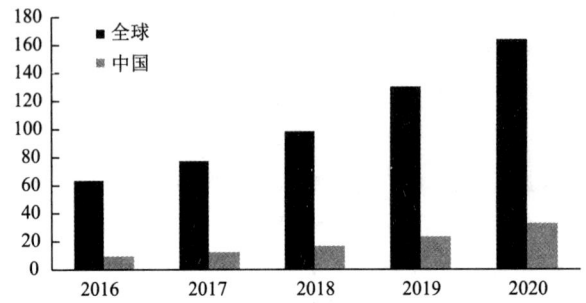

图 1　预测 2016~2020 年摄影测量行业预测市场规模发展情况(单位:亿元)

自 2000 年以来,无人机摄影测量行业市场规模不断扩大,预测 2016~2020 年全球与中国无人机摄影测量产品的销售额呈上升趋势,全球无人机摄影测量产品销售额年均增长率约为 32%,中国无人机摄影测量产品销售额年均增长率约为 31%,由此得出,中国无人机摄影测量行业发展迅速,市场需求量大。

随着中国经济迅猛发展,"智慧城市"的深入发展,相关产业机械化水平的提高,中国摄影测量行业发展进入深水区。无线摄影测量仪的推广将推动中国摄影测量行业发展,运用于更加广阔的领域,带动城镇化建设和农业生产等相关领域发展壮大。与此同时,面对激烈的市场竞争,公司也将明确目标,采取多种行之有效的市场营销策略,在公司发展的各个时期,提高市场产品供给量,逐步增大市场份额。

四、竞争优势

1. 技术优势

1）拥有无线照相机相关的发明专利技术，能够实现快速传输与操控，使无线摄影测量更加高效。

2）拥有自主开发的无线摄影测量 APP，使无线摄影测量更加实时、简单、便捷。

3）拥有无人机相关的自适应增强稳定技术，实现了多个无线照相机和无人机的完美结合，使无线摄影测量更加稳定、高清。

4）拥有强大的技术后盾。我校的"流域生态与地理环境监测"国家测绘地理信息局重点实验室能够提供强大的技术支撑，并且与我校有合作关系的亚洲一流摄影测量教研机构武汉大学遥感信息工程学院、测绘学院也能够提供有力的技术服务。

2. 市场竞争优势

目前，在江西省内，同类企业极少，公司竞争力极强；在国内，同类产品竞争实力较强的公司数量少、地域分散，尚未形成规模化经营，整个市场集中度低。本公司产品包含相关发明专利以及其他知识产权，技术含量较高，面向竞争对手形成了技术壁垒，产品有差异化优势，未来市场竞争优势明显。

3. 区位优势

公司拟设于吉安市吉泰走廊核心区的吉安县工业园区内，工业园坐落于县城西南角，距井冈山机场 30 千米，东临京九铁路货运站吉安南站 3 千米，西距赣粤高速公路入口处 3.5 千米，依靠赣江航运直通长江，交通便捷，原材料运输高效方便，运输半径在 20 千米内，可充分节约能源，发达的水陆空交通网凸显了公司四通八达的区位优势，地理优势显著，方便部分产品原材料的购进与成品的外销。

4. 产业集群优势

吉安市是我国电子信息领域 36 个国家新型工业化产业示范基地之一，此类基地是我省获批的第一个，同时吉安市也是国家电子信息高新技术产业化基地。吉安市电子信息产业主营业务收入在全省各区市中排名第一，占全省同行业主营业务收入的 43%，已经形成了 LED、计算机及外部设备、通信终端及传输设备、触控显示、电子线路板、数字视听 6 个百亿元产业集群，非常有利于公司在未来扩大生产时采购部分电子元件以及专业人才的招聘。

五、团队与管理

公司初创期，采取直接管理的方法，选取扁平化的团队管理组织结构，构建一支目标明确、紧凑干练的团队，提高管理效率，减少管理失误，降低管理费用，扩大管理幅度。随着公司的发展壮大，成员的新增，公司转入系统化企业管理模式,强化市场控制,优化组织结构,做到企业管理系统化、标准化、统筹化,以便于未来公司扩展。

——案例来自第九届全国大学生网络商务创新应用大赛网络商务创新应用特等奖作品《江西摄慧科技有限责任公司》(指导教师:井冈山大学曾小荟、胡江芳)

参 考 文 献

常舒君. 2017. 大数据时代的思维变革[J]. 现代商贸工业, (26): 14-15.
陈继文, 杨红娟, 陈清明, 等. 2018. 机械创新设计及专利申请[M]. 北京: 化学工业出版社.
陈奎庆, 丁恒龙. 2017. 大学生创新创业教程 [M]. 2 版. 北京: 科学出版社.
陈晓墩, 陈李彬, 田敏. 2017. 创新创业教育入门与实战[M]. 北京: 清华大学出版社.
陈叶梅, 贾志永, 王彦. 2016. 大学生创新创业基础[M]. 成都: 西南交通大学出版社.
戴鑫, 周智皎, 毛家后, 等. 2017. 大学生科技竞赛参赛指南与案例点评[M]. 武汉: 华中科技大学出版社.
《电子商务优秀设计方案与分析》编写组. 2014. 电子商务优秀设计方案与分析——全国大学生电子商务"创新、创意及创业"挑战赛第一至第三届特等奖部分项目[M]. 北京: 电子工业出版社.
洪大用, 毛基业, 叶康涛. 2017. 中国大学生创业报告 2016[M]. 北京: 中国人民大学出版社.
侯光明, 李存金, 王俊鹏. 2015. 十六种典型创新方法[M]. 北京: 北京理工大学出版社.
胡雅菇. 2014. 我的第一本思维导图入门书[M]. 北京: 时代华文书局.
黄亚生, 张世伟, 余典范, 等. 2015. MIT 创新课: 麻省理工模式对中国创新创业的启迪[M]. 北京: 中信出版社.
黄亚生, 王丹, 张世伟. 2016. 创新的创新: 社会创新模式如何引领众创时代[M]. 杭州: 浙江人民出版社.
贾瑞清, 刘欢. 2016. 机械创新设计案例与评论[M]. 北京: 清华大学出版社.
李明利. 2015. 互联网时代的 5 种商业思维[J]. 企业观察家, (12): 97-99.
拉力·基利, 瑞安·派克尔, 布赖恩·奎因, 等. 2014. 创新十型[M]. 余锋, 宋志慧, 译. 北京: 机械工业出版社.
刘贵芹. 2016. 深化高校创新创业教育改革 进一步提高人才培养质量[J]. 中国高等教育, (21): 5-7.
刘艳彬, 李兴森. 2017. 大学生创新创业教程[M]. 北京: 人民邮电出版社.
刘在平. 2017. 大数据时代的决策思维[J]. 珠江论丛, (1): 23-38.
沈扬. 2017. 土木类大学生创新实践与学科竞赛进阶教程[M]. 北京: 科学出版社.
睢利萍. 2013. 高等教育大众化背景下大学生创新创业能力的培养[J]. 中国成人教育, (14): 17-19.
王吉斌, 彭盾. 2015. 互联网+: 传统企业的自我颠覆、组织重构、管理进化与互联网转型[M]. 北京: 机械工业出版社.
王鑫, 高炳易, 盛强. 2017. 创业与创新实务[M]. 北京: 北京理工大学出版社.
维克托·迈尔-舍恩伯格, 肯尼斯·库克耶. 2013. 大数据时代: 生活、工作与思维的大变革[M]. 杭州: 浙江人民出版社.
吴国培, 王伟斌. 2014. 我国全要素生产率对经济增长贡献的分析研究[J]. 统计研究, 31(12): 103-104.
吴巨慧. 2007. 大学生创业计划竞赛伴你成长[M]. 杭州: 浙江大学出版社.
肖宏伟, 王庆华. 2016. 我国全要素生产率对经济增长的贡献测度研究[J]. 中国物价, (9): 3-6.
徐明. 2015. "互联网+"时代的大学生创业模式选择与路径优化[J]. 中国青年社会科学, 34(5): 49-55.
于惠力, 冯新敏. 2017. 机械创新设计与实例[M]. 北京: 机械工业出版社.
张金山. 2017. 大学生创新创业案例: 走近挑战杯[M]. 北京: 社会科学文献出版社.
张筱璐, 黄玲. 2016. 大学生三业一体培养体系创新研究[M]. 成都: 西南财经大学出版社.
张志, 乔辉. 2016. 大学生创业指南: 从零开始学创业[M]. 北京: 人民日报出版社.
张志宏, 崔爱惠, 刘轶群. 2017. 大学生创新与创业训练教程[M]. 北京: 现代教育出版社.

张子睿. 2017. 大学生创新创业能力提升[M]. 北京: 中国林业出版社.
周苏, 褚赟. 2017. 创新创业: 思维、方法与能力[M]. 北京: 清华大学出版社.
周苏, 王文. 2016. 大数据导论[M]. 北京: 清华大学出版社.
周苏. 2015. 创新思维与 TRIZ 创新方法[M]. 北京: 清华大学出版社.